本专著获得了教育部哲学社会科学研究后期资助项目《地方政府信用对地方政府绩效的激励研究》(项目编号:08JHQ0044)、国家自然科学基金面上项目《地方政府绩效与地方政府信用的互动及互动机理研究》(项目编号:71073140)的研究资助,获得了浙江省社科联省级社会科学学术著作出版资金(项目编号:2010CBB06)的出版资助。

政府信用与绩效

范柏乃　张　鸣　著

知识产权出版社
全国百佳图书出版单位

内容提要

作者在对研究背景和研究意义进行系统分析的基础上，全面回顾和总结了国内外政府信用研究所取得的进展，讨论了研究不足及前沿动态。在对国内外学者有关政府信用概念比较分析的基础上，严格界定了政府信用的内涵，建立了具有较高信度和效度的地方政府信用评价体系，并运用该评价体系对地方政府信用的现状进行实证调查和统计分析，细致地考察了地方政府信用的缺失问题及其影响因素。以地方政府信用为外生潜变量，地方政府绩效为内生潜变量，构建了我国地方政府信用与地方政府绩效关联性的结构方程模型，深入地揭示了地方政府信用对地方政府绩效影响强度、影响方式和影响路径。作者紧密结合我国信用政府建设的实际需求，提出了政府信用建设的路径与具体策略。

本书是国内首次对政府信用问题进行系统的实证研究、对政府信用与政府绩效关联性问题进行结构方程研究的学术专著，可供行政管理专业的本科生、研究生、教师及公务员、官员等阅读。

责任编辑：赵　军

图书在版编目(CIP)数据

政府信用与绩效/范柏乃，张鸣著. —北京：知识产权出版社，2011.10

ISBN 978-7-5130-0819-8

Ⅰ.①政…　Ⅱ.①范…　②张…　Ⅲ.①国家行政机关—信用—研究—中国②国家行政机关—行政管理—研究—中国　Ⅳ.①D630.1

中国版本图书馆 CIP 数据核字(2011)第 188899 号

政府信用与绩效

ZHENGFU XINYONG YU JIXIAO

范柏乃　张　鸣　著

出版发行：知识产权出版社

社　　址：北京市海淀区马甸南村 1 号	**邮　　编**：100088
网　　址：http://www.ipph.cn	**邮　　箱**：bjb@cnipr.com
发行电话：010-82000893 82000860 转 8101	**传　　真**：010-82000893
责编电话：010-82000860 转 8127	**责编邮箱**：zhaojun@cnipr.com
印　　刷：知识产权出版社电子制印中心	**经　　销**：新华书店及相关销售网点
开　　本：787mm×1092mm　1/16	**印　　张**：12.75
版　　次：2012 年 1 月第 1 版	**印　　次**：2012 年 1 月第 1 次印刷
字　　数：230 千字	**定　　价**：38.00 元

ISBN 978-7-5130-0819-8/D·1314(3719)

前 言

本专著是在教育部哲学社会科学研究后期资助项目《地方政府信用对地方政府绩效的激励研究》（项目编号：08JHQ0044）、国家自然科学基金面上项目《地方政府绩效与地方政府信用的互动及互动机理研究》（项目编号：71073140）及浙江省社科联省级社会科学学术著作出版资金资助项目（项目编号：2010CBB06）的资助下完成的。近年来，作者及其研究团队在政府信用领域开展了大量研究工作，先后完成了多项省部级以上课题的研究工作，撰写研究报告3部，发表学术论文13篇。正是在此基础上，作者对以往研究成果进行了系统的整合、提升、补充与完善，与我的博士研究生张鸣合作完成了《政府信用与绩效》这本专著。本研究涉及对全国100多个县级行政区域的问卷调查，在研究设计上把理论研究与实证分析、定性研究与定量研究紧密地结合起来；在研究方法上综合运用文献法、深度访谈、问卷调查和统计资料法等多种研究手段；在调查资料分析处理中采用了隶属度分析、相关分析、辨别力分析、回归分析、路径分析和结构方程模型等不同的方法。

第一章从国际和国内两个层面论述了著作的研究背景、研究意义，并扼要地阐述了全书的研究思路、技术路线与主要内容。

第二章从政府信用的内涵与作用、政府信用的缺失成因与影响因素、政府信用的评价体系与评价模型及提高政府信用的途径与对策四个方面系统地回顾和分析了政府信用领域的相关学术成果，总结归纳了以往研究的主要成果和缺陷，并探讨了对本研究的借鉴意义。

第三章首先界定了政府信用的内涵，然后通过对省级、地市级、县市级和乡镇四个层级地方政府的实证调查定量描述了目前我国各个层级地方政府的信用水平，在此基础上系统地分析了地方政府信用缺失的原因。

第四章在理论遴选地方政府信用评价指标之后，采用隶属度分析、相关分析和辨别力分析等统计分析方法，对理论评价指标进行多重实证筛选，并进行信度和效度检验，最终建立了具有较高信度和效度的地方政府信用评价指标体系。在此基础上，课题组运用该评价体系，对全国100多个县级政府的信用水平进行了实际测度，并采用SPSS 18.0统计软件对实际测度结果进行描述性统计分析。

第五章以问卷调查的数据为基础，在提出理论假设之后运用回归分析、路径分析的方法实证分析公务员素质、政府能力、制度环境与信用文化四个方面的因素对我国县级政府信用的影响强度及影响机理。然后，本章以世界银行全球政府治理研究数据库(2008年案例)和国家统计局的数据资料为基础考察了全球范围内决定各国中央政府信用水平的主要影响因素。

第六章在文献调研的基础上，以地方政府信用为外生潜变量，地方政府绩效为内生潜变量，构建了地方政府信用与地方政府绩效关联性的结构方程理论模型。然后以采集得到的数据为基础，运用AMOS 18.0统计软件进行结构方程分析，对地方政府信用与地方政府绩效关联性的初始结构方程模型进行了评价与修正，最终建立具有较强解释力的地方政府信用与地方政府绩效关联性的结构方程模型，证明了地方政府信用水平的提升会导致地方政府绩效水平的提升。

第七章首先全面系统地介绍了国内外政府信用建设的成功经验与典型方式，然后结合前面各章的分析结果与国内外政府信用建设的有益经验，提出了我国政府信用建设的总体定位，并在这一总体定位的指导下详细论述了如何通过制度约束、文化引领、政务公开、失信惩戒及守信激励等具体策略打造一个信用政府。

第八章对全书的主要研究成果进行了扼要概括，总结归纳了研究的特色和创新点，分析了研究的不足之处，并讨论了值得进一步研究的若干问题。

本专著在写作过程中，参考了国内外大量的文献资料，在此向相关文献的作者表示深深的谢意。

范柏乃　张　鸣

2011年7月于浙江大学求是园

目 录

第一章　绪　论

信用是人类社会一切道德的基础和根本，是做人成事及经济生活中的一个基本道德规范。一个信用缺失、道德沦丧的国度，必然不会有和谐的人际关系、良好的社会秩序，经济社会的持续、健康、快速发展也就得不到有力的支持和保障。近代英国哲学家休谟把“承诺的兑现”（信用）看做人类社会得以存在和发展的三大规律之一。我国更是一个重信用的国家，传统道德所强调的仁、义、礼、智、信中，信用就是其中一个重要组成部分。在长期的社会道德实践中，我国形成的重承诺、守信用的道德传统，对维护社会稳定和经济发展起到了重要的作用。在现代社会，信用仍然是调节人际关系，规范经济生活秩序的一种重要的行为规范。

第一节　研究背景

20 世纪下半叶以来，随着政府职能的扩展以及政府规模的膨胀，公民对政府的不信任感无论是在发达国家还是在发展中国家都日趋增强（Kaase 和 Newton，1995；Nye，1997；Pew Research Center，1998；Haque，2001）。在公众的心目中，政府的形象已经变得越来越糟糕，以致撇开机构臃肿、人浮于事、办事拖拉、不负责任、官僚主义、贪污腐化败些词汇，似乎就无法真切地描绘政府和政府官员的形象。《时代》周刊甚至在其封面上提出了一个严肃的问题：政府死亡了吗？

在近二十个多元化民主国家里进行的民意测验表明，相当一部分，有的甚至是大部分公众，对党派、政府、议会、高层行政机构、法院、军队、警察、工会、大公司、教会、电视和其他大众传媒等主要机构和组织“完全不信任”或“不太信任”。以美国为例，40 年来的调查显示，对制度不信任的居民广泛地分布在社会各个阶层。20 世纪 60 年代，85% 的美国人把他们政治机构的运行当成民族自豪感的重要来源。30 年之后，1995 年 7 月两个组织（一个跟民主党有联系，一个与共和党有关）联合进行的民意测验却表明：93% 的美国人谴责政府挥霍纳税人的钱，88% 的人批评大选前乱许空头支票的现象（欧阳向旭，2000）。可以说 20 世纪 60 年代以来的二三十年间，美国公民对政府及政治的态度几乎发生了翻天覆地的变化（见表 1－1）。正是政府普遍遭遇的信用危机，构成了 20 世纪 80 年代以来席卷欧美主要国家的政府体制改革运动的重要背景。

表 1－1　美国民众对政府的信心

问题陈述	公民同意率（%）				
	1958 年	1970 年	1974 年	1980 年	1991 年
政府浪费了许多金钱	43	69	74	78	75
政府是为少数大的利益集团工作的	24	50	66	70	70
你无法信任政府大部分时间在做正确的事	23	44	62	73	70
像我这样的人对政府的行为没有发言权	31	36	40	39	34
政府官员并不在乎民众想什么	25	47	50	52	59

资料来源：［美］戴维·H. 罗森布鲁姆，［美］罗伯特·S. 克拉夫丘克：《公共行政学：管理、政治和法律的途径》，中国人民大学出版社 2002 年版，第 484 页。

与此同时，我国各级政府信用失范和信用缺失问题也日益凸显。政府行为不规范，有法不依、执法不严、违法不究、执法犯法的现象司空见惯；滥用权力、以权谋私、贪污腐败愈演愈烈；形式主义和政绩工程遍地开花；政务信息不透明，习惯于弄虚作假，欺上瞒下；决策随意性大，政策缺乏连续性和稳定性，等等。近年来，更是曝出了“华南虎事件”、“躲猫猫事件”、“七十码案”、“邓玉娇案”、“毒奶粉事件”、“假疫苗事件”、“宜黄强拆事件”、“乐清钱云会事件”及“郭美美事件”等一大批丑闻，严重损害了政府的公信力。从某种意义上说，中国各级地方政府正遭遇着新中国成立以来最为严重的信用危机。① 2009 年《小康》杂志所做的“信用小康”调查显示，相对人际信用和公司信用，公众更担心政府的信用。有 49% 的人对政府、人际、公司三类信用危机表示“都非常担

① 何显明：《信用政府的逻辑：转型期地方政府信用缺失现象的制度分析》，学林出版社 2007 年版，第 7 页。

心”；而37.8%的人则更担心“政府”的信用危机。同时，公众对政府的信任度再度降低：在“您相信政府公布的各种社会经济调查数据吗”的调查中，认为“仅作参考，掺假的成分很多”或“绝对是假的，从来都不信”的比例高达91.1%；而在2007年的调查中，这个比例是79.3%，公众对政府行为的信任度直线下降了10个百分点。信任危机是最深刻的危机。政府信用的缺失严重影响了公众对政府的信任和社会信用体系的建立健全，进而阻碍了全面建设小康社会的进程及社会主义和谐社会的构建。

针对政府信用缺失的问题，2007年党的十七大报告明确提出要“加快行政管理体制改革，建设服务型政府”。服务型政府必须是一个信用型的政府，这句话的实质便是要解决政府信用缺失问题，提升政府信用水平。在2010年的两会上，温家宝总理在《政府工作报告》中强调“要努力提高执行力和公信力。坚持决策的科学化、民主化，使各项政策更加符合实际、经得起检验”。2011年两会前夕，温家宝总理在与网民在线交流时，再次语重心长地指出：“现在影响我们整个社会进步的，我以为最大的是两个方面。一是社会的诚信，一是政府的公信力。这两个方面解决好了，我们社会就会大大向前迈进一步。”总理的讲话点出了政府信用的重要性，表明政府信用不仅在社会信用体系中处于核心地位，而且也是加快我国行政管理体制改革，建设服务型政府的重要内容。

然而，政府信用缺失问题却没有引起学术界足够的重视。面对这种局面，为了解决政府信用缺失问题，提升政府信用水平，就有必要深入研究地方政府信用的缺失原因、评价体系、影响因素及其与政府绩效的关联性和关联机理，并据此提出科学合理的政府信用建设路径与策略，以期为推动我国行政管理体制改革、加快服务型政府建设提供理论与实践依据。

第二节 研究意义

本研究从理论和实证两方面对我国政府信用问题进行系统地考察，具有较为重要的理论和现实意义。首先，在理论意义方面，本研究对现有的研究进行了拓展和深化。目前对信用问题的研究主要集中在个人信用和企业信用方面，有关政府信用的研究比较少，而且也很少有从政府信用视角出发对政府绩效进行研究的文献。本研究在一定程度上弥补了这个不足，从定性和定量两方面对政府信用问题进行了深入的分析和讨论，用具体的数据结合理论说明问题，使结论更加具有说服力和实践意义。其次，在现实意义方面，随着时代的发展，政府信用在社会生活中所起的作用已经越来越重要。毫不夸张地说，政府信用的水平高低，直接影响着经济和社会的发展。具体而言，本研究的意义和必要性主要体现在以下几点。

第一，加强政府信用建设，是构建社会主义和谐社会的必然要求。和谐社会是社会的各种要素相互融洽、共生共荣的状态。胡锦涛主席明确提出，我们所要建设的社会主义和谐社会，应该是民主法治、公平正义、诚信友爱、充满活力、安定有序、人与自然和谐相处的社会。其中重要的一点就是“诚信”。从西方治理理论的视角来看，善治需要官僚和公民之间良好的沟通（Graham，1995；King和Stivers，1998；Stivers，1994）。在中国，社会的和谐主要取决于官民之间的和谐，而达到这一和谐状态的最重要途径就是政府切实代表广大人民的利益，“言必行，行必果”，切实提高政府信用，促进官民之间的相互信任、相互协调、良性互动，从而实现社会的公平正义。

第二，加强政府信用建设，是完善社会主义市场经济体制的重要保证。市场经济是信用经济，信用为市场经济的有效运转提供了必不可少的润滑剂。在市场经济条件下，信用是商务环境和投资环境的重要组成部分，可以大大降低社会交易成本，有助于维护市场经济秩序和金融稳定，使人才、资本、技术、信息和物资等充分聚集和有效流动，促进经济持续健康发展。经济学自理性预期革命以来，一直强调的都是预期对于公共政策的作用。在当前市场主体信用度普遍不高，并且逆向激励严重的情况下，如果政府拥有良好的信用，则可以促使人们形成稳定的预期，并发挥其作为中立而富有权威的第三方的作用，进而可以在相当程度上缓解社会信用危机，逐渐恢复人们对社会生活秩序的信任，从而促使市场经济向良性循环的方向发展。

第三，加强政府信用建设，是加快行政管理体制改革，建设服务型政府的主要途径。著名学者塞缪尔·亨廷顿（1968）指出：“国家之间政治上最重要的区别，不在于政府的形式，而在于政府的水平。”[①] 亨廷顿所指“政府的水平”实际上包含着一个政府的信用水平。加强政府信用建设，就是要增强政府对民众利

① ［美］塞缪尔·亨廷顿：《变动社会的政治秩序》，上海译文出版社1989年版，第1页。

益诉求回应的及时性、准确性和有效性，就是要加快政府职能转变，规范政府行为，公开政务信息，稳定公共政策等。这与党中央提出的建设服务型政府的要求是完全契合的，因而也是建设服务型政府的主要途径。同时，政府信用的提高还会增强政府的合法性基础，这将为行政管理体制的改革提供良好的外部环境和持续强大的动力，使行政管理体制改革在政府与社会的互动中迈入良性循环的轨道。

第四，加强政府信用建设，是建立完善的社会信用体系的前提。一个完善的社会信用体系应包括个人信用、企业信用和政府信用三个方面。其中，政府信用在社会信用体系中处于核心地位，起着基础性、决定性、导向性的作用。因为对某一地区而言，政府是一个垄断性组织，不具有竞争性，这就决定了政府信用没有选择性，公众只能被动地接受。这一特点也决定了政府信用影响的广泛性，政府的失信行为不仅会直接影响当事人，而且会对其他社会行为主体产生示范效应。同时，在社会信用体系建设中，政府不仅是重要的信用主体，还是社会信用体系建设的推动者和监管者，具有双重属性。所以，政府信用是其他信用赖以存在和发展的基础，只有政府率先垂范，大力强化自身信用建设，才能推动整个社会信用体系的建立和完善。

第五，加强政府信用建设，是提升我国国际竞争力的迫切需要。从历史经验看，一个国家或地区的信用状况是决定其环境竞争力和要素聚集力的重要因素，甚至在一定程度上左右着一个国家、一个地区的竞争力。政府信用价值在一定程度上代表了一个国家的综合信用能力，是一国在世界的口碑和信誉。① 我国政府签署的“入世”协议书有160多条协议，其中只有20多条和企业市场有关，其余140多条，全部是用来规范和限制政府的。信守承诺是世界贸易组织对成员方的基本要求，这对我国政府信用提出了更高的要求。美国认证协会主席米洛·葛若说：“中国进入世界贸易组织后，人们对于中国经济的印象，首先是企业产品的质量，其次是政府信用，然后是一个良好的法律保障，综合起来的信用是我们做出判断的眼睛。”② 因此，只有加强政府信用建设，才能适应世界贸易组织的游戏规则，增强我国的软实力以及在制定国际规则时的发言权，进而提升我国的国际竞争力。

第六，学界对政府信用的研究现状要求我们必须加大研究力度。近年来，我

---

① 吴晶妹：《现代信用学》，中国人民大学出版社2009年版，第147页。

② 王朝阳：《别让“信用”蒙上灰尘》，http：//www.cctv.com/financial/jingji/sanji/jujiao/20010920/49.html.

国学术界对信用问题的研究，主要集中在企业信用和个人信用层面。据课题组粗略统计，2000 年至 2011 年间国家社会科学基金和国家自然科学基金这两大国家级基金共资助企业信用、个人信用方面的课题 86 项（见表 1 - 2），且总体上呈逐年增多之势。到目前为止，国内在企业信用和个人信用方面出版的著作已达数百部，发表论文 11000 多篇。在学术界和实务界的推动下，一些地方在企业信用和个人信用管理方面已建立了相应的评价体系和管理机制。但作为整个社会信用体系建设基石的政府信用却没有引起学术界足够的重视，无论在研究深度还是广度方面都十分欠缺，明显滞后于我国社会信用体系建设的实践需要。

表 1 - 2　国家社会科学基金和国家自然科学基金资助“信用”方面课题情况

课题类型 / 年份	国家社会科学基金课题		国家自然科学基金课题（管理学部）	
	企业信用和个人信用	政府信用或政府诚信	企业信用和个人信用	政府信用或政府诚信
2000	1	0	0	0
2001	3	0	0	0
2002	3	1	0	0
2003	3	0	0	0
2004	7	1	0	0
2005	10	1	4	1
2006	2	0	4	0
2007	3	0	4	0
2008	3	0	5	0
2009	5	0	6	0
2010	3	0	7	1
2011	5	1	5	1
合计	48	4	48	4

注：国家社科基金西部项目和国家社科基金重大招标项目未纳入国家社会科学基金课题统计范围。

第三节　研究方法与结构框架

一、主要研究方法

本书在写作过程中努力把理论研究与实证分析、定性研究与定量研究紧密结合起来，综合运用了文献调研、深度访谈、问卷调查、专家咨询及专家会议等数据采集方法及描述性统计分析、隶属度分析、相关分析、辨别力分析、回归分析、因子分析、路径分析和结构方程模型等数据分析方法。这里仅对本书采用的主要研究方法进行说明。

（1）文献调研。在写作本书的过程中，作者通过数据库、图书馆文献等途径查阅了大量关于政府信用的文献资料，并利用在美国亚利桑纳州立大学（Arizona State University）高访的机会，采集了美国同行在信用领域的一些前沿研究资料，从而获取了较为全面的、丰富的相关知识。通过对国内外相关研究进行回顾、评述，总结国内外政府信用研究的进展和不足之处，从而有针对性地提出本研究的基本假设。

（2）深度访谈。深度访谈（In－depth interview）是一种无结构的、直接的、一对一的访问形式。访问过程中，由掌握高级访谈技巧的调查员对调查对象进行深入的访问，用以揭示对某一问题的潜在动机、态度和情感，最常应用于探测性调查。在写作本书的过程中，作者就政府信用的现状、缺失成因、影响因素和建设路径等问题广泛咨询了政府工作人员、公众和相关学者，为提出假设与编制问卷调查表等提供依据。

（3）问卷调查。为克服以往研究多从定性角度分析所带来的不足，作者在深度访谈的基础上，编制了具有较高信度和效度的问卷调查表，以采集我国地方政府信用现状、地方政府信用缺失成因、地方政府信用影响因素及地方政府绩效测度指标的原始数据。

（4）专家会议。在研究过程中，课题组多次组织政府信用领域的专家，对主要问题进行相互讨论、相互启发，在集思广益的基础上得出比较全面的结论，从而保证了本研究的科学性、现实性和可操作性。

（5）描述性统计分析。运用 SPSS 18.0 统计软件，对地方政府信用与地方政府绩效进行描述性统计分析，计算各个测度指标的平均数和标准差，以全面正确地了解我国地方政府信用与地方政府绩效的总体水平和地区差异。

（6）路径分析。对地方政府信用的影响因素进行系统的理论阐释，提出概念模型，然后运用 AMOS 18.0 统计软件进行路径分析，考察公务员素质、政府能力、制度环境及信用文化四个维度变量对县级政府信用的影响强度及影响机理，并对相关假设进行检验。

(7) 结构方程模型。以采集得到的数据为基础，运用 AMOS 18.0 统计软件进行结构方程分析，构建地方政府信用与地方政府绩效关联性的结构方程模型，深入地揭示地方政府信用与地方政府绩效之间的关联方向、关联强度及关联路径，正确地了解和把握地方政府信用（自变项）对地方政府绩效（依变项）的影响机理（包括影响方向、影响路径、影响强度）。

二、本书的结构框架

本书遵循理论探讨与实证分析相结合的原则，全书的基本内容可以概括为：在对研究背景和研究意义的系统分析基础上，全面回顾和总结了国内外政府信用研究所取得的进展，讨论了研究不足及前沿动态；在对国内外学者有关政府信用概念的比较分析基础上，严格界定了政府信用的内涵，建立了具有较高信度和效度的地方政府信用评价体系，并运用该评价体系对地方政府信用的现状进行实证调查和统计分析，细致地考察了地方政府信用的缺失问题及其影响因素；以地方政府信用为外生潜变量，地方政府绩效为内生潜变量，构建了我国地方政府信用与地方政府绩效关联性的结构方程模型，深入地揭示了地方政府信用对地方政府绩效影响强度、影响方式和影响路径；最后本书紧密结合我国信用政府建设的实际需求，提出了政府信用建设的路径与具体策略。本书完整的技术路线与结构框架如图 1-1 所示。在上述研究思路的指导下，全书分八章围绕政府信用及其与政府绩效的关联性展开讨论。

第一章：绪论。本章主要论述了全书的研究背景、研究意义、研究方法以及总体结构框架。本章在全书中起到提纲挈领的作用。

第二章：政府信用相关研究述评。本章将系统回顾并全面总结、评论国内外政府信用相关研究的成果及其不足之处，从而为后续章节的写作打下坚实的理论基础。

第三章：我国政府信用的现状及缺失原因研究。本章首先将科学界定政府信用的内涵，然后通过对省级、地市级、县市级和乡镇四个层级地方政府的实证调查定量描述目前我国各个层级地方政府的信用水平，在此基础上本章将系统分析地方政府信用缺失的原因。

第四章：我国地方政府信用评价体系的构建和实际测度。本章首先从理论上遴选出地方政府信用评价的指标体系，然后采用隶属度分析、相关分析和辨别力分析等统计分析方法，对理论评价指标进行多重实证筛选，并进行信度和效度检验，最终建立具有较高信度和效度的地方政府信用评价指标体系。在此基础上，课题组将运用该地方政府信用评价体系，对全国100个左右县级政府的信用水平进行实际测度，采用SPSS 18.0统计软件对实际测度结果进行描述性统计分析。

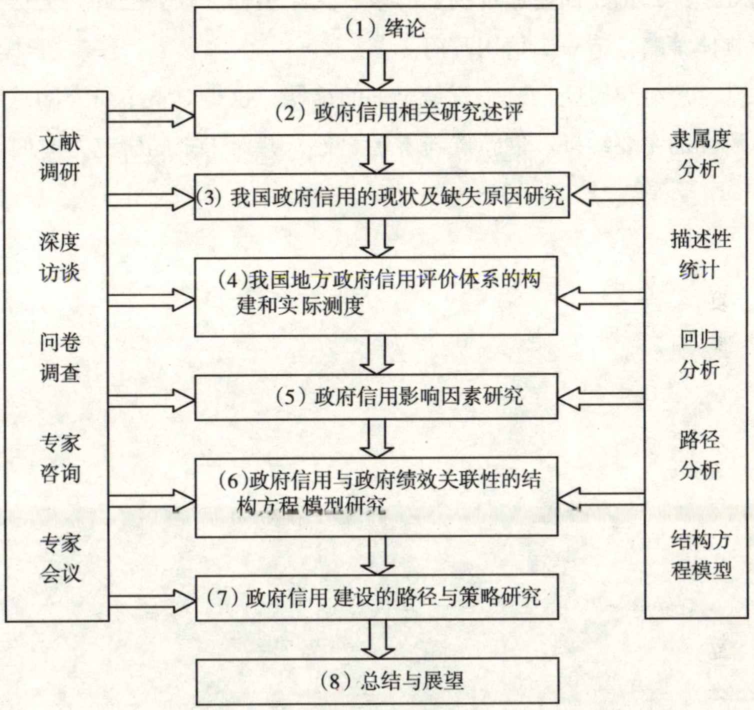

图1-1 本书的技术路线与结构框架

第五章：政府信用影响因素研究。以问卷调查的数据为基础，本章首先将通过回归分析、路径分析等方式实证分析公务员素质、政府能力、制度环境与信用文化四个方面的因素对我国县级政府信用的影响强度及影响机理。然后，本章将以世界银行全球政府治理研究数据库（2008年案例）和国家统计局的数据资料为基础，考察全球范围内决定各国中央政府信用水平的主要影响因素。

第六章：政府信用与政府绩效关联性的结构方程模型研究。在文献调研的基础上，本章将以地方政府信用为外生潜变量，地方政府绩效为内生潜变量，构建地方政府信用与地方政府绩效关联性的结构方程理论模型。然后以采集得到的数据为基础，运用AMOS 18.0统计软件进行结构方程分析，构建地方政府信用与地方政府绩效关联性的初始结构方程模型，并进行评价与修正，最终建立具有较强解释力的地方政府信用与地方政府绩效关联性的结构方程模型。

第七章：政府信用建设的路径与策略研究。本章首先将全面系统地介绍国内外政府信用建设的成功经验与典型方式，然后将结合前面各章的分析结果与国内外政府信用建设的有益经验，提出我国政府信用建设的总体定位，并在这一总体定位的指导下详细论述如何通过制度约束、文化引领、政务公开、失信惩戒及守信激励等具体策略打造一个信用政府。

第八章：总结与展望。这一章是全书的结尾，也是对整个研究的总评。本章概括了本研究的主要结果、创新点与不足之处，并对未来的研究方向加以展望。

第二章　政府信用相关研究述评

国内外学者已在政府信用领域开展了大量研究，并取得了一些研究成果，为本研究提供了良好的基础。下面本书将从政府信用的内涵与作用、政府信用的缺失成因与影响因素、政府信用的评价体系与评价模型及提高政府信用的途径与对策四个方面系统地回顾和分析政府信用领域的相关学术成果。

第一节　政府信用的内涵与作用研究

迄今为止，学术界尚未就什么是政府信用达成广泛的共识。但可以肯定的是，政府信用与企业信用、个人信用相比，其内涵和外延都有不同。

关于政府信用的内涵比较具有代表性的观点有：①政府与公民的信任关系是建立在公众对政府的合理期待以及政府回应基础上的一种互动、合作的关系（Fukuyama，1995）。②政治委托—代理关系中的政府信用，一方面是指政府（信用方）是否具有值得公众（信任方）信任的因素（包括诚实、守信的良好品格等政府人格方面的因素）及其履行契约的能力在客观上能够为信任方所信任的程度，即来自信任方的评价；另一方面是指政府对信任方的责任感以及实际上对公众的期待和信任的回应。简言之，即政府对公众在委托契约中赋予的期待和信任的责任感及其回应。对信任的责任感及其回应是政府信用中的关键内容。政府信用源于公众与政府之间的政治委托—代理关系，其核心部分就是公众对政府的信任和政府对公众的信用（张旭霞，2002）。③政府信用的基本要求是政府要承担起公共管理与公共服务的责任，实现社会的稳定、公平和富有效率。政府信用的兑现主要是通过政府职能的实现来体现的，政府职能包含自身事务管理和外部事务管理及服务两大方面。相应的政府信用也包含自身事务管理和外部事务管理及其服务信用（罗忠桓，2002）。④政府信用是社会组织、民众对政府信誉的一种主观评价或价值判断，它是政府行政行为所产生的信誉和形象在社会组织和民众中所形成的一种心理反应。它既包括民众对政府整体形象的认识、情感、态度、情绪、兴趣、期望和信念等，也体现为民众自愿地配合政府行政，减少政府的公共管理成本，以提高公共行政效率（王和平，2003）。⑤政府信用的概念至少应具有以下内涵：政府作为经济管理者，制定和执行规则时应本着公平、公正与合理的原则；令行禁止，不能朝令夕改；政府行为不应越过其权力范围；即使政府作为市场主体，也必须遵循市场规则，树立诚信为本、服务社会的观念（安贺新，2005）。⑥所谓政府信用就是政府对法定权力和职责的履行程度，表明政府在自身能力限度内的实际"践约"状态。某种程度上，可以说是政府与其他主体（公民或其他国家）在交往中建立的、履行某些承诺协约的意志和能力（包兴荣、牛存勇，2006）。⑦政府信用既是指政府及其部门作为公共权力机构或公共权力的代理者信守规则、遵守诺言、实践契约，同时也是社会组织和民众对政府信誉的一种主观评价或价值判断，是政府行政行为所产生的信誉和形象在社会组织和民众中所形成的一种心理反应。政府信用体现的是政府的德性，是政府的"言"与"行"的有机统一，是政府的"自利性"屈从于"公共性"的必然要求，是政府的"主观"言行与社会的"客观"评价的和谐一致（周玉蓉，2007）。⑧政府信用是指政府在公共行政过程中所显示的合法运作公共权力和竭诚履行公共服务的责任感和能力，在经济交易活动中履约守信的责任感和能力，以及社会组织、民众对其信誉的一种价值判断或评价（夏琼，2007）。⑨政府信用就是国内外社会各主体对一个政府守约重诺的意愿、能力和行为的信任，这里的"约"和"诺"可以理解为政府和社会公众之间的契约，是政府必须完成的职责（章延杰，2007）。⑩政府信用指的是政府认真恪守并有效履行其法定职责及其对公众的承诺而赢得公众信任的状况。这一界定涵盖三层意思：一是政府作为代理人恪守对政治委托人即公众的信用责任和诚意；二是信用政府必须有能力去履行其信用责任；三是由上述两个因素决定的政府履行其信用责任的实际状况，以及由此产生的公众对政府的评价及信任状况（何显明，2007）。⑪政府守信是指政府维护和遵守政府信用，即与各界往来中维护诚实守信的形象、贯彻执行各项政策与规则、遵守经济交易活动惯例及由此形成的债权债务关系契约（吴晶妹，2009）。⑫政府信用的本质是具有政绩偏好的"政治人"在任期内对公共权力委托人所做出的契约承诺、履行契约的行为过程及其履约的结果，"政治人”与公共权力委托人之间的政绩博弈构成了政府信用的核心内容（周伟贤，2010）。⑬所谓地方政府的信用，主要是指各级地方政府机关在经济、政治、文化、社会等事务的管理活动中履行承诺的程度，其中政府契约的履行，主要指政府职能的履行情况，对公布的各项承诺、政策、法律法规等的执行情况等（方雷等，2010）。⑭政府信用可以定义为：在以立法机关、司法机关、行政机关和法律法规授权行使行政权力的事业单位和组织（统称政府）为一方主体的交互行为中，政府行为具有不确定性，隐含着对另一方造成不利影响的风险，另一方有选择相信与不相信政府不会做出损害自己利益行为的自由，并可根据相信与不相信做出与政府合作与不合作的选择，而另一方的合作能给政府带来利益，另一方相信并选择合作的，则政府取得了信用（王新红，2011）。

表 2－1　政府信用定义的回顾

作者	政府信用的定义
Fukuyama(1995)	公众对政府的合理期待以及政府回应基础上的一种互动、合作的关系
张旭霞(2002)	政府对公众在委托契约中赋予的期待和信任的责任感及其回应
罗忠桓(2002)	政府职能的实现
王和平(2003)	社会组织、民众对政府信誉的一种主观评价或价值判断
安贺新(2005)	制定和执行规则时应本着公平、公正与合理的原则，令行禁止，不越过其权力范围，遵循市场规则
包兴荣、牛存勇(2006)	对法定权力和职责的履行程度
周玉蓉(2007)	政府及其部门作为公共权力机构或公共权力的代理者信守规则、遵守诺言、实践契约，同时也是社会组织和民众对政府信誉的一种主观评价或价值判断
夏琼(2007)	合法运作公共权力和竭诚履行公共服务的责任感和能力，履约守信的责任感和能力，以及社会组织、民众对其信誉的一种价值判断或评价
章延杰(2007)	国内外社会各主体对一个政府守约重诺的意愿、能力和行为的信任
何显明(2007)	政府认真恪守并有效履行其法定职责及其对公众的承诺而赢得公众信任的状况
吴晶妹(2009)	政府践约、履行承诺
周伟贤(2010)	对公共权力委托人所做出的契约承诺、履行契约的行为过程及其履约的结果

续表

作者	政府信用的定义
方雷等(2010)	履行承诺的程度
王新红(2011)	另一方相信并选择与政府合作,并能给政府带来利益

将国内外学者关于政府信用的定义进行归纳（见表2-2），可以看到学者们主要是从以下几个角度界定政府信用的。第一种观点可以称为能力观，这类界定从政府信用的主体——政府出发来界定政府信用，强调政府履行其职责和承诺的信用能力，例如罗忠桓、包兴荣、吴晶妹及周伟贤的定义。第二种观点可以称为认知观，这类定义从政府信用的客体——公众和社会组织等出发界定政府信用，偏重于公众和社会组织主观上对政府的信用评价，相当于国外政府信任（trust in government）的涵义，例如王和平、章延杰对政府信用的界定。第三种观点可以称为能力—认知综合观，这类定义同时从政府信用的主、客体出发界定政府信用，既强调政府的信用诚意和信用能力，也突出社会公众对政府的信用评价，例如Fukuyama、张旭霞及何显明等人对政府信用的界定。此外，王新红的观点则比较独特。他从经济学与经济法学交叉的视角出发，认为信用是具有利用价值的信任，并扩展了经济学上狭义信用价值的范围，指出这种价值不仅仅包括借贷、延期付款、延期交货等经济利益，并在此基础上发展提出了政府信用的定义。

随着上世纪后期以来对信任和信用的研究逐渐成为显学，越来越多的学者开始关注政府信用对社会经济发展的作用，其中既有社会学、政治学的视角，也有管理学、行政学的视角，不同观点的出现进一步加深了人们对政府信用重要性的认识。

一般来说，信任是社会资本的重要组成部分，信任能够通过促进合作行为来提高社会的效率，从而促进善治和经济繁荣（Putnam，1993）。Goodsell（2006）明确指出“政府的最高宗旨是建立公众的信任，以使民主成为可能”。Osborne和Gaebler（1992）则把信任作为对政府进行根本性改革时起支持作用的一个因素。公众的普遍不满反映出政府的信任危机，反映出政府“合法性”受到怀疑和挑战。因而致力于提高公众对政府的信任度，重新确立政府在公众心中的“合法地位”就成了各国行政改革的重要动力和目标。同时，信任是一个降低所有社会、经济和政治关系的执行成本的有效途径（Fukuyama，1995）。信任的作用还远远不止于此。信任是所有人与人之间联系和制度之间相互作用的基础（Misztal，1996；Tonkiss等，2000）。每当一个新的政策宣布时，信任都要发挥作用

(Ocampo，2006)。合法政府可以利用政治支持和权力的信用去加强人们对它们的服从——如果有必要的话——这种信用就象一个威慑物一样在起作用并加强它们获得服从的权威，因此产生一种乘数效应并把政治控制扩大到了超出可以被获得的东西之外，尽管它实际上需要依靠潜在的强制权力（布劳，1964)。可见，对政府的信任能提高公共政策被自愿接受的程度，鼓励遵纪守法，从而有助于政策的顺利实施并降低行政成本（Ayres 和 Braithwaite，1992；Levi，1998；Tyler，1998)。当公众对政府的信任程度较高时，对政府开支和活动的支持程度也较高(Chanley 等，2000；Chanley，2002；Rudolph 和 Evans，2005)。对于政府而言，公众的高度信任使更大的政策创新和冒险成为可能，而低度的信任则会威胁政府的稳定及合法性（Bianco，1994)。此外，对政府的信任可以有效地缓解政治问责制（political accountability）与管理灵活性（managerial flexibility）之间的矛盾(Kim，2005；Cooper 等，2008)。Cooper 等人（2008）通过对北卡罗来纳州西部地区政府推行分区制的研究表明，对地方政府信任度更高的公民更愿意支持分区制。由此可见，对政府信任度高的公民愿意赋予政府更多的自由裁量权，而这有利于在一个纷繁复杂的环境中提高政府绩效。

我国的改革是全面的改革，包括经济体制改革、政治体制改革以及其他各领域的改革。政府信用在改革过程中具有极其重要的作用，这是因为政府信用涉及政府的“合法性”这个重要问题（郑婷、赵淑丽，2004)，从而直接关系到能否维持稳定的社会局面。政府信用能促进社会主义市场经济的良性发展，是社会信用系统的核心与支柱，是政府职能顺利实现的保障，是政府形象的具体体现，是我国加入 WTO 新形势发展的必然要求（王和平，2003)。在中国，社会和谐归根到底主要还是官民之间的和谐。而信任是编织公众和政府之间和谐关系的重要因素，民众对政府的信任是一类特殊的制度信任，它包括民众对政府公务员的信任、对政府行为方式的信任以及对与政府行为相关的整个社会制度的信任等诸多因素。从某种意义上说，没有值得社会公众信任和依赖的政府的存在，也就没有整个社会的有序和公正，其政府当然也就没有什么信用可言（包兴荣、牛存勇，2006)。此外，政府信用体系建设对提高政府的行政效率具有重要影响。一旦政府与公众之间形成良性互动，政府提高了其在群众中的公信力，建立了良好的政府信用，政府就能够有效提高满足公众需要的公共物品和公共服务的质量，进而提高行政效率，构建高效政府（姜仁良，2007)。

第二节 政府信用缺失成因与影响因素研究

西方国家公民对政府的信任下降是由多种原因造成的，主要包括：第一，经济状况表现低迷以及公民们认为政府无力解决现存的财政和金融挑战（Mansbridge，1997；Newton 和 Norris，2000；Citrin 和 Luks，2001）。第二，政府浪费和无效（Gore，1993；Nye，1997；Baldassare，2000）。民意调查的结果也支持了这种论点。当被问到不信任联邦政府的原因时，81%的被调查者认为政府是浪费的且绩效低下，79%认为政府花钱办错事。第三，社会资本的减少（Mansbridge，1997）。很少参加公民活动的公民容易感到缺乏政治影响力，从而引起了强烈的无力感，并进一步助长了对政治玩世不恭的态度及对政府的不信任（Putnam，2000）。第四，越来越多的政治丑闻和媒体对政治腐败和丑闻的关注（Garment，1991；Chanley 等，2000）。政治科学家托马斯·帕特森（Thomas Patterson）在1960年代就提出，印刷品和电视新闻变得越来越消极，逐渐以记者的偏好为中心，更多地关注冲突而不是实质问题，这种情况不仅发生在美国还有英国、意大利和瑞典。大量的关于政府和政治人物的负面报道降低了政府的重要性并导致“坏政府”的观点盛行。第五，行政权力的扩张。文森特·奥斯特罗姆（1974）的研究表明，美国传统的一元化和等级制官僚行政体制存在一个难以遏制的倾向，那就是行政权力不断扩张，以致行政长官的权力大大超过其实际行政能力。过多的权力不仅使行政官员滥用权力成为可能，更重要的是这实际上意味着他们被赋予了他们不可能实现的责任，其结果必然是政府乃至宪法陷入信用危机。此外，公民感知到政府绩效的下降，尤其是政府在提供公共服务方面绩效的下降（Orren，1997；Peters，1999）；公民有关政治方面知识积累的下降及个人主义的增长（Dalton，2000）；缺乏把公民倾向于民主价值的意愿整合进政治机构（McAllister，1999）；政治领导人的腐败（Thomas，1998）；政党分化（King，1997）等都会造成公民对政府信任的下降。

在转型时期的中国，政府公信力下降的原因有“政府超载”，即信用范围与信用能力的不对称；利益政府，即规制无度与政府行为的短期化；绩效困境，即官员选拔体制的弊端与政府官员行为的短期化；政府信用责任机制与制约机制的缺失（何显明，2003）。同时，政府职能转变滞后，传统政府管理方式不适应市场经济发展的新要求及依法行政不完善也导致了政府公信力下降（唐铁汉，

2005)。孙亚忠（2007）的分析揭示出，为了纠正市场失灵，实现公共利益，政府必须在自然垄断、人为垄断、存在外部性等领域实施规制政策。但是，在实际经济生活中，基于各种特殊利益的政府规制，会引起众多社会交易成本极高的负和博弈——寻租，源于各种特殊利益的政府规制，是政府寻租、创租、抽租的内生性基础。而政府寻租、创租、抽租所导致公共权力的扭曲和公共权力委托代理运行机制的失灵，极大地增加了社会交易成本，最终将导致政府信用的缺失。赫荣平（2008）指出，自身利益驱动了政府失信行为，信息不公开便利了政府失信行为，监督乏力放纵了政府失信行为，官本位心理助长了政府失信行为。杨璐、李家军（2008）从分析地方政府信用风险因素出发，基于解释结构模型（Interpretative Structural Modeling）对地方政府信用风险进行了分析，并由此构建了地方政府信用风险系统的结构模型（见图 2－1），这也是国内学者通过 ISM 模型对地方政府信用风险因素进行识别和因果关系判断的主要代表。

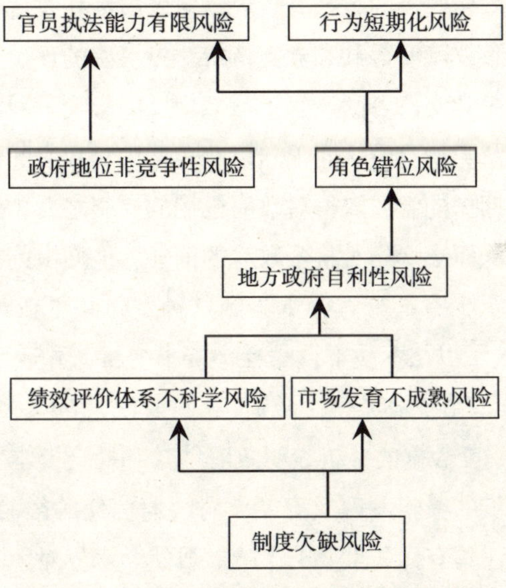

图 2－1　地方政府信用风险系统的结构模型

随着研究的不断深化，部分学者在阐释政府信用缺失成因的基础上，开始采用定量实证的手段分析政府信用的影响因素。同时，鉴于政府信用对社会经济发展的重要作用，近年来国内外对政府信用影响因素的研究逐渐增多。

Chanley 等（2000）首次对政府信任的影响因素进行了多变量分析。他们采用向量自回归（vector autoregression）的方法检验了从 1980 年到 1997 年公众对联邦政府信任度的季度数据，结果发现对经济的负面看法，与国会有关的丑闻，以及公众对犯罪问题关注的增加会导致公众对政府信任的下降。“9·11”事件以后，美国公众对联邦政府的信任度显著提高，为了解释这种变化，Chanley（2002）分析了1980年到2001年政府信任的季度数据，结果表明公众对国际问题的关注以及对经济形势和总统工作的积极评价会引起政府信任的上升，而公众对犯罪问题的担心会造成政府信任的下降。她的研究揭示出“9·11”事件以后公众对联邦政府信任度的提高主要得益于公众把关注的焦点由国内问题转移到了外交政策和国家安全上来，一旦对经济下滑或其他国内问题的担忧重新成为公众关注的重点，公众对联邦政府的信任将再度走低。Keele（2005）通过对美国政党轮替的分析，指出党派身份认同对政府信任有着重要影响，当其所支持的政党上台时，一个政党的拥护者会更信任政府。由于在2002年的中期选举中共和党夺回了对参议院的控制权，而众议院中的多数党和总统职位保持不变，这为考察党派身份认同与政府信任之间的关系提供了有利契机。Gershtenson等（2006）通过使用康涅狄格大学调查研究与分析中心于中期选举前后所收集的数据分析公众对政府信任发生的变化及其原因，研究发现，共和党掌管参议院使得共和党支持者对参议院的评价更积极，他们也变得更信任政府，这对民主党支持者则产生了截然相反的影响。回归分析和路径分析表明党派对政府的控制及党派身份认同强烈影响着选民对政府的信任及对政府机构的支持，当某个选民所拥护的党派取得对政府机构的控制之后，该选民对此政府机构的支持度随之上升，从而影响到对整个政府的信任。他们由此得出结论认为，当政治环境发生变化时，至少有部分人会觉察到这种变化并更新对政府的评价。Keele（2007）在研究中引入了以往不被重视的社会资本变量，并运用误差修正模型（error correction modeling）系统地考察了政府绩效和社会资本对政府信任的作用，基于1972年到1999年季度数据的分析表明政府绩效和社会资本对政府信任均具有统计显著性影响，进一步的检验发现政府绩效对政府信任的影响较小且是短期性的，而社会资本对政府信任具有持久重要的影响。虽然学术界对影响联邦政府信任度的因素进行了比较系统的研究，但在州政府层面考察政府信任影响因素的研究却相当匮乏。Kelleher和Wolak（2007）采用多层次建模（multilevel modeling）的方法初步探索了政治过程、机构的代表性及经济和政策绩效是如何影响公众对州议会、州长办公室及州法院的信任的。他们发现影响公众对州政府信任度的因素在某种程度上类似于影响联邦政府信任度的因素，但也存在一些明显的差异。具体而言，议员的专业特质、效率低下、党派冲突与贫富分化会降低公众对州议会的信任，低税负和低失业率则有助于增强公众对州议会的信任；腐败、贫富分化与高犯罪率会损害公众对州长办公室的信任，而州长的个人魅力、低税负、低失业率及经济繁荣会提升公众对州长办公室的信任；广泛的代表性和清廉将会使州法院赢得较高的公众信任度。

与国外相比，国内学者直到最近几年才开始分析政府信用的影响因素。这些研究大多是基于对个别地区问卷调查所做的简单分析。姚明龙（2005）基于对世界银行全球政府治理研究数据库（2002 年案例）的考察，发现在其他情况保持相同的情况下，一个经济体的法制化程度、信息透明度和人均 GDP 分别提高 1 个百分点，其政府信用度将分别提升 0. 572、0. 135 和 0. 106 个百分点。吴建南等（2007）通过对某市政府官员的问卷调查获取相关数据，分析表明，政府绩效对公众政府信任的直接影响最大，其次公众参与绩效评价程度和评价结果应用都在一定程度上正向影响公众信任；同时，评价结果应用通过政府绩效对公众信任产生间接影响。马得勇（2007）通过使用亚洲民主调查（Asian Barometer）研究组提供的数据，研究了亚洲 8 个国家和地区政治信任的影响因素，回归分析表明，对国家经济状况的评价、对民主制度运行状况的评价、社会信任及政治威权主义价值观从正面影响人们的政治信任，而对腐败的认识则从负面影响人们的政治信任。从全体样本来看，对经济状况的评价对人们政治信任的影响最为强烈，威权主义价值观紧随其后。余敏江、梁莹（2008）以南京市为个案，通过交互分析、方差分析、多元回归分析等统计分析方法，对公民对政府的信任状况与公民参与意识状况进行了实证分析。研究发现，公民对政府的信任度与公民参与意识之间有密切关联且呈正相关关系；在各背景变量中，年龄、收入、文化程度、职业与政治面貌对政府与公民之间的信任关系有显著影响。郝友宾等（2008）基于对陕西省镇安县杨泗环乡、岐山县蔡家坡镇、武功县大庄镇及杨陵区村民及基层干部的调查，借助 DPS 软件以多元线性回归的分析方法考察了乡镇政府干部、乡镇政府政策、乡镇政府财务、乡镇政府服务、乡镇民主建设和乡镇经济建设六方面指标对基层政府信任度的影响，最后分析得出，“为村民解决实际问题”、“腐败行为”、“特色产业”、“合理收费”显著影响村民对乡镇政府的信任度。吕维霞、王永贵（2010）基于公众感知建立了满意度、政府形象、政府承诺、公众感知质量、公众人口统计特征和政府公信力之间的假设关系。结构方程模型分析表明政府承诺、满意度、政府形象及公众总体感知质量对政府公信力均具有显著且正向的影响，其路径系数分别为 0. 255、0. 189、0. 176 及 0. 247。同时，单因素方差分析表明，不同受教育水平的公众、来自不同地区的公众、少数民族和汉族对政府公信力的评价存在显著的认知差异。胡荣等（2011）根据对厦门市居民的问卷调查，分析了影响城市居民政府信任的各种因素。回归分析的结果表明，从总体上看，社会资本和政府绩效对城市居民政府信任的影响是积极正面的，改进政府工作和建构社会资本可以在很大程度上增加城市居民对各级政府的信任度。

第三节　政府信用的评价体系与评价模型研究

目前在国内外影响比较大的政府信用评价体系与评价模型主要有以下几种。

第一，“标准—普尔”政府信用等级评价体系。该体系对各个国家或地区政府的债务信用从定性和定量两个方面进行评价，包括政治风险、收入和经济结构、经济增长的前景、财政弹性、中央及地方政府的债务负担、境外负债和或有负债、货币稳定性、对外流动性、公共部门的外债负担、私营部门的外债负担等10大类共49项评价指标（见表2－2）。在每类标准中，各国（或地区）的政府被按照6个等级（即从最好到最差）进行评价。这些标准几乎都综合了经济和政治两类风险。

表2－2　“标准—普尔”政府信用等级评价体系

目标层	维度层	指标层
政府信用等级	政治风险	1. 政治制度的稳定性与合法性
		2. 公众参与政治的程度
		3. 领导交替的程序
		4. 经济政策决策和目标的透明度
		5. 公共安全
		6. 地缘政治风险
	收入和经济结构	7. 市场经济导向的前景、多样性和程度
		8. 收入差别
		9. 金融部门在调节资金和信贷可供量方面的效果
		10. 非金融私营部门的竞争性和盈利性
		11. 公共部门的效率
		12. 保护主义和其他非市场因素的影响
		13. 劳动力的弹性

续表

目标层	维度层	指标层
政府信用等级	经济增长的前景	14. 储蓄和投资的规模和构成
		15. 经济增长的速度和结构
	财政弹性	16. 中央及地方政府收入、支出和盈余/赤字趋势
		17. 收入增加弹性和效率
		18. 支出效果和压力
		19. 预算报告的合时性、范围和透明度
		20. 养老金的责任约束
	中央及地方政府的债务负担	21. 中央及地方政府总债务和净债务占 GDP 的百分比
		22. 收入用于利息支付的比例
		23. 债务币种的构成和到期结构
		24. 本币资本市场的深度和广度
	境外负债和或有负债	25. 非金融公共部门企业的规模和活力
		26. 金融部门的活力
	货币稳定性	27. 经济周期中的价格表现
		28. 货币和信用扩张
		29. 汇率制度和货币目标的协调性
		30. 制度因素，如中央银行的独立性
		31. 货币政策手段的范围和效率
	对外流动性	32. 财政和货币政策对境外账户的影响
		33. 经常项目的结构
		34. 资本流动的构成
		35. 储备适当性
	公共部门的外债负担	36. 公共部门的总外债和净外债
		37. 公共部门的总外债和净外债占经常项目收入的百分比
		38. 债务币种构成、到期日
		39. 债务币种对利率变动的敏感性
		40. 获得优惠资金的机会
		41. 偿还债务的负担

续表

目标层	维度层	指标层
政府信用等级	私营部门的外债负担	42. 金融部门的总外债和净外债
		43. 金融部门的总外债和净外债占经常项目收入的百分比
		44. 非金融部门的总外债和净外债
		45. 非金融部门的总外债和净外债占经常项目收入的百分比
		46. 债务币种构成、到期日
		47. 债务币种对利率变动的敏感性
		48. 获得优惠资金的机会
		49. 偿还债务的负担

第二，大公地方政府信用评级方法。国内的大公国际资信评估有限公司于2009年发布了《大公地方政府信用评级方法》。该评级方法是对地方政府偿还其债务的能力和意愿的评价，以我国各级地方政府为评级主体，在综合调查、了解和分析的基础上，对影响地方政府信用等级的财政收支、政府债务、政府治理等主要因素进行充分研究、对地方政府整体信用风险大小进行综合评价，对其未来的信用风险变化趋势进行预测评估，并以特定的等级表示其风险大小。大公地方政府信用评级基本框架和评估指示体系分别如图2－2、表2－3所示。

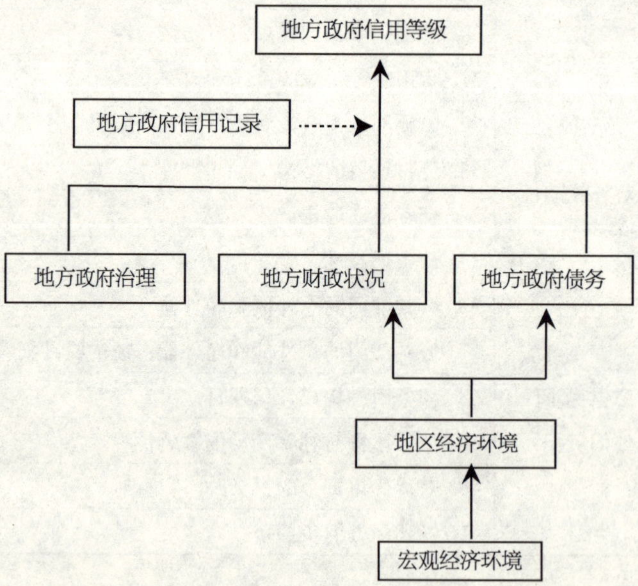

图2－2　大公地方政府信用评级基本框架

表 2-3 大公地方政府信用评估体系

维度	评估指标
宏观经济环境	(1)宏观和区域经济运行。包括经济增长、社会投资、消费和进出口趋势、三大产业结构、支柱产业发展情况。 (2)宏观经济政策。包括财政政策、货币政策、税收政策、产业政策、区域发展政策
地区经济环境	(1)资源禀赋及地区在国家或区域发展战略中的地位。包括地理位置、自然资源、环境生态、地区经济社会发展潜力、与周边经济交往情况以及对周边地区发展的辐射带动作用、在国家或区域发展规划中的作用。 (2)经济发展水平。包括 GDP、人均 GDP、城乡居民人均可支配收入、城镇化率、外贸依存度、外资占 GDP 比重、外商直接投资额度、上市公司数量、地区内企业直接融资规模及占比、固定资产投资、社会消费品零售额。 (3)产业结构。包括第一、二、三产业对 GDP 的贡献比例、地区 GDP 和税收贡献在地区内排名前 10~50 位主要企业的情况。 (4) 制度环境。包括政策对当地经济发展的促进作用、政府对经济的干涉程度、司法环境
地方财政状况	(1) 地方财政运行机制。包括本级与上下级财政的收入和支出划分范围、基金预算和预算外资金的管理制度。 (2) 地方财政运行情况。包括地方财政总收入、财政盈余、本级财政总收入/本地财政总收入、本级财政总收入增长率/本地财政总收入增长率、预算执行情况。 (3) 财政收入分析。包括本级财政总收入、土地出让收入、本级一般预算收入/财政总收入、税收收入/一般预算收入、本地财政总收入/本地 GDP、本地财政总收入增长率/本地 GDP 增长率。 (4) 财政支出分析。包括建设性支出、建设性总支出、建设性支出/本级一般预算支出、建设性总支出/本级财政总支出。 (5) 其他政府资源。包括预算外收入、国有参控股公司的股权、储备的可供出让土地
地方政府债务	刚性债务、刚性债务/建设性总支出、刚性债务/本级财政总收入、债务偿还结构
地方政府治理	(1) 政府管理水平和行政效率。包括地方政府的组织机构情况、地方政府的制度建设、政府主要官员的素质。 (2) 政府换届风险。主要指地方政府换届后新的主要领导对于债务的偿债意愿
地方政府信用记录	主要包括最近 5~10 年（或更长时间）内地方政府履行债务偿还的情况，包括显性和隐性、直接和或有债务

第三，国家发展改革委中国经济导报社和北京世经未来投资咨询有限公司推出的政府信用评级体系。该评级方法主要从宏观经济环境、地区经济发展状况、

地方财政收支状况三个方面对政府信用能力进行评级。由于宏观经济环境是“系统风险”，在评级体系中对各省信用评分的贡献是相同的，因而，对各省信用评分影响最大的是地区经济发展状况与地方财政收支状况方面的指标（见表2-4、表2-5）。在此基础上，他们采用加总式的评级方法对全国（港、澳、台除外）31个省级政府2009年的信用能力进行了评价（见表2-6）。

表2-4　地区经济环境指标

指标	分值	级别	得分
GDP（万亿元）	10	2.0及以上	10
		[1.0，2.0)	7
		[0.5，0.1)	3
		0.5以下	0
人均GDP（万元）	5	3.0及以上	5
		[2.0，3.0)	3
		[1.0，2.0)	1
		1.0以下	0
GDP增长率	5	15%及以上	5
		[10%，15%)	3
		[6%，10%)	1
		6%以下	0
产业结构偏离度	10	0.3及以下	10
		(0.3，0.5]	7
		(0.5，0.7]	3
		0.7以上	0
资源禀赋	5	—	[0，5]
战略地位	5	—	[0，5]

第四，李杨等（2007）建立的地方政府信用评价指标体系（见表2-7）。他们按照全面性、可比性和科学性的原则，从政府的公信度、经济发展水平和社会稳定程度三个方面构建了地方政府信用评价指标体系，然后运用德尔菲法确定了各单项指标的权数和定性指标的标准值，最后在得出单项指标评价值的基础上，通过多目标线性加权函数模型确定评价总值。

表 2-5　地方财政状况指标

指标	分值	级别	得分
财政总收入（万亿元）	10	2.0 及以上	10
		［1.0，2.0）	7
		［0.5，0.1）	3
		0.5 以下	0
财政收入增长率	5	25%及以上	5
		［20%～25%）	3
		［15%～20%）	1
		15%以下	0
建设性支出比例	5	40%及以上	5
		［30%～40%）	3
		［20%～30%）	1
		20%以下	0
财政支出增长弹性	5	1.0 及以下	5
		（1.0～2.0］	3
		（2.0～3.0］	1
		3.0 以上	0
财政自给率	10	80%以上	10
		60%～80%	7
		30%～60%	3
		小于 30%	0

表 2 -6　2009 年各省信用综合评级

省份	宏观经济环境	区域经济状况	地方财政状况	总计	评级		排名
江苏	20	36	31	87	AA	投资级	1
上海	20	35	29	84	AA		2
浙江	20	36	27	83	AA		3
北京	20	35	27	82	AA		4
广东	20	35	27	82	AA		5
山东	20	31	26	77	A		6
天津	20	28	23	71	A		7
辽宁	20	26	23	69	BBB		8
福建	20	30	17	67	BBB		9
内蒙古	20	23	19	62	BBB		10
河南	20	24	17	61	BBB		11
四川	20	24	17	61	BBB		11
湖北	20	28	11	59	BB	投机级	12
重庆	20	22	17	59	BB		14
河北	20	22	15	57	BB		15
安徽	20	20	15	55	BB		16
湖南	20	22	13	55	BB		17
陕西	20	19	15	54	BB		18
山西	20	17	16	53	BB		19
黑龙江	20	19	13	52	BB		20
广西	20	18	13	51	BB		21
吉林	20	18	12	50	BB		22
江西	20	17	13	50	BB		23
海南	20	21	9	50	BB		24
云南	20	15	11	46	B		25
宁夏	20	16	9	45	B		26
西藏	20	12	11	43	B		27
贵州	20	13	8	41	B		28
青海	20	13	8	41	B		29
甘肃	20	11	7	38	CCC		30
新疆	20	12	6	38	CCC		31

表 2-7　李杨等的地方政府信用评价指标体系

评价内容	评价指标	权数	标准值
一、提高政府公信度 0.42	科学决策能力	0.11	定性评议
	政策及法规保障能力	0.08	定性评议
	经济环境治理能力	0.07	定性评议
	政府信息公开披露体系建设的完备程度	0.12	定性评议
	政府应急机制和危机管理能力	0.08	定性评议
	公务员队伍的廉洁务实勤政高效	0.15	定性评议
	每万人中刑事案件立案数	0.09	≤22 件
	每万人中治安案件发生率	0.08	≤20 件
	教育科技投入占 GDP 的比重	0.09	≥5%
	公共卫生投入占 GDP 的比重	0.06	≥2%
	环保投入占 GDP 的比重	0.07	≥1.5%
二、促进经济发展 0.32	人均国内生产总值	0.15	≥3000 美元
	经济增长波动系数	0.10	≤2
	人均实际利用外资	0.10	≥200 美元
	非国有工业产值占工业总产值的比重	0.14	≥85%
	赤字占 GDP 的比重	0.11	≤3%
	非农产业增加值占 GDP 的比重	0.14	≥90%
	出口额占 GDP 的比重	0.13	≥30%
	人均固定资产投资额	0.13	≥5340 元
三、维护社会稳定 0.26	人口自然增长率	0.07	≤5‰
	恩格尔系数	0.08	≤40%
	基尼系数	0.13	≤0.35
	区域差异指数	0.10	1
	城镇登记失业率	0.11	≤0.5%
	社会保障网络覆盖面	0.12	100%
	贫困发生率	0.09	≤5%
	农民人均纯收入	0.08	≥6700 元
	城镇居民人均可支配收入	0.08	≥20000 元
	城乡居民人均可支配收入的比值	0.07	≤1.5
	农民人均负担额	0.07	≤100 元

备注：1. 经济增长波动指数采用近五年国内生产总值年增长率的标准差来计算。2. 恩格尔系数采用人均食品消费支出占总消费支出比重来计算。3. 基尼系数计算公式为：$G_i = 1 + 1/n - 2/n2_Y$（$Y_1 + 2Y_2 + \cdots + nY_n$）式中 n 表示参与计算基尼系数的人数，Y_1，Y_2，…，Y_n 是从高到低排列的个人收入值，Y 表示人均收入。4. 区域差异指数采用威廉逊系数来计算。其计算式为：区域差异指数 = 1 − R，其中：R =（$\sum$（$Y_i - Y$）$\times P_i / \sum P_i$）1/2/Y 式中 Y_i 表示被评估地区人均 GDP，P_i 表示各地区人口数，Y 表示高一级区域人均 GDP。5. 贫困发生率指贫困人口占总人口的比重。6. 农民人均负担额指各种摊派费及不合理的收费等。7. 定量指标标准值的确定参考小康社会标准。

第五，学者李长江（2003）构建的政府信用评价模型。通过参考“西肖尔金字塔模型”，李长江创建了一个简单的衡量政府信用大小的一般模型，具体如下。

模型1：$Z = aX + bY$。Z 为政府信用，X 为政府资质，Y 为政府行为能力，X 和 Y 称为第一层次因子，a 为政府资质的权重，b 为政府行为能 力的权重。

模型2：$X = \sum_{i=1}^{m} a_i W_i$。$X$ 为政府资质，W_i 为政府资质的影响因子，称为第二层次因子，a_i 为政府资质各影响因子的权重，m 是 大于零的整数。

模型3：$W_i = \sum_{r=1}^{u} d_r P_r$。$P_r$ 是 W 因子的分值，d_r 是 P_r 相应的比重，u 是大于零的整数。

模型4：$Y = \sum_{j=1}^{n} b_j R_j$。$Y$ 为政府行为能力，R_j 为政府行为能力的影响因子，称为第二层次因子。b_j 为政府行为能力的影响因子的权重，n 是大于零的整数。

模型5：$R_j = \sum_{e=1}^{V} s_e H_e$。$H_e$ 是 R_j 的因子分值，s_e 是 H_e 相应比重，V 是大于零整数。

模型6：$G = \sum_{k=1}^{Q} c_k Z_k$。$G$ 为整体信用，Z_k 为各级政府信用，k 为政府的数量，c_k 为各级政府在整体信用中的权重，Q 是大于 零的整数。

第六，周伟贤（2010）在借鉴欧盟通用评估框架（对公共质量管理水平进行评估的一种框架）的基础上，结合中国国情，在分析转轨时期影响我国地方政府信用发展程度的各种因素的基础上，建立了一套地方政府信用评估的指标体系（见表 2 − 8）。

表 2-8　周伟贤地方政府信用评价指标体系

因素	一级指标	二级指标	三级指标
形成因素	行政能力建设	依法行政	具体行政行为的合法率、抽象行政行为的合法率、行政诉讼的败诉率、行政复议的纠错率、行政过错的责任追究状况、行政赔偿状况
		高效行政	内部管理制度的完善程度、工作时限的遵守情况、效能投诉办结率
		服务行政	基础设施建设状况、社会突发事件的应急制度建设及执行状况、公共服务行业的满意度
	政策法规管理	政策管理水平	政策的合法性、政策的民主科学程度、政策的稳定性和连贯性、中央政策的执行程度
		法规管理水平	地方性法规的合法性、合理性;地方性法规和部门规章的成本收益分析
	公民参与政治程度	政务信息的透明度	政务公开制度的完善程度、公开信息占政务信息总量的比例、电子政务建设状况等
		公众参与政治的途径	听政制度的完善程度、信访举报或投诉的渠道建设情况、公众意见收集机构的建设
		公众意见的重要程度	行政决策中公众意见所占比重、行政行为实施过程中公众意见的受重视程度、信访投诉的办结率等
	政府资质水平	人力资源状况	学历结构、年龄结构、领导班子团队建设、人力资源开发战略规划等
		职能设置状况	经济调节和市场监管职能市场化程度、社会保障和公共服务职能的强化程度、职能越位、缺位状况
		廉政建设状况	贪污腐败和行政违纪违法人员比重、机关工作作风状况

续表

因素	一级指标	二级指标	三级指标
结果因素	影响结果	经济	人均GDP及其增长率、城镇登记失业率、货币的稳定性、财政发展指数、城镇居民收入指数、农村居民收入指数、政府债务逾期额增长等
		社会	社会安全指数、社会治安满意率、社会保障覆盖率、贫困人口比重、恩格尔系数、生产和交通事故的死亡率、城镇化程度
		人口与环境	人均预期寿命、人口的自然增长环境质量指数、资源消耗指数
		科教文卫事业	公共卫生发展指数、人才资源增长率、平均受教育程度、专利授权量、科技创新成果情况、社会诚信程度
	公民结果	公众满意度	公众满意度的具体指标设计及测评
		公众的报怨	公众对政府行为提起的行政诉讼情况以及公众上访或信访情况等
		媒体评价	国内外媒体对政府信用状况的评价
	绩效结果	工作计划的完成程度	年度工作计划完成情况、政府对外承诺事项的完成情况等
		行政效率	行政经费占财政支出的比重、行政人员占总人口的比重

第四节　提高政府信用的途径与对策研究

为了重建政府与公民的信任关系，国外学者提出的建议有：通过坚持言行一致来显示对公共利益的真正关心；努力、有效地代表其选民的利益；实行政治改革，例如分权和公共管理中的创新；引进社会改革以增强公民社会代表，并配合政治改革；采用科技创新来确保政府管理更加有效、包容并且易于接触公民，例如电子政务和电子参与（Blind，2006）。法制、诚信、效率、效果、参与、可靠性、透明度和公正性（Goodsell，2006）。通过绩效评估提高政府绩效（Yang 和 Holzer，2006）。

2007 年 6 月 26 日至 29 日，第七届全球政府创新论坛在奥地利首都维也纳召开，本次论坛的主题是“提高政府公信力”（Building Trust in Government）。经过 4 天的讨论，论坛在闭幕式中发表了《提高政府公信力维也纳宣言》（The Vienna Declaration on Building Trust in Government）。宣言分为序言、建议、后续措施三个组成部分。在建议部分，《宣言》提出了提高政府公信力的 10 个方法。分别是：①确保政府的合法性；②优先考虑为民众提供服务；③增强透明度和问责制以打击腐败；④改善对信息通信技术的利用；⑤支持有效的民间社会参与；⑥保证媒体自由发挥其建设性影响；⑦使政府更接近人民；⑧促进建立公私伙伴关系；⑨促进公共部门的改革创新；⑩在危机和冲突后国家重建信任。

转型期中国政府的信用缺失问题十分严重，国内学术界所提出的主要治理对策如下。

范柏乃、江蕾（2005）在调查分析的基础上，提出了治理我国地方政府信用缺失的六项对策。一是加强社会信用的法制化管理。关键是要加大执法力度，真正做到“有法可依、有法必依、执法必严、违法必究”。二是加快地方政府职能转变，使全能政府变为有限政府和责任政府，使政府及其行政人员对公众负责，切实履行应尽的职责和义务，妥善地行使其权力并承担相应的责任，提高政府取得公众信任的责任感，增强公众对政府的信任感。三是建立科学的地方政府绩效评价体系，引导地方政府树立正确的绩效观。四是完善对地方政府的行政监督机制。包括加强国家权力机关对政府的监督，增设必要的监督部门；把行政监督和对政府行政人员的任免结合起来；尽快制定《公民监督法》等。五是健全行政责任追究制度。就是建立起清晰的代理人激励与约束机制，为政府信用建立起坚实的法治和制度基础。六是实施政务公开和阳光行政，提高信息透明度。

政府信用行为的规范，要根据内外行为对象不同，采取相应措施，对内加强行为本身的信用建设，对外为社会提供有效服务，维护社会信用。包括提高政府行为主体道德素质和行政水平；进一步理顺政府职能；依法行政；破除地方保护主义；推行政务公开制度；促进社会信用环境的优化（安贺新，2005）。

政府信用的管理要从体制和道德两方面入手。政府信用的体制化管理，是从体制上对政府官员的政府行为进行规范，以便保证和增进政府信用。具体来说可以分为三大方面：对政府体制加以革新和完善、建立政府信用监督约束体制、建立政府官员失信惩罚机制。其中，对政府体制加以革新和完善是指转变政府职能，建设公民中心的服务型政府，同时还要改进政府官员的政绩考核方法；建立政府信用监督约束体制是指要加强对政府信用的法制监督约束、舆论监督约束和政府自身的体制监督约束；建立政府官员失信惩罚机制是指对政府官员的失信行为应当依法追究其行政、民事直至刑事责任，并对受害对象实行损害赔偿制度，以期通过这些强制性的惩罚来防止一些政府官员不讲信用、滥用误用政府公共权力随意行为。政府信用的人格化管理，是指对政府官员进行诚实守信的道德教育，以德治的说服力和劝导力来提高政府官员的思想认识和道德水平，尤其是信用道德的水平，树立遵守信用的职业道德和社会公德（章延杰，2007）。

提升地方政府的公信力，打造信用政府，首先必须着眼于信用政府的政治逻辑，深化政治体制改革，为完善和规范地方政府的运作构建一个同市场经济和法治社会相适应的政治制度框架。具体包括以下几个方面：①理性政府，政府形象的重构；②有限政府，政府信用责任范围的合理界定；③法治政府，政治信用的非人格化；④民主政府，政府信用约束机制的建构；⑤责任政府，政府信用责任的明晰化。信用政府的建设仅仅依靠宏观政治制度框架的约束是远远不够的，就当下的中国地方政府而言，提高政府公信力，需要在政府管理体制上进行一系列重大的制度创新，不断强化政府信用行为激励机制与约束机制。这种信用政府的行政逻辑需要五方面对策的推进：一是完善政府官员信用责任机制，包括强化政府官员履行信用责任的压力机制；完善政府组织内部的信用责任机制；将信用责任履行纳入政府官员考核指标体系。二是强化政府信用行为的监督机制，主要指加强人大组织和公共舆论对政府行为监督的职权。三是优化地方公共政策过程，包括健全制度化的利益表达机制；推行政策制定过程的公开化，增强公众对政策的信任感；健全公共政策的民主监督机制和政策实施反馈机制。四是健全政府行为的财政刚性约束机制，包括根据政府职能明确公共财政开支的具体范围；根据各级政府事权合理划分各级政府的财权；切实完善地方政府财政决策的社会约束和监督机制。五是完善政府失信的国家赔偿制度（何显明，2007）。

政府失信从本质上说是一种制度性危机，因此，要通过良性制度的设计来为政府信用建设安上稳固的“法锁”。一是完善信息公开制度，建立政府信用信息公开制度。一方面要明确政务公开范围，创新灵活的政务公开形式，完善信息公开的法规制度，细化政府信息公开制度；另一方面，要探索建立政府及官员信用记录制度和公示制度。二是健全完善控制性的政府信用责任制度。控制性的责任制度是指通过对政府失信行为的责任追究和惩罚，激发政府官员的自觉践约意识和行为，以使政府行为受到刚性约束，确保政府信用责任的履行，包括建立政府失信责任追究制度、政府信用监督制约机制和政府失信国家赔偿和补偿制度。三是探索创新性的政府官员选任制度，严格把好政府执政人员的“入口关”。包括健全完善行政首长产生机制与严格规范行政首长任期制。四是实行引导性的政府守信激励机制。应以科学合理的政绩考核制度为依据，对每个官员在履行职责的过程中恪守信用的情况作出信用等级评议，并录入政府信用信息库，作为其评奖评优、职务升降的重要依据。对信用状况良好的官员要给以物质、精神两方面的奖励（张创新、崔雪峰，2009）。

中国政府诚信的建设一是要加强宣传教育，强化政府官员的诚信意识，营造诚信氛围；二是对政府角色进行再定位，建立有限与高效政府；三是公开政府信息，建立透明政府；四是政府要做到科学决策、集体决策、民主决策；五是深化干部人事制度改革，健全干部管理体制；六是要建设政府诚信法律责任制度；最后需要加强对政府行政权力的政治监督、司法监督、群众监督和社会舆论监督（杨秋菊，2009）。

在构建和谐社会中政府信用的建立和巩固应作为头等大事来抓。政府需要通过以下举措树立起良好的政府形象。第一，政府必须转变观念，摆正自己的位置，不仅把自己看成监管者，还要把自己看成被监管者，牢固树立有限行政、执法为民、服务为民的思想，自觉接受社会的监督。第二，社会信用信息数据库中应该包括政府信用信息。政府的信用信息可以单设数据库，由各级政府主管信用管理的部门搜集、整理、建档和酌情向社会公布。第三，建立一套较为完善的政府信用管理制度，形成决策科学、执行透明、监管有效、失信惩罚的机制。包括建立政府信用调查和报告制度，完善统一的政府信用管理档案；建立科学的信用评价体系，健全对违法、违纪、违约行为的制约机制；建立健全决策、执行和监督信用机制；建立行政行为失信惩罚机制、责任追究和赔偿制度（陈建中等，2009）。

第五节　对现有研究的评述

通过对代表性文献的梳理总结不难发现，西方学者对政府信用问题的研究基本上集中在政府信任和政府偿还债务的经济信用两个领域。这些研究具有比较悠久的历史积淀，理论基础深厚扎实，分析方法成熟多样，产生了较大的社会影响。而国内对政府信用问题的研究还处于起步阶段，定性研究较多，定量研究较少，理论探讨较多，实证研究较少，尤其是在政府信用的影响因素、评估指标体系和管理机制等方面的研究十分缺乏，难以满足加快我国政府信用体系建设的实际需求。

第一，国内学者对政府信用影响因素的研究还有待深化。就分析单位而言，国外对政府信任影响因素的分析既有微观层面（micro - level）的研究，如考察党派身份认同对个体的政府信任度的影响，也有宏观层面（macro - level）的研究，如考察政府绩效、社会资本和经济形势等对公众整体的政府信任度的影响，而国内同类研究基本只局限于微观层面的分析，并且这些研究的取样范围狭窄，样本大多来自某几个乡镇或某一个城市。就研究假设而言，国外相关研究假设的提出是建立在坚实的文献基础之上，假设包含的内容也比较全面，既涵盖了政府绩效和经济形势等影响政府信任的外部因素，也涵盖了教育程度与年龄性别等影响政府信任的内部因素。而国内同类研究所提出的假设随意性较大，缺乏坚实的文献基础，并且对政府信用影响因素的考察通常缺乏系统的观点，没有综合考虑各种可能影响政府信用的因素。就分析方法而言，国外学者在对政府信任影响因素进行分析时使用了多种研究方法，包括普通最小二乘法、向量自回归法、路径分析、误差修正模型及多层线性模型等，对各种影响因素的揭示比较深刻。与此相比，国内的研究大多是基于对个别地区问卷调查所做的简单回归分析，而且在分析时也没有考虑到多重共线性与异方差性等问题。方法的简化加大了估计值的偏差，导致对政府信用影响因素的揭示比较粗糙。

第二，国内学者对政府信用评估指标体系的研究还有待深化。西方信用评级机构所开发的政府信用评价体系虽然精致，但是这种评级只是对政府资信状况的评估，其理论基础是把政府假设为与企业、个人一样的经济主体。这种方法没有考虑政府作为一个公共主体所要履行的各种职能，显然并不适合对中国地方政府进行信用评价。而国内以往研究所建立的政府信用评估指标体系主要是从理论上构建政府信用的测度指标，尚未采用隶属度分析、相关分析及辨别力分析等统计方法对测度指标进行实证筛选，也没有对构建的政府信用评估指标体系进行信度和效度检验。这些不足削弱了评估指标的科学性和合理性。更重要的是，这些评估指标体系在被构建出来之后，往往被束之高阁，相关学者没有进一步使用这些评估指标体系去实际测度各个地区的政府信用水平或是某一地区政府信用水平的动态变迁，导致学术界对我国实际政府信用水平的认识仅仅停留在感性描绘阶段。

第三，国内学者对政府信用管理机制的研究还有待深化。政府信用不仅关系到政党执政的地位、政府的合法性，而且关系到社会信用制度的建立、市场经济的发展与和谐社会的构建，具有重要的现实意义。因此，面向实践应是政府信用研究的首要原则。一方面，由于以往对政府信用的研究沿袭了政治学和行政学的传统，导致所提出的提高政府信用水平的政策建议往往比较宽泛宏大，可操作性不强，而且也缺乏一定的实际基础；另一方面，以往研究没有把政府信用管理机制与政府信用的评级有机联系起来，人为割裂了两个原本紧密联系的环节。事实上，只有对政府信用水平进行科学评估之后，才能有针对性地采取相应的管理措施。

由此可见，加强对政府信用影响因素、评价体系及评价程序的研究，探索切实可行的政府信用管理机制，是深化我国政府信用研究面临的最紧迫的任务。本书便试图在这三个方面有所突破。

第三章　地方政府信用的现状及缺失原因研究

为深入了解和把握地方政府信用的影响因素以及政府信用与政府绩效的互动关系，并提出切实可行的地方政府信用缺失的治理对策，就必须首先对地方政府的信用水平进行深入的调查，并在此基础上找出政府信用缺失的原因。本章将主要围绕这两个基础性问题进行全面的论述。

第一节　政府信用的内涵及特征

信用是一种社会的、历史的现象，其历史源远流长，同样，“信用”一词也具有悠久的历史。在汉语中，“信用”一词的含义颇多。2010 年出版的《辞海》第六版普及本中列出了“信用”的三种释义：其一，谓以诚信任用人，信任使用；其二，遵守诺言，实践成约，从而获得的信任；其三，以偿还为条件的价值运动的特殊形式，多产生于货币借贷和商品交易的赊销或预付之中，其形式有商业信用、银行信用、国家信用和消费信用。著名学者张维迎（2006）指出中文“信用”一词的含义比英文要宽一些，日常生活中人们讲“信用”是指“言而有信”、“说话算数”。可见，中国人所说的信用主要是指“信用”的第二种释义，而非第三种释义。其他国内学者对信用的内涵也给出了各自的看法。郑也夫（2001）在其著作《信任论》中写道：“信用是一种特定的诚实，它强调的是守约重诺。”潘金生等（2003）指出信用“是指经济主体之间，以谋求长期利益最大化为目的，建立在诚实守信道德基础上的心理承诺与约期实践相结合的意志和能力”。吴晶妹（2009）认为信用就是获得信任的资本，这种资本由信用意愿与信用能力构成。所以，笼统地把“信用”对应的英语单词翻译为 credit 并不妥当。credit 一词在英文中主要是指偿还债务的狭义经济信用，并不包含《辞海》中“信用”的第二种释义。而 trustworthiness 一词表示可信赖、确实性，体现了一种值得信任的品质，是广义的信用，相当于中国人日常所说的“信用”。国外学者的研究进一步证明了这一点。Mayer 等人（1995）发表于 *Academy of Management Review* 的先驱性文章指出 trustworthiness 包括能力（ability）、善心（benevolence）及正直（integrity）三个维度。Colquitt 等（2007）进一步指出 trustworthiness 中的 ability 维度揭示了这一单词中包含着被信任的一方有能力完成受托的事情的意思，而 benevolence 和 integrity 两个维度则揭示了这一单词中包含着被信任的一方有意愿去运用自己的能力以完成受托的事情的意思。简而言之，trustworthiness 这一单词同时包含了被信任的一方具有守约践诺的信用意愿与信用能力，这与汉语中一般所谓的“信用”含义更为契合。由于本研究所指称的信用是指广义的信用，因此，本研究中“信用”一词对应的英语翻译为 trustworthiness，“政府信用”对应的英语翻译为 government trustworthiness。

综合国内外学者对信用（trustworthiness）内涵的不同看法，可以发现这些定义基本都包含了两大要素——信用诚意与信用能力。政府信用作为一种特定类型的信用，也必然包含这两方面的基本要素。政府信用的践行，必须同时具备两个条件：一是政府践行信用的能力；二是政府践行信用的意愿。缺一不可（王新红，2011）。但何显明（2007）指出，信用关系体现的并不仅仅是信用主体对其信用责任及其道德义务的履行，它还包含着这种承担所产生的后果，即信用客体所赋予信用主体的信任或信赖，这种信任对于信用主体具有重要的社会价值。这一点在政府信用关系中显得尤为重要，因为公民对政府的信任涉及政府的“合法性”问题，直接关系到政权的稳固。詹姆斯·福里斯特尔就曾经说过：“政府工作的困难在于，它不仅必须干得很好，而且必须让公众相信它干得很好。换句话说，能力和表现都是必要的……”① 因此，公民对政府的信用评价也是政府信用的有机组成部分。

另外值得注意的一点就是，在现代社会中，政府既是一个经济主体，也是一个公共主体，具有双重的属性。作为经济主体，政府与企业、个人等经济主体在

① ［美］菲利克斯·尼格罗、劳埃德·尼格罗：《公共行政学简明教程》，中共中央党校出版社 1997 年版，第 10 页。

法律上处于平等的地位，拥有相应的权利与义务，它维护的是政府自身的公共产权。① 在经济分析中，时常把政府当做一个部门与企业部门、家庭部门对等起来，形成“三部门经济”模型或“四部门经济”模型（加上国外部门）。这时，作为经济主体的政府其信用与企业信用类似，就是要按期偿还各种政府债券、政府借款及政府财政通过金融部门从社会各界以有偿方式吸收的存款。标准普尔（Standard & Poor's）、穆迪（Moody's）、惠誉国际（Fitch Ratings）三大国际信用评级机构和国内的大公国际资信评估有限公司便是基于这一认识对各个国家和地区的政府信用进行评价的。同时，政府在现代社会中更主要地是作为一个公共主体。从公共主体的身份出发，政府就是要维护社会的公平正义，为社会提供各种公共产品和公共服务，从而实现经济、社会的稳定和发展。在中国，作为公共主体的政府就是要全心全意为人民服务，切实履行好“经济调节、市场监管、社会管理、公共服务”的职能。正因为政府具有双重身份，所以从不同身份出发界定的政府信用内涵必然存在明显的差异。本书所谓的政府信用是指政府基于公共主体的身价而产生的信用责任。

通过以上分析，课题组把政府信用的内涵界定为：政府信用是指政府在公共行政过程中履行法定职责及其对公众承诺的责任感和能力，表明政府在自身能力限度内的实际“践约”状态，同时也是社会组织和公众对政府信誉的一种主观评价或价值判断。

首先，从政府信用的主体角度看，政府信用的主体是政府，即国家行政机关。因此，就其主体本身而言，政府信用就是国家行政机关作为公共权力的代理者信守规则、遵守诺言、履约践行，其中包含具有值得公众信任的因素。在这个定义中，主要包括三层含义。一是决策信用，即政府决策的科学性和连续性。政府的决策是否符合客观实际，尊重客观规律，决策过程是否科学、公开和民主，出台的政策能否体现出连续性。二是行为信用，即实事求是的行为品格、言行一致的行为准则和坚守承诺的行为方式。主要表现为政府在行政过程中严格依照法律、法规、政策规定行使其管理职权，不越位，不缺位，不错位，因为法律、法规、政策也是一种合约，一旦制定出来就构成对社会的公开承诺。此外，即使在没有任何法律、法规、政策具体约束的情况下，政府也要

① 刘尚希：《财政风险：一个分析框架》，经济研究 2003 年第 5 期，第 24 页。

始终坚守正义，维护公共利益，正确履行自己的职责而取信于民。三是程序信用，即政府行政过程的透明、公开，严格按法定程序实施，便于公民的参与和监督。

其次，从政府信用的客体或对象来看，政府信用是作为政府行政对象的社会组织和公众对政府信誉的一种主观评价或价值判断。它是政府行政行为所产生的信誉和形象在社会组织和公众中所形成的一种心理反应。它既包括民众对政府整体形象的认识、情感、态度、情绪、兴趣、期望和信念等，也体现为公众自愿地配合政府行政，减少政府的行政成本，提高行政效率。

相对于企业信用、个人信用等其他类型的信用，政府信用具有以下几个主要特点。

第一，政府信用主体具有唯一性。除非通过选举或革命等手段实现政权更替，否则政府都是唯一的、不可替代的，相当于一个垄断性组织。一般而言，公众是无法自由选择政府的，即使不信任政府，但也总免不了与政府打交道。一方面，公共选择理论所设想的人口可以在不同行政区域间以极低的成本自由流动，以及人们可以“用脚投票”选择他们的居住地和提供公共服务的政府，至少在当今的中国是不现实的。另一方面，更换政治代理人的程序也是极其复杂的，草根阶层的社会革命运动往往会遭到当权者的残酷镇压，而且像这样具有正外部性的行为很可能会引来大量搭便车者，外部的强大压力和内部组织的混乱极易造成旨在重新选择代理人的集体行动轻易流产。这就造成了政府信用关系中一方主体几乎恒为某个特定的政府。政府的非竞争性决定了政府信用关系的不可选择性，从而使市场经济中通过自由竞争促进信用形成的重要机制无法发挥其作用。因此，政府作为单边垄断者，其所拥有的优越地位从根本上决定了守信与否并不会直接影响公共权力的持有，其守信的动力由此被大大减弱。①

第二，政府信用关系具有非对等性。信用关系的维持有赖于有效的约束机制。即当授信方不再信任受信方或者发现受信方采取欺骗行为时，可以停止合作甚至直接对其施以惩罚。在个人信用和企业信用关系中，授信方有足够的积极性与可能性对受信方的失信行为进行惩罚，因而契约体现的是一种平等合作的关

① 何显明：《信用政府的逻辑：转型期地方政府信用缺失现象的制度分析》，学林出版社 2007 年版，第 52 页。

系。而在政府信用关系中情况却并非如此。虽然社会契约理论、马克思主义理论等都认为政府是服务于人民的“公仆”，人民作为委托人，是国家的主人，但现实生活往往却是另一幅截然不同的图景。政府作为公共事务的管理者，拥有大量公共资源，更重要的是，政府行为一般以强制手段（国家暴力）为后盾，具有凌驾于其他一切社会组织之上的权威性和强制力，往往是以高高在上的管制者形象出现的。同时，政府信用关系的双方所拥有的信用信息也是不对称的。强有力的信息采集能力使政府能最大限度地了解信用客体，而作为信用客体的公民、企业和社会组织在信用信息收集方面处于明显的劣势。所以，政府信用关系中的双方无论在形式上是否平等，在实质上必然是严重不对等的，这造成了对政府的失信约束机制很难正常发挥作用。虽然也有保护公民、企业和社会组织合法权益的法律法规，但是若要真正运用法律武器维护自身权益却并非易事。弱小无助的公民、企业和社会组织很难有足够的精力及耐心与庞大的官僚机器周旋到底，而且纷繁复杂的官僚机构常常使失信责任的界定“难于上青天”。

第三，政府信用影响具有广泛性。一方面，政府作为公共权力机关在制定、执行政策的过程中，会与社会各界交往，其影响是放射性的，会在社会公众中扩散，甚至会产生连锁反应。政府失信不仅会损害这一行为的利益相关者，而且会对其他社会行为主体产生示范效应。更重要的是，政府是否讲信用对于人们的预期形成具有重大的影响，而很多政策的效果就直接取决于老百姓对这个政策的信心和信任。温家宝总理在部署应对全球金融危机时就反复强调“信心比黄金和货币更重要”，“信心就是力量”。由此可见，政府信用对公共政策的成败极其重要，会直接影响国家命运、社会安定和每个家庭、每个人的福祉。另一方面，政府不仅是重要的信用主体，还是社会信用体系建设的推动者和监管者。如果政府自身都信用缺失的话，则很难保证政府会公平公正地监管其他社会信用主体，更遑论推动社会信用体系的建设了。一旦失信行为得不到有效地遏制，必将逆向激励其他理性的个体群起而效仿，从而可能引起整个社会信用水平的大幅度下滑。

第二节　地方政府信用现状的实证调查

根据地方政府信用的内涵，课题组成员在对浙江大学30余名MPA学员现场访谈的基础上，设计了一份“我国地方政府信用水平”的问卷调查表，该问卷调查包括五个部分：①被调查者的基本情况；②地方政府信用水平测评；③地方政府信用缺失的表现形式；④地方政府信用缺失的成因；⑤提高地方政府信用的对策。问卷的第二部分采用选择式的调查方式，包括10个测评项目，采用七点量表的测评方法，“1”代表最低分，“7”代表最高分，从1到7表示各个测评项目政府信用水平得分依次提高。问卷要求被调查者根据自己的实际感受，对被调查的省级、地市、县市和乡镇四个层级的地方政府信用水平进行判断，并把判断结果填在相应的空格内（见表3－1）。问卷的第三部分列出了我国地方政府信用缺失的12项表现形式，要求被调查者根据自己的实际感受，从中选择6项主要的表现形式（见表3－2）。

表3－1　我国地方政府信用水平的问卷调查表

测评项目	1	2　3	4　5	6　7
	省级政府	地市政府	县市政府	乡镇政府
1）法规政策的连续性				
2）法规政策的完备性				
3）行政决策的科学性				
4）政务信息的公开性				
5）行政审批的规范性				
6）政府干预的有效性				
7）市场监管的公平性				
8）政府官员的廉洁性				
9）行政执法的公正性				
10）政府职能的合理性				

为全面深入地了解我国地方政府的信用水平，课题组选择了浙江大学300余名MPA学员作为调查对象，他们来自于省级、地市、县市和乡镇四个层级的地方政府机关，在政府机关工作多年，经验丰富，对地方政府信用现状有较为全面和深入的认识和了解。课题组共发放问卷调查表310份，回收284份，其中有效问卷224份。有效问卷的样本分布情况如图3－1所示。

表 3-2　我国地方政府信用缺失的问卷调查表

地方政府政府信用缺失的 12 项表现形式	说明:请您根据自己的实际感受,从中选择 6 项主要的表现形式,并在相应的空格内打"√"
1)政策缺乏连续性和稳定性	
2)行政决策随意性	
3)行政审批不规范	
4)政府工作缺乏透明度	
5)行政许诺,经常无法兑现	
6)行政赔偿不到位、不充分	
7)违法行政,执法犯法	
8)政府职能越位,过度干预经济活动	
9)官员和公务员经常不作为	
10)弄虚作假,欺上瞒下	
11)习惯于做表面文章,热衷于搞政绩工程	
12)官员和公务员的腐败行为	

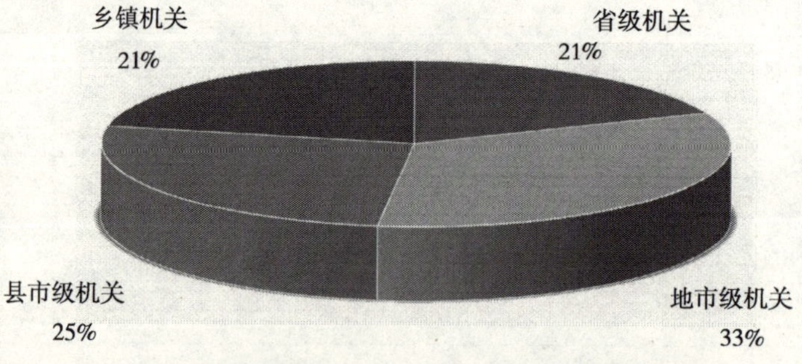

图 3-1　我国地方政府信用水平问卷调查对象的分布

一、不同层级地方政府的信用水平

我国实行多级政府分级管理的行政管理体制，不仅中央政府与地方政府在政治权威、行政权力、经济实力、行政职能和管理机制上有很大差别，不同层级的地方政府在这些方面也有很大差别。基于这种差别，我国各级地方政府信用水平也存着一定的差异。课题组在深入分析省级、地市、县市和乡镇四个层级的地方政府信用水平的基础上，综合分析我国地方政府信用水平的总体情况。

1. 省级政府信用水平分析

省级政府信用水平的调查结果如表3－3所示。以各个测评项目选择人数为权重，可以分别得到10个测评项目的加权得分。在10个测评项目当中，加权得分从高到低依次分别为："行政审批的规范性"(5.17)、"行政决策的科学性"(4.62)、"法规政策的完备性"(4.60)、"法规政策的连续性"(4.54)、"行政执法的公正性"(4.40)、"市场监管的公平性"(4.04)、"政务信息的公开性"(3.82)、"政府干预的有效性"(3.02)、"政府职能的合理性"(2.63)、"政府官员的廉洁性"(2.55)。10个测评项目平均加权得分为3.94分，表明我国目前省级政府信用水平尚未达到中等水平。省级政府信用建设的重点应立足于：提高政务的透明度、减少政府干预、转变政府职能和加强廉政建设几个方面。

表3－3 我国省级政府信用水平的调查结果

测评项目	不同等级的选择人数							加权得分
	1	2	3	4	5	6	7	
1）法规政策的连续性	0	13	42	50	70	28	21	4.540179
2）法规政策的完备性	4	15	31	45	69	42	18	4.598214
3）行政决策的科学性	6	18	24	54	58	34	30	4.616071
4）政务信息的公开性	15	51	34	23	65	32	4	3.821429
5）行政审批的规范性	6	5	13	34	67	60	39	5.174107
6）政府干预的有效性	56	62	24	22	31	22	7	3.017857
7）市场监管的公平性	10	32	41	36	74	24	7	4.035714
8）政府官员的廉洁性	83	41	38	32	18	9	3	2.553571
9）行政执法的公正性	4	8	46	60	62	31	13	4.397321
10）政府职能的合理性	61	58	43	36	17	9	0	2.629464

2. 地市级政府信用水平分析

表3－4的结果显示，在10个测评项目当中，加权得分从高到低依次分别

为："法规政策的连续性"（4.54）、"行政决策的科学性"（4.44）、"市场监管的公平性"（4.18）、"政务信息的公开性"（3.99）、"行政审批的规范性"（3.77）、"行政执法的公正性"（3.59）、"法规政策的完备性"（3.32）、"政府干预的有效性"（3.17）、"政府职能的合理性"（2.96）、"政府官员的廉洁性"（2.41）。10个测评项目平均加权得分为3.63分，表明我国目前地市级政府信用水平略低于省级政府信用水平。地市级政府信用建设的重点应关注：规范行政审批程序、提高行政执法的公正性、完善法规政策环境、减少政府干预、转变政府职能和加强廉政建设等方面。

表3-4　我国地市级政府信用水平的调查结果

测评项目	不同等级的选择人数							加权得分
	1	2	3	4	5	6	7	
1）法规政策的连续性	8	23	23	46	60	39	25	4.535714
2）法规政策的完备性	31	40	65	38	23	18	9	3.321429
3）行政决策的科学性	11	24	41	32	38	51	27	4.441964
4）政务信息的公开性	12	33	34	38	89	10	8	3.986607
5）行政审批的规范性	23	36	56	29	36	23	21	3.767857
6）政府干预的有效性	39	56	42	19	56	6	6	3.174107
7）市场监管的公平性	21	15	56	34	32	41	25	4.178571
8）政府官员的廉洁性	50	86	51	24	9	4	0	2.410714
9）行政执法的公正性	34	45	34	37	32	24	18	3.589286
10）政府职能的合理性	44	61	54	19	23	18	5	2.955357

3. 县市级政府信用水平分析

表3-5的结果显示，在10个测评项目当中，加权得分从高到低依次分别为："法规政策的连续性"（4.29）、"行政决策的科学性"（4.15）、"市场监管的公平性"（4.11）、"政务信息的公开性"（3.96）、"行政审批的规范性"（3.80）、"行政执法的公正性"（3.66）、"法规政策的完备性"（3.40）、"政府干预的有效性"（3.04）、"政府职能的合理性"（2.64）、"政府官员的廉洁性"（2.46）。10个测评项目平均加权得分为3.55分，表明我国目前县市级政府的信用水平低于

省级和地市级政府信用水平。县市级政府信用建设的关键在于：提高政务透明度、规范行政审批程序、提高行政执法的公正性、完善法规政策环境、减少政府干预、转变政府职能和加强廉政建设等方面。

表 3－5　我国县市级政府信用水平的调查结果

测评项目	不同等级的选择人数							加权得分
	1	2	3	4	5	6	7	
1）法规政策的连续性	2	35	58	19	48	34	28	4. 294643
2）法规政策的完备性	28	45	60	19	47	23	2	3. 397321
3）行政决策的科学性	2	18	76	32	45	46	5	4. 151786
4）政务信息的公开性	9	33	42	45	70	19	6	3. 959821
5）行政审批的规范性	32	25	26	52	60	20	9	3. 799107
6）政府干预的有效性	51	44	38	42	38	8	3	3. 035714
7）市场监管的公平性	4	32	42	50	61	23	12	4. 111607
8）政府官员的廉洁性	85	53	34	23	10	16	3	2. 464286
9）行政执法的公正性	24	35	63	32	32	17	21	3. 660714
10）政府职能的合理性	64	54	47	29	21	6	3	2. 638393

4. 乡镇政府信用水平分析

表3－6的结果显示，在10个测评项目当中，加权得分从高到低依次分别为："政务信息的公开性"（3. 82）、"行政审批的规范性"（3. 77）、"法规政策的连续性"（3. 71）、"行政执法的公正性"（3. 48）、"法规政策的完备性"（3. 32）、"政府干预的有效性"（3. 29）、"市场监管的公平性"（3. 28）、"政府职能的合理性"（3. 01）、"行政决策的科学性"（2. 88）、"政府官员的廉洁性"（2. 36）。10个测评项目加权得分都低于4分，平均加权得分仅为3. 29分，表明我国目前乡镇政府信用水平明显偏低，并低于省级、地市级和县市政府信用水平。因此，可以这样说，加强乡镇政府信用体系建设，提高其信用水平和信用能力是我国目前地方政府信用体系建设的重之中重。

表3－6　我国乡镇级政府信用水平的调查结果

测评项目	不同等级的选择人数							加权得分
	1	2	3	4	5	6	7	
1）法规政策的连续性	27	18	60	45	45	21	8	3.705357
2）法规政策的完备性	60	22	47	21	31	42	1	3.316964
3）行政决策的科学性	52	66	45	23	4	23	11	2.883929
4）政务信息的公开性	15	51	34	23	65	32	4	3.821429
5）行政审批的规范性	45	23	41	25	29	42	19	3.767857
6）政府干预的有效性	38	34	57	39	38	12	6	3.290179
7）市场监管的公平性	27	65	45	32	25	21	9	3.276786
8）政府官员的廉洁性	98	48	30	17	10	21	0	2.357143
9）行政执法的公正性	43	34	37	35	41	25	9	3.482143
10）政府职能的合理性	51	47	54	23	28	12	9	3.008929

5．我国地方政府信用水平比较分析

表3－7　我国地方政府信用水平比较分析

测评项目	各层级地方政府信用水平			
	省级政府	地市政府	县市政府	乡镇政府
1）法规政策的连续性	4.540179	4.535714	4.294643	3.705357
2）法规政策的完备性	4.598214	3.321429	3.397321	3.316964
3）行政决策的科学性	4.616071	4.441964	4.151786	2.883929
4）政务信息的公开性	3.821429	3.986607	3.959821	3.821429
5）行政审批的规范性	5.174107	3.767857	3.799107	3.767857
6）政府干预的有效性	3.017857	3.174107	3.035714	3.290179
7）市场监管的公平性	4.035714	4.178571	4.111607	3.276786
8）政府官员的廉洁性	2.553571	2.410714	2.464286	2.357143
9）行政执法的公正性	4.397321	3.589286	3.660714	3.482143
10）政府职能的合理性	2.629464	2.955357	2.638393	3.008929
平均加权得分	3.94	3.63	3.55	3.29

表3-7给出了我国省级、地市、县市和乡镇四个层级政府各个测评项目的加权得分和平均加权得分。表3-7的结果显示，我国目前四个层级地方政府信用水平都明显偏低，其中省级政府信用水平相对较高，地市级和县市级政府信用水平次之，乡镇政府信用水平最低。在10个测评项目中，除了“政府职能的合理性”、“市场监管的公平性”、“政府干预的有效性”和“政务信息的公开性”4个测评项目外，其他6个测评项目的加权得分和10个测评项目平均加权得分随着政府层级（由省级政府到乡镇政府）的降低而降低，即我国地方政府信用水平与政府层级两者之间呈现明显的正相关关系。

二、地方政府信用缺失的表现形式

为深入分析被调查者对地方政府信用缺失问题的看法，课题组以回收的有效问卷为基础，对12项地方政府信用缺失的表现形式进行了隶属度分析。隶属度这个概念来自模糊数学。模糊数学认为，社会经济生活中存在大量模糊现象，其概念的外延不是很清楚，无法用经典集合论来描述。某个元素对于某个集合（概念）来说，不能说是否属于，只能说在多大程度上属于。元素属于某个集合的程度称为隶属度。如果把地方政府信用缺失 $\{X\}$ 视为一个模糊集合，把每项表现形式视为一个元素，对每项表现形式进行隶属度分析。假设在第 i 项表现形式 X_i 上，被调查者选择总次数为 M_i，即总共有 M_i 位被调查者认为 X_i 是信用缺失的主要表现形式，那么该项信用缺失的表现形式的隶属度为：$R_i = X_i/224$。若 R_i 值很大，表明该项表现形式在很大程度上属于地方政府信用缺失的模糊集合，即它是地方政府信用缺失的主要表现形式。

通过对224份有效问卷的统计分析，分别得到了我国地方政府信用缺失12项表现形式的选择人次，并求得其隶属度（见表3-8）。

表3-8　我国地方政府信用缺失的隶属度分析

地方政府政府信用缺失的12项表现形式	选择人次	隶属度
1）官员和公务员的腐败行为	192	0.857143
2）弄虚作假，欺上瞒下	183	0.816964
3）官员和公务员的不作为	156	0.696429
4）政策缺乏连续性和稳定性	145	0.647321
5）习惯于做表面文章，热衷于搞形象工程	136	0.607143

续表

地方政府政府信用缺失的12项表现形式	选择人次	隶属度
6）违法行政，执法犯法	130	0.580357
7）政府职能越位，过度干预经济活动	93	0.415179
8）行政决策随意性	84	0.375000
9）行政审批不规范	67	0.299107
10）政府工作缺乏透明度	61	0.272321
11）行政许诺，经常无法兑现	56	0.25000
12）行政赔偿不到位、不充分	41	0.183036

1. 官员和公务员的腐败行为

在224位被调查者当中，有192人认为“官员和公务员的腐败行为”是我国地方政府信用缺失的主要表现形式，其隶属度为0.857143。在12项地方政府信用缺失的表现形式当中，被列为榜首。

十六大以来，中国政府与时俱进，全面建设小康社会，加快推进社会主义现代化建设，加大了反腐败的力度，采取了一系列有效措施预防和扼制腐败，取得了明显成效。但产生腐败的土壤和条件在很多领域依然存在，官员和公务员腐败现象仍十分严重，近年来贪腐案件所涉及的人数之多、职务之高、金额之大，都是前所未有的，并呈现滋生、蔓延的高发和多发态势。据公开资料统计，2003年至2007年的5年间，共有35名副部级以上官员落马，年均7人。据最高人民检察院统计，仅2009年全国就立案侦查贪污贿赂大案18191件，重特大渎职侵权案3175件；查办涉嫌犯罪的县处级以上国家工作人员2670人，其中厅局级204人、省部级8人。在这些落马和被判刑的高官中，既有国务院部委官员、地方行政首长，也有人大、政协、公安、法院系统高官，有金融、国企高管，甚至还有纪检系统自身的“蛀虫”。如广东省政协原主席陈绍基、浙江省纪委原书记王华元、最高人民法院原副院长黄松有、国家开发银行原副行长王益、中国核工业集团公司原总经理、党组书记康日新及中国石油化工集团原总经理陈同海等。2010年，腐败问题依然易发多发。据统计，2010年全国纪检监察机关共接受信访举报1427186件（次），其中检举控告类1000277件（次）。初步核实违纪线索163480件，立案139621件，结案139482件，处分146517人，其中县处级以上干部 5098 人。其中，给予党纪处分的有 119527 人，给予政纪处分的有 38670 人。①

腐败的表现形式及存在领域非常复杂，但以行政腐败最为严重。从查处的大量腐败案件看，大都与政府行政权的行使存在千丝万缕的联系。行政腐败的核心是权钱交易，以权谋私，它破坏了党在人民心目中的威信，损害了政府在人民心目中的形象，严重地影响了中国政府的国际信誉。

2. 弄虚作假，欺上瞒下

在 224 位被调查者当中，有 183 人认为“弄虚作假，欺上瞒下”是我国地方政府信用缺失的主要表现形式，其隶属度为 0. 816964，被列为我国地方政府信用缺失的第 2 项主要表现形式。

现实中我们经常看到这样的情景：一些干部面对群众的质疑，张口说谎，故意夸大、编造或者隐瞒事实真相。一些地方政府官员出于政绩考虑，往往对统计数据进行行政干预，甚至置《统计法》于不顾，在国民经济、社会发展和经济增长等重要指标和统计数字上玩数字游戏，弄虚作假，欺上瞒下。“官出数字，数字出官”就是这种生态的生动写照。在 2010 年的两会上，民建中央副主席、全国政协人口资源环境委员会副主任王少阶指出，地方 GDP 之和高于全国的现象已屡见不鲜，至少 2004 年以来，几乎年年如此。例如，2009 年全国 31 个省、市、自治区所公布的本地区上半年 GDP 之和比国家统计局发布的数据多出 1. 4 万亿。2010 年年初刚卸任的国家统计局原副局长林贤郁在接受采访时表示，当前数据造假已到了非常严重的地步。

根据对浙江大学 MPA 学员的半结构式访谈，可以将我国目前地方政府官员在统计数据上弄虚作假归纳为四种类型：一是好大喜功型，一些地方政府官员工作政绩平平，又好大喜功，为炫耀自己的业绩而以少报多，以低报高，以此来显示自己的政绩；二是相互攀比型，同处在一个地域，同样一种环境条件，同样是工作成绩平平，看到别人弄虚作假，自己也不甘示弱，竞相攀比，形成了你追我赶的弄虚作假局面；三是追名逐利型，一些上级部门出于对在工作中成绩突出者的鼓励制定了一些优惠激励措施，但却为一些善于投机钻营的地方政府官员提供了可乘之机，重奖之下必有勇夫，在诱人的奖金和耀眼的荣誉面前，一些地方政

① 周英峰、李亚杰：《中央纪委监察部召开 2010 年查办案件情况通气会》，http：//www. gov. cn/jrzg/2011 -01/06/content_ 1779636. htm。

府官员丧失理智和原则，置党纪和人民利益于不顾，人为地拔高国民经济和社会发展的重要统计数据，以骗取荣誉和奖励，满足私欲；四是贪功求官型，一些地方政府官员为引起上级领导的注意，以期加官晋爵，不是脚踏实地地干工作，而是两眼盯着上级领导，挖空心思投机钻营，工作上没有成绩，只好在统计数据上大做文章。

一些地方政府官员的弄虚作假，欺上瞒下，虚构政绩，掩盖矛盾和问题，蒙蔽群众，谎报数字，不仅严重地影响了党和政府的形象，降低了政府的信用，而且严重地干扰了党和政府的一系列重大决策，阻碍了国民经济和社会的发展。

3. 政府官员和公务员的“不作为”

在224位被调查者当中，有156人认为“官员和公务员的不作为”是我国地方政府信用缺失的主要表现形式，其隶属度为0.696429，被列为我国地方政府信用缺失的第3项主要表现形式。

近几年，媒体都对政府职能部门（包括工作人员）失职、渎职、懒政等“不作为”行为的案件进行了报道，引起了人们的关注。当前，“不作为”行为的主要表现是渎职。渎职通常指国家公职人员在履行职责过程中玩忽职守，没有尽职尽责，致使公共财产、国家及人民的利益遭受重大损失的行为。据最高人民法院公布的资料，在1990年至2007年的18年当中，全国法院一共受理一审行政案件1289075件，审结1282705件。其中，在2003年至2007年的5年中，各级人民法院受理的一审行政案件达到473837件，2007年首次突破年十万件。在行政诉讼案件中，告政府职能部门“不作为”的案件占绝大多数，其受案范围已由最初比较集中的一般社会治安、行政处罚等几个领域逐步拓展到诸如知识产权、城市规划、土地矿产、教育、国有资产、网络等50多个行政执法部门，几乎涉及所有行政管理领域。

最近一段时间，劣质奶粉和有毒粉丝事件再度引发了人民群众对食品安全问题的议论和担忧。近年来涉及质量安全和假冒伪劣问题的食品种类相当之多，如蔬菜、酱菜、禽蛋、肉类、奶类、酒类、香烟、香肠、茶叶等，其中甚至还包括一些传统名牌产品，如金华火腿、太仓肉松、西湖龙井、龙口粉丝、贵州茅台、山西汾酒、涪陵榨菜、哈尔滨红肠等，这些名牌产品不同程度地存在食品安全问题。食品安全问题之所以长期得不到解决，以致此起彼伏，甚至愈演愈烈，其中一个重要原因是一些地方政府职能部门不作为，不尽职，不负责，宽纵助长了制假贩假的不法行为。社会上总免不了有一些人行为不轨、为祸作恶，古今中外概莫能外。问题是，政府如何对待和处理这种现象。经验证明，监管处罚不力将导致作恶成本降低，风险减少，利润提高，作恶者数量必然增加，程度必然加重，久而久之，一些好人也会变坏，坏人则变得更坏。坏人坏事多了，人们见怪不怪、司空见惯、视若无睹、麻木不仁，甚至群起效尤，竞相为恶，必将进一步引发道德危机，导致全社会道德水平下滑。

地方政府官员及其公务人员的不作为，有意无意损害了社会的公信力，损害了党和政府在人民群众中的形象，人与人之间互信失去了定心盘，阻碍了整个社会信用体系的建设。

4. 政策缺乏连续性和稳定性

在224位被调查者当中，有145人认为“政策缺乏连续性和稳定性”是我国地方政府信用缺失的主要表现形式，其隶属度为0.647321，被列为我国地方政府信用缺失的第4项主要表现形式。政策多变，朝令夕改，缺乏连续性和稳定性，特别是随着主要负责人的变动而不断变换或中断，让人无所适从。

现代市场经济是高度发展的契约经济，政府政策当然也是市场“契约”中的一种，而且政府“契约”是整个社会“契约”中的核心，它对整个社会“契约机制”的建立起着重要的导向作用。在市场经济还处在成长发育期的时候，政府政策是人们对未来预期的一个重要变量。在中国，政府不但垄断了很多权力，而且能够修改游戏规则。在这种状况下，如果政府对政策随意修改，换一届地方领导就换一种政策，人们对未来就很难把握。政策环境是企业生存和发展的一个决定性因素。一个企业是否在某地投资，很大程度上决定于政府信用。而政府信用首先取决于政府政策是否具有稳定性，政策稳定才能减少未来的不确定性，才能减少投资者的风险，才能增强投资者的积极性。而政策的不确定性使投资者对未来缺乏信心，缺乏稳定的预期，自然就容易为追求眼前利益而不择手段，降低企业或个人信用的积极性，从而极大地降低政府的公信力。

政府的一个重要的职能是：通过颁布法律法规、制定政策，从而建立规范的社会信用体系以及失信约束惩罚机制。政府通过这些制度来约束失信行为，支持守信。但倘若政府对这些已经“承诺”的基本政策都可以不讲信用，又如何能去约束企业和个人讲信用呢？因此，只有政策具有连续性和稳定性、说话算数和言行一致的政府，才是一个具有威信和信用的政府。

5. 习惯于做表面文章，热衷于搞政绩工程

在224位被调查者当中，有136人认为“习惯于做表面文章，热衷于搞政绩工程”是我国地方政府信用缺失的主要表现形式，其隶属度为0.607143，被列为我国地方政府信用缺失的第5项主要表现形式。

长期以来，多数地方政府官员能够坚持实事求是、求真务实的思想作风，为人民办实事、做好事。但同时，有不少地方政府官员心态浮躁、追名逐利，习惯于做表面文章，热衷于搞政绩工程。2010年8月揭晓的中国城市国际形象调查推选结果显示，有655个城市正计划“走向世界”，200多个地级市中有183个正在规划建设“国际大都市”。[①] 全国约有1/5的城镇建设存在“政绩工程”。[②] 前安徽省副省长、阜阳市委书记王怀忠，可谓是“政绩神话”的绝佳导演。为配合阜阳的“国际形象”，王怀忠从当地财政和百姓手中搜刮了3亿元，盲目上马阜阳国际机场项目，实际情况却是一个多星期才有一架飞机起落，每条航线的年度财政补贴高达400万元；在东南亚之旅后，王怀忠一拍脑袋，突发奇想，要建世界上最大的动物园——“龙潭虎穴”，结果折腾了3年之后，现在只有两只小老虎，开销还得靠外界援助；还有阜阳电厂，前后折腾了8年，仅前期投入就高达数亿元，后来几乎处于停工状态。震惊全国的“沈阳慕马”，占地1476亩，建筑面积44万平方米，总投资高达16亿多元的沈阳浑河大市场，现在是人迹罕至，门可罗雀。吉林省柳河、梅河口等县（市）部分乡镇专门围绕国道、乡道修建“路边政绩”工程，且相互攀比，花样翻新。梅河口市进化镇谢家村在路边农户院子里建起83个统一规格的蓝顶铁制玉米仓；柳河县新发乡柞木岗村路边的农户用乡上统一提供的绿色水泥板在临路一侧搞“绿化”；在通向梅河口市红梅镇政府的路上，沿路农户则装上了崭新的铁栅栏。如此“形象工程”，真可谓挖空了心思。

这种急功近利、不顾现实条件和不尊重客观规律的“政绩工程”，劳民伤财、民怨载道，使国家和人民遭受了巨大的损失，极大地降低了政府的公信力。

6. 违法行政，执法犯法

在224位被调查者当中，有130人认为“违法行政，执法犯法”是我国地方政府信用缺失的主要表现形式，其隶属度为0.580357，被列为我国地方政府信用

① 高云才：《城市化不能“大跃进”》，人民日报2011年2月14日，第17版。

② 欧可智：《困扰反腐败的十大难题》，廉政瞭望2009年第1期，第11页。

缺失的第6项主要表现形式。

在依法治国的历史进程中，违法行政和执法犯法的事件就一直没有消停过，屡屡见诸报端，为老百姓所诟病。无论是在经济发达的城市，还是在相对落后的农村，违法行政如同噩梦一般纠缠着我们的普通百姓，让老百姓生活不得安宁，人身权利得不到保障。在农村，一些乡村干部为了顺利完成征收任务，便实行高压政策，可怜的农民经常会受到“被罚、加罚、重罚”的教育。稍有不满，进屋牵羊，上房拆梁，甚或闹出人命来。一些地方政府把计划生育政策当做是敛财的工具。他们除了征收国家规定的超生子女费外，还狮子大开口，加收“未婚先孕费”、“强生费”、“孕检费”、“计划外怀孕费”、“学习费”、“流产费”、“结扎手术费”、“计生执法服务费”等。让农民超生一个，永世不得翻身。在城市，违法行政，执法犯法的重点便转移到城镇拆迁、企业改制、综合治理等事情上。违法行政，执法犯法最明显的例子就是野蛮拆迁。不管你同不同意，都得限期拆迁。不同意也得同意，不拆迁也得拆迁。执法大队一哄而上，搬东西的搬东西，打人的打人，让老百姓欲哭无泪，告状无门。当前，土地、城建、公安、劳动和社会保障等，这些和老百姓生活休戚相关的行政部门，在治安行政处罚、房产行政登记、土地行政确认权、拆迁行政裁决、工伤行政确认等行政过程中，违法行政，执法犯法违法的事例不胜枚举。这些政府部门屡屡成为百姓诉讼的主要对象，而且败诉率较高。据山东一项调查显示，“民告官”案件官方败诉率达40%。

违法行政，执法犯法，祸害不小，损害的是国家、集体、和群众的利益，败坏的是政府在广大人民群众心目中的良好形象，是我们老百姓心中永远的痛。

第三节 地方政府信用缺失的理论分析

从理论上看，导致地方政府信用缺失的原因既有经济体制转轨过程中的问题，也有传统文化遗留影响的问题，还有公共权力膨胀性的问题，更有监督机制不健全的问题等。具体而言，主要包括以下几个方面。

第一，市场经济人的自利性。市场经济人具有自利性，其追逐的利益具有物质、精神的多层次性和多层利益的优先排序问题；同时能通过成本—收益博弈追求利益最大化，且这种最大化利益组合随其发展而变化，并受经济人有限理性制约。

政府官员是地方政府的主体，也是理性的市场经济人，“现实生活中一个人不可能脱离他的个人利益而存在。毋庸置疑，政府官员个人也是现实经济关系制约下的、与社会中其他人没有本质区别的个人”。[①] 因此，由政府官员所组成的地方政府也必然具备作为经济组织的条件和特征，地方政府在追求公共利益最大化的同时也要实现个人利益的最大化，从而出现政府行为的错位和政府信用的缺失。

第二，行为主体的强势性。由于受传统权力观念的支配，相当多的政府官员认为政府权力是无限的和不受制约的，一些人甚至认为政府为了公共利益而行使职权，有不讲信用的特权；加之我国的经济是政府主导下的经济，政府在制定决策时没有责任约束，即使决策失误政府也没有责任，行政赔偿制度也很不完善。一个国家的社会结构中的各方力量的不均衡，就可能导致权力得不到有效约束，使得地方政府在决定和管理一个较小地区的公共政治的过程中始终处于强势支配地位，享有各个方面的优先权，包括政治、经济、文化及信息等方面，也享有国家法律和公共政策的制定与执行的权力。

第三，监督力度的弱势性。由于地方政府的权力配置不合理，现有的监督和制约机制不健全，使得对权力的规约作用没有得到充分的发挥，其弱势主要表现为：国家权力机关的监督还存在不少缺陷，诸如规定不够具体，可操作性不强等，导致监督乏力，流于形式；司法监督还存在不少问题，影响了其监督制约功能的发挥；行政机关内部的监督存在监督机构重叠、分工不明、职责不清以及监督效力与效果不理想等问题；诸如人民群众监督、社会团体监督、新闻舆论监督等形式的社会监督，缺乏相应的制度保障，其主体的监督意识以及监督的积极性与主动性有待提高。也正是因为政府的失信没有受到惩罚或者说惩罚力度太弱，则更加扩大了权力的泛滥，使得政府信用受到公民的质疑。

第四，公共信息的不对称性。信息不对称现象源于市场经济环境中利益和制度选择的结果，最终导致资源配置效率的低下。由于政府自身的权力优势和技术优势，使其在所提供的公共产品或公共服务在质量、性能等方面享有充分的信息优势，而公众本身所拥有的知识和信息则相当有限，加之虚假、失真信息泛滥，自身个体又存在“搭便车”的心态和行为，没有采取统一的集体行动的强大动力，使得公众总是处于信息劣势地位。目前，政府机构控制着约 80% 的公共管

① 董建新：《政府是否是“经济人”》，中国行政管理 2004 年第 3 期，第 65 页。

理信息，社会掌握的政务信息不超过20%①。这种信息鸿沟和知识差距的存在必然会导致信用危机的出现，致使社会交易成本增高和契约交易链中断。

第五，信用文化的缺失性。信用文化是伴随着市场经济的发展在社会交往中逐渐积淀形成的，这也是市场经济所要求的信用文化环境。一个讲信用的政府必然会积极塑造良好的信用文化氛围，同时也应承担相应的政治责任。由于我国市场发育不够充分，信用经济发育较晚，市场信用交易不发达，建国后又长期处于计划经济体制之下，从而导致整个社会的信用观念和契约责任意识淡薄，社会主体便普遍缺乏市场经济所要求的守信意识和信用道德理念，政府也不会真正树立起以讲信用为荣、不讲信用为耻的信用道德评价标准和约束机制。

新制度主义的代表人物之一约翰·迈耶认为，组织要面对两种不同的环境：技术环境和制度环境。技术环境要求组织效率的最大化，而制度环境要求组织行为要符合“合法性”要求。组织的合法性过程就是组织或组织中的个人不断地接受和采纳外界公认的、赞许的形式、做法或“社会事实”的过程。政府作为一种正式组织和公共权力机构，其组织行为和权力行使必须符合政治合法性的要求，确保其政府行动的合法性，而社会契约论和人民主权理论奠定了政府合法性的理论基石。于是，在这个一致同意的契约基础上建立了公共权力机构也就是政府。因此，社会公众以社会契约的形式将行政权力让渡给地方政府行使，同时期望获得能够维持其利益的公共产品；地方政府按照公平正义的行政价值理念履行职责进行着社会管理和社会利益的整合。同时，为了防范权力的失衡和滥用，其行为还受到专门的监督机构和社会媒介的监督，使其行政行为受到合理的规约，形成了一个稳定、有序的政府行动过程框架（见图3－2）。

然而，在我国的现实行政环境土壤中，这种逻辑框架则偏离了应有的理性价值。按照一般传统的理解，政府是最具权威的公共组织，是整个社会公共利益的代表者，是全体人民意志的体现者。但是，公共选择理论指出政府同样是由理性的自利主义的“经济人”所组成的，与经济市场相类似，政治市场也是由供求双方组成的。需求者是选民和纳税人，供给者是政治家和政府官员。尤其是在市场发育不充分、法治化程度不高的中国，市场经济的利益导向性可能就会导致政府的公共权力发生变异，逐渐形成一个“强权力、弱监督”的政府。随着政府

① 孙承斌、张景勇、吴晶晶：《谁为惊人公款浪费负责》，http：//npc. people. com. cn/GB/28320/78072/78921/5443460. html。

权力边界的不断扩张，最终打破权力制衡的格局，导致地方政府失信的形成。（见图3－3）。

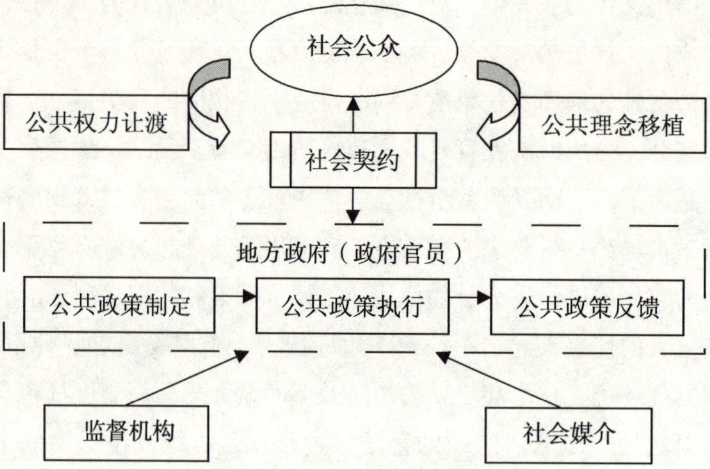

图3－2　稳定、有序的政府行动过程逻辑框架

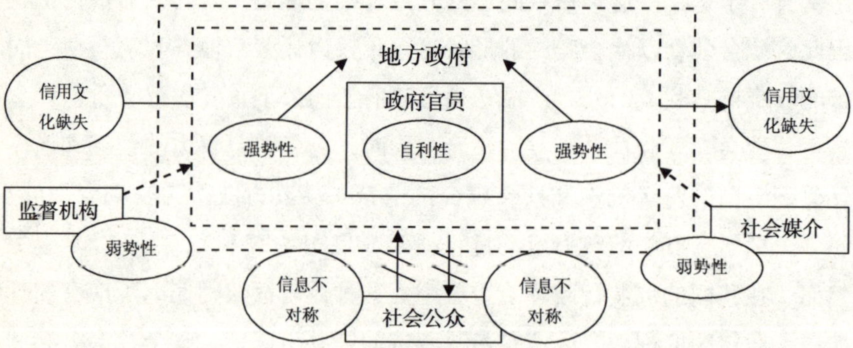

图3－3　地方政府失信形成机理框架

应该说，地方政府失信的形成是一个极其复杂的过程，并不是由以上任何一个单一要素造成的，而是在复杂的组织环境视野下各种因素相互交织、相互渗透的结果。从图3－3中我们可以看出：权力边界的扩张是一个由内向外的过程，权力扩张的过程同时也是市场经济人自利性逐渐外化和政府主体强势性急剧膨胀的过程。

从权力边界的内部看，市场经济人的自利性决定了地方政府也是一个特殊的利益主体，是地方政府失信形成的意识诱因。马克思认为，利益关系是人类社会最基本的社会关系，由自身存在一种自利行为，这种追逐利益的本质特性使得政府部门及其工作人员在社会价值标准的选择和公共利益关系的调节中必然存在个体利益导向。以布坎南为代表的公共选择学派也认为政治代理人容易受个人利益的驱动，这种个体利益导向是在地方政府所代表的公共利益与地方官员自身的个人利益相互博弈基础上实现的。行为主体的强势直接推动了地方政府失信行为的形成。政府处于社会结构金字塔的顶端，不仅掌握了稀缺资源的分配权，还拥有了对信息沟通渠道的控制权，加之地方政府在制定公共政策和管理社会事务中享有优先权，这是由权力配置与分配所决定的，这三种特权共同助长了政府的强势行为，造就了地方政府与社会公众事实上的不平等，从而引起主体的信用弱化，最终导致政府与社会二元模式结构的失衡，形成“强政府、弱社会”的局面。

从权力内外边界的信息渠道看，公共信息的不对称导致了委托代理双方之间的信息失真，是地方政府失信形成的信息鸿沟，公众作为行政权力委托人，由于信息不对称容易导致信息缺失，而信息短缺则易诱发行政代理人——政府采取失信行为，政府往往利用信息优势损害作为行政权力委托人的公众的利益、从而为追求自身利益最大化提供了可能性，同时也为蒙蔽作为行政权力委托人的公众、逃避行政监督提供了可能性。这也是委托—代理关系中的信用风险，它是无法规避的。

显然，仅仅依靠内在的三种要素并不是引发政府失信的所有因素，还应该探寻权力边界外部的因素作用。它还与外部环境的缺失和监督力量的失控有着密切关系，它们助推了地方政府失信的形成，其中信用文化的缺失使得行政价值发生偏离，监督力度的弱势导致行政权力的泛滥。在社会信用观念和契约意识淡薄的文化氛围内，政府的行政权力也就缺乏行政伦理的约束，尤其是受到市场经济的“唯利主义”的冲击，我国几千年来的诚信价值观念和道德文化逐渐被泯灭，使得长久以来政府人员的诚信道德教育未引起足够的重视，这也为政府的失信创造了条件。另外，对于政府行政行为的监督仅停留在表面，虽然有着不同种类、不同类型的监督机构，但是如果缺乏统一的监督方向、机构之间缺乏有机的整合，这种合力效应可能是微弱的，甚至还会起到相反的作用，监督力度的弱势也更加使得政府行为有恃无恐，朝令夕改的政策、政府的不作为、公共资源分配的失衡等各种失信现象也就层出不穷。

如果说以权力成长的规约来解释地方政府失信的形成机理是一种静态的分析工具，那么以耗散结构理论来分析地方政府的失信形成过程则提供了一种动态的新视角。从认识论角度看，耗散结构理论能够较好地描述开放性地方政府系统的行政行为动态性质，揭示地方政府系统的失信演化机理；从方法论角度看，耗散结构理论对分析地方政府失信现象多了一个工具，它把必然性和偶然性结合在一起，“提供了最高的创造功能——帮助我们创造崭新的秩序”①。

假定地方政府是一个开放性的系统，开放系统的总熵变由两部分组成：一部分叫熵产生 diS，它是由系统内不可逆过程引起的，另一部分叫熵流 deS，它是系统与外界进行物质能量等值交换引起的，总熵变为 $dS = diS + deS$，其中，$diS \geqslant 0$（平衡态 $diS = 0$），而 deS 可以大于或小于零。如果 deS 小于零，其绝对值又大于 diS，则 $dS = diS + deS < 0$，这表明只要从外界流入的负熵流足够大，就可以抵消系统自身的熵产生，使系统的总熵减少，逐步从无序向新的有序方向发展，形成并维持一个低熵的非平衡态的有序结构。如果开放系统从外界引入的是正熵流而不是负熵流，那么将只能加快系统无序化的过程，而不可能形成新的有序结构。因此，系统在与外界物质能量交换过程中的熵流 deS 也影响着系统总熵值的演化。从系统内部即熵产生看，当地方政府对政府官员的诚信规范越少，政府官员在个人利益驱动下自由表现的空间就越大，政府官员可表现的各种状态数就越大（P 值越大），则地方政府的宏观状态的失信程度就越大（政府系统的熵值 diS 越大），说明地方政府行政权力的滥用和自身组织管理的无效；从系统外部即熵流看，在我国相对薄弱的社会信用环境和不够健全的社会法治环境中，诸如断裂的契约纽带、弱势的监督力、缺失的信用文化以及不对称的信息等正熵效应达到一定程度时，系统就很难继续围绕目标进行控制，从而在功能上表现出某种程度的紊乱，表现出有序性减弱，无序性增加，系统内部熵增大。当系统总熵达到某一阈值时，会导致系统向低级平衡系统转移，地方政府会走向最终平衡状态，那么地方政府的失信行为也就形成了。

---

① ［比］普里戈金、［法］斯唐热：《从混沌到有序：人与自然的新对话》，上海译文出版社 2005 年版，第 127 页。

第四节 地方政府信用缺失成因的实证调查

为了设计地方政府信用缺失成因的问卷调查表，课题组首先对10名浙江大学MPA学员进行了非结构式访谈（unstructured interviewing），这10名被访谈者都是副处级以上的干部。在访谈中，课题组成员向被访谈的MPA学员提出地方政府信用缺失成因的问题（这些问题是开放式的），目的是让被访者对地方政府信用缺失成因问题无拘无束地发表自己的看法，课题组成员十分详细地记录了他们的看法，访谈后进行了系统的整理和归纳。在非结构式访谈的基础上，课题组成员又对这10名MPA学员进行了半结构式访谈（semistructured interviewing）。在访谈中，课题组成员事先准备了涉及地方政府信用缺失成因的20个问题，围绕这20个问题对被访者进行深度访谈，以深入地了解被访者真实的想法，全面地把握地方政府信用缺失成因的特点。

在非结构式访谈和半结构式访谈的基础上，课题组设计了一份“我国地方政府信用缺失成因”的问卷调查表（如表3-9所示），该问卷调查表列出了我国地方政府信用缺失的12项形成原因，要求被调查者根据自己的实际感受，从中选择6项主要的形成原因。

课题组选择了浙江大学280余名MPA学员作为问卷调查对象，他们分别来自级省级、地市级、县市级和乡镇四级地方政府机关，在政府机关工作多年，经验丰富，对地方政府信用缺失成因有较为全面和深入的认识和了解。课题组共发放问卷调查表280份，回收251份，其中有效问卷187份。有效问卷的样本分布情况如图3-4所示。

表3-9 我国地方政府信用缺失成因的问卷调查表

地方政府政府信用缺失的12项形成原因	说明：请您根据自己的实际感受，从中选择6项主要的形成原因，并在相应的空格内打“√”。
1）地方政府职能转变滞后	
2）政府作为经济人的自利性	
3）社会道德资源的短缺	
4）政府的强势性	

续表

地方政府政府信用缺失的12项形成原因	说明：请您根据自己的实际感受，从中选择6项主要的形成原因，并在相应的空格内打“√”。
5）委托代理制度的缺陷	
6）对政府的行政监督乏力	
7）失信惩罚机制不完备	
8）地方政府绩效评价体系不科学	
9）法律制度供给不足	
10）官员和公务员行政执法能力有限	
11）行政责任追究制度不健全	
12）市场体系发育不成熟	

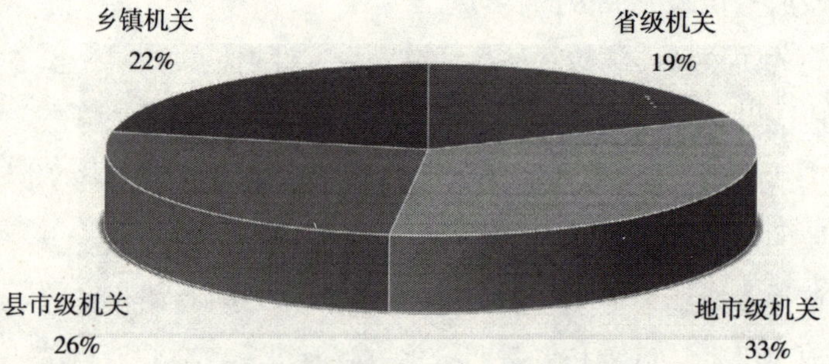

图3－4　我国地方政府信用缺失成因问卷调查对象的分布

通过对187份有效问卷的统计分析，分别得到了我国地方政府信用缺失12项成因的选择人次，并求得其隶属度（如表3－10所示）。

表3－10　我国地方政府信用缺失成因的隶属度分析

地方政府政府信用缺失的12项成因	选择人次	隶属度
1）地方政府绩效评价体系不科学	160	0.855614973
2）地方政府职能转变滞后	151	0.807486631
3）对地方政府的行政监督乏力	137	0.732620321
4）政府作为经济人的自利性	119	0.636363636
5）行政责任追究制度不健全	108	0.577540107
6）委托代理制度的缺陷	101	0.540106952

续表

地方政府政府信用缺失的 12 项成因	选择人次	隶属度
7）失信惩罚机制不完备	83	0.443850267
8）社会道德资源的短缺	62	0.331550802
9）市场体系发育不成熟	57	0.304812834
10）政府的强势性	50	0.267379679
11）法制制度供给不足	49	0.262032086
12）官员和公务员行政执法能力有限	45	0.240641711

1. 地方政府绩效评价体系不科学

在 187 位被调查者当中，有 160 人认为“地方政府绩效评价体系不科学”是我国地方政府信用缺失的主要形成原因，其隶属度为 0.855614973。在 12 项地方政府信用缺失的形成原因当中，被列为榜首。

十一届三中全会以来，我国各级政府确立了以经济建设为中心的战略方针。层层的经济目标责任制逐渐成为各级政府推动经济发展的主要手段。在地方利益和官员“政绩”的共同驱使下，GDP 及 GDP 增长率等经济指标实际上成为衡量地方政府绩效的主要甚至是唯一的刚性指标。GDP 指标简单直观，但不全面，没有深刻揭示政府绩效的内涵，很难满足政府绩效评价的需要。1968 年罗伯特·肯尼迪在竞选美国总统时一针见血地指出：“GDP 并没有考虑到我们孩子的健康，他们的教育质量，或者他们游戏的快乐。它也没有包括我们的诗歌之美，或者婚姻的稳定；没有包括我们关于公共问题争论的智慧，或者我们公务员的清廉。它既没有衡量我们的勇气、智慧，也没有衡量我们的同情心及对祖国的热爱。简言之，它衡量一切，但并不包括使我们的生活有意义的东西。”① 实践表明，以 GDP 至上的政府绩效评价办法对地方政府行为的误导作用十分明显，其负面效应日趋凸显：一是助长了地方政府过多、过细地参与或干预微观经济活动，淡化了企业的市场竞争意识和市场竞争能力，延滞了现代企业制度和市场经济体制的建立；二是助长了一些地方政府官员“只对上负责、不对下负责和不对人民负责”的从政理念，忽视了政府的公共服务能力建设，降低了政府的服务意

① Robert F. Kennedy: Remarks of Robert F. Kennedy at the University of Kansas, March 18, 1968, http://www.jfklibrary.org/Historical + Resources/Archives/Reference + Desk/Speeches/RFK/RFKSpeech68Mar18UKansas.htm。

识和服务质量；三是助长了一些地方政府官员弄虚作假和浮夸风，滋生了很多“形象工程”和“政绩工程”，损害了人民的根本利益和政府的威信；四是助长了地方政府官员不计代价追求短期利益、局部利益和个人利益，加快了自然资源的枯竭，加剧了生态环境的破坏，影响了经济、社会与环境的可持续发展。上述四方面的结果极大地破坏了党在人民心目中的威信，损害了政府在人民心目中的形象，严重地影响了中国政府的国际信誉。因此，要促进我国国民经济和社会的可持续发展，提高地方政府的信用，必须建立一套科学的地方政府绩效评价体系。

2. 地方政府职能转变滞后

在187位被调查者当中，有151人认为“地方政府职能转变滞后”是我国地方政府信用缺失的主要形成原因，其隶属度为0.807486631，被列为我国地方政府信用缺失的第2项主要形成原因。

政府职能是指政府在一定历史时期内根据社会环境的需求而履行的职责和功能，它反映政府的实质和政府活动的内容与方向。政府职能是一个历史范畴，随着社会和经济的发展，政府职能在性质和内容上都会发生相应的变化。改革开放以来，虽然我国地方政府职能转变取得了一定成效，但从总体上看，在计划经济体制下形成的全能型政府职能仍在社会经济生活中发挥着主导作用。政府职能转变相对滞后，造成了政府职能的越位、缺位和错位，已引发了一系列负面效应。

一是地方政府职能的越位。政府包揽一切、管制一切、指挥一切的现象不断发生，政府管了太多不该管、管不了、也管不好的事。政府过度干预经济活动，引发行政效率低下，使各项审批手续复杂，消耗企业和个人的大量时间和精力，付出许多不必要的虚耗成本。加上审批过程中存在的内容随意、程序不清、时限不明、多头审批等，压抑了社会经济主体的积极性、创造性与活力，阻碍了我国地方经济和社会的发展。

二是地方政府职能的缺位。由于地方政府承担了太多本不属于政府的职能，使地方政府成了全能型政府，结果使政府执行自身职能的能力　　诸如宏观调控、维护公民基本权利、提供良好的公共产品等受到明显削弱，造成应当由政府完成的基础设施、社会保障、公用服务等“公共物品”短缺，应对突发事件的预警、组织协调和危机处理等方面的机制很不健全，政府不能充分履行建立和维护市场秩序的职责，难以满足社会的有效需求。

三是地方政府职能的错位。一些地方政府与利益挂钩，乱收费、乱罚款屡禁不止；有的地方政府官员为了追求“政绩”，超越权限，违反程序，乱上建设项目，搞所谓的“形象工程”，实际上多是重复建设、包袱工程和腐败工程；有的地方政府在行政管理活动中，权限不清，行政权力向下扩张，服务变干预，监督变参与，指导变领导，领导变包办等；有的行政程序无法可依，不同机关操作各异，相对人无所适从，客观上形成了程序混乱；等等。

地方政府职能的越位、缺位和错位现象的频发，影响了地方政府的形象和威信，从而导致了地方政府的信用危机。

3. 对地方政府的行政监督乏力

在187位被调查者当中，有137人认为“对政府的行政监督乏力”是我国地方政府信用缺失的主要形成原因，其隶属度为0.732620321，被列为我国地方政府信用缺失的第3项主要形成原因。

行政监督在我国具有悠久的历史，积累了丰富的经验。我国现阶段的行政监督体系庞大，制度不少，从总体上来说运行是良好的，作用是显著的。但也要看到，在我国行政监督的一些具体制度中，不配套、不健全的问题比较突出，行政监督工作制度化进展缓慢，监督机制缺乏稳定性、科学性和严密性，在对地方政府官员和公务员的监督上，相当乏力，实效较差，主要体现在以下两个方面。

一是现有的一些有关行政监督的规章、规定、办法，大多是原则性条文，比较空泛和笼统，缺乏明确的量化规定，伸缩性大，从而导致实际操作过程中没有科学准确的制度性的判断依据，容易出现纷纭众多的评价分歧，甚至大相径庭的意见和结论。由此，导致对政府公职人员违法乱纪和失信行为后果的处置界定不清，把握不准，人为随意性很大。同时，在具体处理时，迁就和姑息较多，往往以批评、教育代替惩罚，大事化小，小事化了。

二是行政监督机制单向运行。在实际工作中，“领导是否满意和高兴”的自上而下的监督比较规范，而“群众是否满意和高兴”的自下而上的监督空洞乏力，且反馈渠道不够畅通，公众反映问题和上诉往往多被“截留”，反映问题者甚至受到迫害。上情不能及时下达，下情不能准确上传，这种信息传递和反馈的滞后与失真，必然会导致上级难以对下级的权力运行情况做出准确的判断和评价，进而无法对下级的失范行为进行有效的制约和监督。只有当某些地方和部门问题成堆，造成严重后果，引起社会公众强烈反响后，往往才会引起有关方面的注意，才会采取措施加以解决。

由于在行政监督上机制乏力，渠道不畅，导致了监督职能弱化，导致了对地方政府官员失去监督，也导致了“上有政策、下有对策”，进而引发了官僚主义、形式主义和腐败行为等现象的频发，这不仅侵蚀、毒化了地方政府官员和公务员的思想，而且给政府形象和公众利益造成严重损害，降低了地方政府的信用。

4. 政府作为经济人的自利性

在187位被调查者当中，有119人认为“政府作为经济人的自利性”是我国地方政府信用缺失的主要形成原因，其隶属度为0.636363636，被列为我国地方政府信用缺失的第4项主要形成原因。

洛克、孟德斯鸠、卢梭等人认为，处于自然状态的人类存在诸多不便，尤其是不能确保人们的财产安全。于是，人们便通过契约的形式由社会所有的人授权一个公共组织管理社会，由此形成国家与政府。根据社会契约论的这种理解，政府便只有社会性。现代西方经济学认为，政府在很大程度上也是一个经济人，也会追逐自身利益的最大化，也就是说，政府本身也存在自利性，并非只有公共性和社会性。以布坎南为代表的公共选择学派认为政治代理人易受自身利益的驱动，成为追求个人利益最大化的“经济人”。斯蒂格勒对此做出了经典的阐述：“一个理性的人必然受到他工作于其中的刺激系统的支配。无论他自己的个人欲望是什么，如果某种活动将带来惩罚，他必然会取消这种活动；如果能带来较大的利益，将会吸引他从事这项活动。胡萝卜和大棒对科学家和政治家的支配作用与对驴子的支配作用是一样的”。①

政府的自利性一旦膨胀，首先意味着政府自控能力的下降，一旦政府管不好自身，则难以管好社会。特别是政府的自利性扩张到政府出现腐化和变质后，政府的信用就会受到极大的影响，甚至会遇到社会大众的强烈反对，使政府失去合法性的阶级支持和社会支持。在我国改革开放和经济体制转轨的过程中，我国地方政府官员出现了较强的经济利益和社会地位失落感，其中的一些人便开始利用手中的权力从事营利活动，如政府机关直接经商办企业，以政府名义乱摊派、乱收费、乱提成、乱处罚、乱拉赞助，故意把政府理应无偿的服务变成有偿服务

① Stigler, G. J.（1975）. The Citizen and the State：Essays on Regulation. Chicago：University of Chicago Press, 171.

等。更有甚者，一些地方政府官员徇私舞弊、贪污腐化，出现日趋严重的腐败现象，这是我国地方政府信用缺失的一个重要原因。

5. 行政责任追究制度不健全

在187位被调查者当中，有108人认为“行政责任追究制度不健全”是我国地方政府信用缺失的主要形成原因，其隶属度为0.577540107，被列为我国地方政府信用缺失的第5项主要形成原因。

法治政府应当是责任政府，有权力必须承担责任。责任最终归结于制裁，缺乏法律制裁的责任是徒有其名的。行政责任应包括由行政所产生的一切后果，既包括法律责任，也包括政治责任以及道义责任。行政的责任形式既包括行政处分、刑事制裁与赔偿责任，也包括对人民和权力机关承担的政治责任、道义责任。行政违反行政法律、法规的应当承担行政责任，接受行政处分，触犯刑律的必须接受刑事审判，受到刑事制裁。行政决策失误必须承担政治责任和道义责任，应当引咎辞职，或者被依法罢免、免职。责任落实是行政责任的逻辑结果，追究行政责任的形式必须是通过看得见的方式进行，必须公开、透明，行政归责原因、程序及结果应公之于众。看得见的责任形式有利于提高民众对法律的信心，提高民众对政府的信任，发挥对行政机关及其工作人员的警戒作用，是发挥行政责任制度作用的最佳选择。

作为公共管理机关和人民利益代言人的政府，其行为必须对广大人民负责。而当前，一些地方政府在决策上不从实际出发，不深入调查了解情况，不讲究科学，凭经验和习惯办事，使决策失误，给国家和人民造成巨大的损失。如有些地方政府强行推进种植结构调整，造成农产品卖不出去；有的地方政府为了追求个人政绩，好大喜功，大搞政绩工程、形象工程，弄得群众苦不堪言；有的政府部门的政策朝令夕改，使群众无所适从；有的政府部门为了招商引资，空许众多良好的诺言，外商来投资后不认真兑现，最终导致外商撤资而去。凡此种种，严重影响了地方政府的形象和信用。造成我国地方政府信用缺失的原因是多方面的，但其中重要原因之一，就是行政责任追究制度不健全，责任落实不到位。到目前为止，我国还没有建立一整套完善的行政责任追究赔偿制度，除了《国家赔偿法》以外，没有其他的法律法规，而且行政赔偿的范围和额度都非常有限。在对行政人员的责任追究方面，往往只追究其主观过错，而对其客观过错则较少追究或不予追究。正因为如此，使得守信者和失信者享受到“同等待遇”，这样自然就出现了如古典经济学所言的格雷欣法则——“劣币驱逐良币”的现象。这种集体行动的逻辑将会使政府官员和公务员“人人自危”和信用环境的恶化，从而导致了地方政府信用的不断流失和降低，逐渐失去了政府的公信力。

6. 委托代理制度的缺陷

在187位被调查者当中，有101人认为“委托代理制度的缺陷”是我国地方政府信用缺失的主要形成原因，其隶属度为0.540106952，被列为我国地方政府信用缺失的第6项主要形成原因。

政府信用问题可以从政治委托—代理关系中信息不对称情况下的道德风险及其现实化的角度来加以分析。在信息不对称情况下，委托—代理关系中就不可避免地存在道德风险问题。制度经济学家和产权经济学家常用“道德风险”来概括人们在委托—代理关系中的偷懒和搭便车行为以及机会主义行为。“道德风险”产生的根本原因在于信息不对称情况下个人追求利益最大化与制度约束弱化的矛盾。在政治委托—代理关系中，由于信息不对称，公众对政府监督约束的困难以及政府本身的利益驱动和自利倾向就会表现为道德风险。

公众与政府间的委托—代理关系与企业中的委托—代理关系一样，委托方与代理方同样存在信息不对称的问题，代理人——政府，作为内部人，比他们的委托人——公众，拥有明显的信息优势。政府拥有信息优势主要源于政府本身的保密性、政府所拥有的技术优势、公众的分散性及其“搭便车”行为产生的信息短缺。政府官员及公务员常常凭借其专业知识、专业技术、特殊地位，拒绝公开某些公众本可了解的情报，使公众陷入“无知”状态。公众由于人数众多且相当分散，个体又存在“搭便车”的心态和行为，没有采取统一的集体行动的强大动力。因此，在委托—代理关系中，公众事实上总是处于信息劣势一方。政治代理人往往受到自身利益的驱动，成为追求个人利益最大化的“经济人”。“只要政治代理人即政府是信息优势者，即拥有一些为政治委托人所不知的信息，而政治代理人的本性中又包含有自私自利的成分，那么，理性的政治代理人就有可能利用其信息优势谋取私利”。[①] 在缺乏法律规则制约和公众有效监督的情况下，就为代理人实施机会主义行为创造了机会。如果代理人得知委托人对自己的行为细节不很了解或保持着“理性的无知”，自己能采取机会主义行为而不受惩罚，

① 李春成：《信息不对称下政治代理人的问题行为分析》，学术界2000年第3期，第31页。

那么代理人就会在自利性的驱动下损害公众利益，谋取私利，即出现所谓的“道德风险”。如果让道德风险任意泛滥，致使政府无法回应公众的期待和信任，就会引发政府信用问题。政府信用问题是指政府无法回应公众的期待和信任，以致不能获得公众的信任甚至失去公众的信任，进而威胁委托—代理关系的存续。

综上所述，无论是政府信用缺失成因的理论分析还是实证调查，都得出了基本相同的结论，即我国地方政府信用缺失主要是由地方政府绩效评价体系不科学、对地方政府的行政监督乏力、政府作为经济人的自利性、行政责任追究制度不健全及政务信息不透明等原因造成的。理论分析与实证调查的结果相互比较、相互印证，从而使研究得出的政府信用缺失成因具有较强的解释力。

第四章 地方政府信用评价体系的构建和实际测度

要全面、正确地衡量政府信用，就必须选择一些有代表性的信用指标，形成一套完善的政府信用评估体系。科学的评估体系不仅限于定量指标，还包括定性指标。科学的评估体系将对政府信用的不同方面、不同角度进行衡量，做到既通观全局，又重点突出。本章将在参考国内外已有政府信用评价体系与评价模型的基础上，通过理论遴选和实证筛选建立具有较高信度和效度的地方政府信用评价指标体系，并运用该评价体系对全国116个县级行政区域的政府信用水平进行实际测度。

第一节 地方政府信用评价指标的理论遴选

运用科学的政府信用评价指标，对政府信用进行科学的评价，依据评价结果对政府及相关人员进行相应的奖惩，是提高政府公信力，增强公民对政府的认同和信任的重要手段。国外尤其是美国的政府信用评估理论研究与实践工作虽然比较发达，但并不适用于对转型时期的中国地方政府进行信用评价。相比之下，我国的政府信用评估几乎还处于空白状态，已有的一些评估盲目性和随意性较大。根据第二章的论述可见，目前的政府信用评估体系还存在若干明显的缺陷：一是国外对政府信用进行的资信评估无法满足对中国地方政府进行信用评价的要求，如果简单搬用国外政府信用评价指标体系对职能履行尚不到位但财政收入高速增长的中国政府进行信用评价，极有可能得出中国地方政府信用水平良好的结论，从而忽视了问题的主要方面；二是没有对政府信用评价体系进行严密的理论构思，评价指标的选择主观随意性很强，极大地降低了政府信用评价的内容效度；三是没有对评价指标进行相关分析，一些评价指标之间存在高度的相关性，极大地降低了政府信用评价的有效性；四是没有对评价指标进行鉴别力分析，评价指标缺乏足够的鉴别力，极大地降低了信用评价对政府实际信用水平的解释能力。因此，很有必要在国内外政府信用评估指标的已有研究成果的基础上，结合现阶段中国国情，探索一套既具有较高信度和效度，又具有较强可操作性的政府信用评估体系。

一、地方政府信用评价指标的遴选原则

政府信用评价指标是度量一个政府信用水平高低的工具，要使这种测度工具有效而可信，测评结果全面、客观、准确地反映政府信用的实际水平与发展趋势，评价指标的遴选应该遵循以下基本原则：

1. 系统性原则。政府信用系统是由行政管理、公共服务、经济发展和社会管理等方面的信用子系统综合构成的，各个信用子系统必须通过一些相应指标才能反映出来，这就要求所建立的评价指标体系具有足够的涵盖面，能够充分反映政府信用的系统性特征。同时评价体系并不是评价指标的简单堆积，为了清晰而便于评价，应该按某些原则合理地将评价指标分为目标层、领域层与指标层等若干层次。系统性原则意味着评估指标体系要能够反映充分的信息量，n 个评估指标相互独立，构成一个 n 维空间，空间中的每个点都对应着政府信用的一个状态；由若干个相互独立的指标构成一个指标群，反映政府信用某一个层面的实质内容；若干个相互独立的评估指标群综合成一个完整的评估指标体系，用来测度和评估政府信用的整体水平。

2. 有效性原则。有效性原则是指所构建的评价指标体系必须与所评价对象的内涵与结构相符合，能够真正反映当前政府的实际情况，体现政府信用的本质和主要特征。如果我们所设计的政府信用评估体系反映的是政府绩效，而不是政府信用，那么这种评估体系可以说是无效的。在心理测量学上，人们通常用效度来表示评估体系有效性的好坏。所谓效度，就是指该评估指标体系究竟在多大程度上能够真正测量到想要测量的特质（东西），即测量的有效程度。从统计学上讲，效度是指测量结果与某种外部标准（即效标）之间的相关程度，相关程度越高，则表明测量结果越有效。根据研究目的不同，效度评定通常有多种方法，常用的方法有内容效度、预测效度、构思效度、聚合效度、辨别效度和效标关联效度等。

3. 可操作性原则。评价指标体系建立的目的主要是用于政府信用的实际测

度和评价。这就要求所建立的指标体系具有可行性和可操作性，指标的数据易采集，计算公式科学合理，评价过程简单，利于掌握和操作。主要包括三方面的内容：一是数据资料的可获得性，数据资料尽可能通过查阅全国性和地方性统计年鉴和各种专业年鉴（如中国统计年鉴、地区统计年鉴、教育统计年鉴、科技统计年鉴等）获得，或者是在现有资料上通过简单加工整理获得，或者通过对研究对象进行问卷调查和现场访谈获得；二是数据资料可量化，定量指标数据要保证真实、可靠和有效，而定性指标和经验指标应尽量少用，或尽量选取那些能通过专家间接赋值或测算予以转化定量数据的定性指标（如等级）；三是指标体系的设置应尽量避免形成庞大的指标群或层次复杂的指标树，指标尽可能少而精。

4. 可比性原则。必须明确评价指标体系中每个指标的含义、统计口径、时间、地点和适用范围，以确保评价结果能够进行横向与纵向比较，以便更好地了解和把握不同政府（或者同一政府在不同发展阶段）的信用水平和变化趋势。在进行政府信用评价时，为了确保可比性，评价指标应尽量采用相对指标，少用绝对指标。

5. 导向性原则。政府信用评估的目的就是通过信用评估，获得有效的信用信息，了解和把握政府信用建设现状，发现问题，找出差距，增强政府的信用意识和信用能力，提高政府执行力和公信力，从而促进地方经济社会全面协调和可持续发展。因此，评估指标的选择必须有利于实现政府信用评估的目的。

6. 独立性原则。即选入指标体系的各项指标都具有独立的信息，相互不能代替。要选择反映信息多、能最恰当地反映目标工作特点和完成程度的指标。

二、地方政府信用评价指标的理论构建

根据上述指标遴选的原则，在大量的文献调研和对政府官员现场访谈的基础上，课题组从第三章界定的地方政府信用的内涵和结构要素出发，结合我国地方政府实际构建了一个由评估目标、评估领域和具体评估指标构成的测度我国地方政府信用水平的第一轮评估体系 $X^{(1)}$，它由行政管理、公共服务、经济发展和社会发展 4 个评价领域，34 个评价指标构成（如表 4－1 所示）。其中，行政管理信用主要用于反映政府履约践诺的信用意愿，公共服务信用、经济发展信用和社会发展信用主要用于反映政府履约践诺的信用能力。

表 4－1　地方政府信用第一轮评价指标体系 $X^{(1)}$

评价目标	评价领域	备选评价指标	选择
我国地方政府信用水平	行政管理信用	1. 政策法规的连续性	
		2. 政策法规的稳定性	
		3. 政策法规的完备性	
		4. 政策对公众需求的回应性	
		5. 政府职能的合理性	
		6. 政府工作的透明度	
		7. 政府发布信息的可靠程度	
		8. 政府依法行政程度	
		9. 行政执法的公正性	
		10. 政府的廉洁程度	
		11. 公务员的诚信水平	
		12. 政府工作人员服务态度	
	公共服务信用	13. 政府对基础教育方面承诺的履行程度	
		14. 政府对医疗卫生方面承诺的履行程度	
		15. 政府对社会保障方面承诺的履行程度	
		16. 政府对公共安全方面承诺的履行程度	
		17. 政府对基础设施方面承诺的履行程度	
		18. 政府对环境保护方面承诺的履行程度	
		19. 政府对公共文化方面承诺的履行程度	
		20. 政府对科学技术方面承诺的履行程度	
	经济发展信用	21. 政府对经济增长方面承诺的履行程度	
		22. 政府对招商引资方面承诺的履行程度	
		23. 政府对控制物价方面承诺的履行程度	
		24. 政府对控制房价方面承诺的履行程度	
		25. 政府对增加就业方面承诺的履行程度	
		26. 政府对增加居民收入方面承诺的履行程度	
	社会发展信用	27. 政府应对公共危机事件的能力	
		28. 政府调节社会利益分配的能力	
		29. 政府对信访案件的处理情况	
		30. 政府改善社会信用环境的能力	
		31. 政府对假冒伪劣产品的打击力度	
		32. 政府改善公众生活质量的能力	
		33. 公众对生活质量的满意度	
		34. 政府对安全生产的监管力度	

第一，行政管理信用。信用政府首先必须具备基本的诚信素质，在其行政理念、道德操守及行为准则等方面体现出高度的信用诚意。正如 Denhardt 教授所强调的，“除非政府的行为确实是诚信的，公众才相信政府是诚信的”，提高政府的公信力必须首先“确保政府的行为是诚信的、开放的和可接近的，是回应性，并且为公共利益而作为”①。这种诚信为本的理念反映在政府的行政管理方面，就是政府要为公众的利益而服务，降低行政成本，提高行政效率，推进政务公开，增强公共政策制定的透明度和公众参与度，根据经济社会发展情况制定及时有效的政策法规。据此，课题组选取的行政管理信用的评估指标包括：政策法规的连续性、政策法规的稳定性、政策法规的完备性、政策对公众需求的回应性、政府职能的合理性、政府工作的透明度、政府发布信息的可靠程度、政府依法行政程度、行政执法的公正性、政府的廉洁程度、公务员的诚信水平、政府工作人员服务态度。

第二，公共服务信用。公共服务信用是评判政府公共服务职能履行程度和效果的重要依据。公共服务与人民幸福安康息息相关。提高公共服务的供给效率、供给质量和供给能力，努力使全体人民学有所教、劳有所得、病有所医、老有所养、住有所居，是政府义不容辞的职责。基本公共服务则是公共服务中最基础、最重要的部分。目前，国内学者对基本公共服务范围的界定不尽相同。丁元竹（2007）认为，应当把我国现阶段的基本公共服务界定在医疗卫生或者叫公共卫生和基本医疗、义务教育、社会救济、就业服务和养老保险上，而且义务教育、公共卫生和基本医疗、最低生活保障，应当是基本公共服务中的“基本”。陈昌盛、蔡跃洲（2007）以“平等”的哲学思想来指导基本公共服务范围的选择，由此得出国防、基础教育、公共卫生、社会保障、公共安全、环境保护、基础设施、科学技术、一般公共服务等九类公共服务应优先纳入均等化范畴。项继权（2008）则从当前城乡居民的需求出发，指出人们共同的服务需求主要包括义务教育、基本医疗、公共卫生、社会保障、基础设施、公共文化、公共安全、环境保护等，这些是依照法律法规和政策，政府必须向全社会提供的基础性服务，也是当前政府基本公共服务的内容。综合以上观点，可以发现学者基本都主张将公共教育、公共医疗卫生、社会保障、公共安全、基础设施、环境保护、公共文化

① Denhardt, R. B. (2002). Trust as Capacity: The Role of Integrity and Responsiveness. Public Organization Review: A Global Journal, 2 (1), 65-67.

及科学技术等纳入基本公共服务的范畴。基于此，课题组选取的公共服务信用的评估指标包括：政府对基础教育方面承诺的履行程度、政府对医疗卫生方面承诺的履行程度、政府对社会保障方面承诺的履行程度、政府对公共安全方面承诺的履行程度、政府对基础设施方面承诺的履行程度、政府对环境保护方面承诺的履行程度、政府对公共文化方面承诺的履行程度、政府对科学技术方面承诺的履行程度。

第三，经济发展信用。经济发展信用是评判政府实现经济职能的重要依据。

市场经济条件下，政府作为一种资源配置机制，通过提供公共物品、管理公共事务，消除或减少市场失灵，解决外部效应，提高资源配置效率，促进经济的可持续发展。在生产力还不发达的情况下，坚持以经济建设为中心，围绕改善民生谋发展，加快转变经济发展方式，调整优化经济结构，促进地区经济增长和繁荣，让全体人民共享改革发展成果，是我国政府重要的经济职能。基于此，课题组选取的经济发展信用的评估指标包括：政府对经济增长方面承诺的履行程度、政府对招商引资方面承诺的履行程度、政府对控制物价方面承诺的履行程度、政府对控制房价方面承诺的履行程度、政府对增加就业方面承诺的履行程度、政府对增加居民收入方面承诺的履行程度。

第四，社会发展信用。2010 年 2 月 3 日，胡锦涛总书记在省部级主要领导干部深入贯彻落实科学发展观加快经济发展方式转变专题研讨班上发表重要讲话，指出要加快推进经济社会协调发展，针对社会发展和民生领域的突出问题，大力推进以改善民生为重点的社会建设。由此可见，加强社会建设，着力保障和改善民生，合理调节社会利益关系，缩小贫富差距，完善社会管理，促进社会公平正义，是构建和谐社会背景下政府的重要职能。基于此，课题组选取的社会发展信用的评估指标包括：政府应对公共危机事件的能力、政府调节社会利益分配的能力、政府对信访案件的处理情况、政府改善社会信用环境的能力、政府对假冒伪劣产品的打击力度、政府改善公众生活质量的能力、公众对生活质量的满意度、政府对安全生产的监管力度。

因此，对政府信用的评估应该是全方位的评估，指标体系应构成一个多层次的系统，不仅要包括内部行政管理方面的指标，还要包括外部公共服务、经济发展和社会发展等方面的指标；不仅要反映政府对职能和承诺的践约程度，还要体现社会组织和公众对政府的评价和认识。

第二节 地方政府信用评价指标的实证筛选

地方政府信用的理论评价指标体系 $X^{(1)}$，是依据政府信用的内涵和特征，并参阅国内外政府信用评估研究的大量成果后构建的，集中体现了课题组成员的专业知识和对政府信用评估体系的理论构思，但仍带有较强的主观色彩，因此很有必要对理论遴选的指标进行隶属度分析、相关分析和辨别力分析等实证筛选，以增强评估指标的科学性、合理性和可操作性。

一、地方政府信用评价指标的隶属度分析

在构建完成理论评价指标体系之后，课题组将其制成问卷调查表，主要对浙江大学 MPA 学员和浙江大学公共管理学院的研究生进行了咨询。这些被调查对象主要来自高等学校、研究机构和政府机关。有的从事公共管理的教学和研究工作，有的从事政府管理的实务工作。可以说，被调查对象不仅具有较为丰富的公共管理专业知识和实践经验，而且对政府信用有深入的认识和理解。虽然单个被调查者在判断和选择政府信用评估指标时具有较强的个人主观性，是被调查者本人知识和经验的反映，但集成多数被调查者的意见，可取各家之长，避各家之短，有效提高判断的准确性。根据全体被调查者的意见，删除一些不能较好地反映政府信用的评估指标，可以极大地改善评估指标的质量，增强评估指标的科学性和合理性。

课题组通过电子邮件、现场访谈和专家会议等多种方式将问卷送达被调查对象，要求其根据自身的专业知识和实际工作经验，从 34 个评估指标中选出 16 个最理想的地方政府信用的评估指标。课题组总共发放了 100 份调查问卷，回收 80 份，其中有效问卷 65 份。

为了深入反映被调查对象对理论遴选评估指标的总体看法，课题组以有效的问卷调查表为基础，对评估指标进行了隶属度分析。通过对 65 份有效问卷的统计分析，得到了 34 个评价指标的隶属度，删除了隶属度低于 0.3 的 8 个评估指标（见表4-2），保留了其中 26 个评估指标，构成了地方政府信用第二轮评估体系 $X^{(2)}$。

表 4－2　第一轮评估体系 $X^{(1)}$ 中被删除的隶属度低于 0.3 的 8 个评价指标

目标层	领域层	指标层（评估指标）	变量标识	隶属度
中国地方政府信用评估	行政管理信用	政策法规的完备性	X_3	0.262
		政府职能的合理性	X_5	0.231
		政府工作人员服务态度	X_{12}	0.154
	公共服务信用	政府对公共文化方面承诺的履行程度	X_{19}	0.138
		政府对科学技术方面承诺的履行程度	X_{20}	0.154
	经济发展信用	政府对招商引资方面承诺的履行程度	X_{22}	0.108
	社会发展信用	政府对信访案件的处理情况	X_{29}	0.262
		政府对假冒伪劣产品的打击力度	X_{31}	0.231

二、地方政府信用评价指标的相关分析

经过被调查对象筛选的第二轮评估指标 $X^{(2)}$ 中，一些评估指标之间很可能存在高度的相关性，这种高度的相关性会导致被评估对象信息的过度重复使用，从而极大地降低评估结果的科学性和合理性。相关分析是通过对评估指标之间的相关性分析，删除一些隶属度偏低而与其他评估指标高度相关的指标，以消除或降低评估指标重复反应评估对象信息而带来的对评估结果的影响。

评估指标相关分析通常包括以下三个基本过程：

第一，评估指标的标准化处理。由于评估指标的量纲不同，需要对原始数据进行无量纲处理，以减少评估指标的不同计量单位对分析结果的影响。设 X_i 为评估指标的原始数据，S_i 为评估指标的标准差，Z_i 为标准化值，则有：

$$Z_i = \frac{X_i - \overline{X}}{S_i}$$

第二，计算各个评估指标之间的简单相关系数 R_{ij}。计算公式为

$$R_{ij} = \frac{\sum_{k=1}^{n}(Z_{ki} - \overline{Z_i})(Z_{kj} - \overline{Z_j})}{\sqrt{\sum_{k=1}^{n}(Z_{ki} - \overline{Z_i})^2 (Z_{kj} - \overline{Z_j})^2}}$$

第三，根据研究需求，确定一个临界值 M（0 < M < 1），如果 $R_{ij} > M$，则可以删除其中的一个评估指标（X_i 或 X_j）；如果 $R_{ij} < M$，则同时保留两个评

估指标。

表4－3 相关系数大于临界值（0.7）的评估指标

保留的评估指标（X_i）	删除的评估指标（X_j）	相关系数
政策法规的连续性	政策法规的稳定性	0.844
行政执法的公正性	政府依法行政程度	0.734
行政执法的公正性	政府的廉洁程度	0.750
行政执法的公正性	政府对环境保护方面承诺的履行程度	0.702
政府对医疗卫生方面承诺的履行程度	政府对基础设施方面承诺的履行程度	0.714
政府对社会保障方面承诺的履行程度	政府对公共安全方面承诺的履行程度	0.735
政府调节社会利益分配的能力	政府改善社会信用环境的能力	0.773

课题组把第二轮评估指标 $X^{(2)}$ 制成问卷调查表，在浙江大学 MPA 课程及相关培训班中先进行了小范围的调查，采集了第二轮评估体系 $X^{(2)}$ 中所有指标的数据。在此基础上，课题组运用 SPSS 统计软件包对第二轮评估指标 $X^{(2)}$ 进行相关分析，得到各个评估指标的相关系数矩阵。值得注意的是，由于指标体系中的评估指标均为要求被调查对象根据自己的主观感受进行7级评价的软性指标，所以课题组将采用 Spearman 等级相关进行分析，而不是一般运用于等距变量或等比变量的 Pearson 积差相关。给定临界值 M 为0.7，在相关系数矩阵中共有7对评估指标的相关系数大于该临界值，删除了其中隶属度相对较低的7个评估指标（如表4－3所示），保留其余的19个评估指标构成了我国政府绩效的第三轮评估指标 $X^{(3)}$。

三、我国政府信用评估指标的鉴别力分析

在构建评估体系中所遇到的一个不可回避的问题是评估指标的鉴别力分析。所谓评估指标的鉴别力是指评估指标区分评估对象特征差异的能力。政府信用评估指标的鉴别力则是评估指标区分和鉴别我国不同地区政府信用水平高低的能力。如果所有被评估的地方在某个评估指标上几乎一致地呈现很高（或很低）的得分，那么就可以认为这个评估指标几乎没有鉴别力，不能诊断和识别出不同地区政府信用水平高低；相反，如果被评估的地方在某个指标上的得分出现明显的不同，则表明这个评估指标具有较高的鉴别力，它能够诊断和识别不同地区的

政府信用水平。在评估的指标反应理论（index response theory）中，通常用指标的特征曲线的斜率作为评估指标的鉴别力参数，斜率越大表明其鉴别力越高。图4－1给出了三个评估指标的特征曲线，指标C曲线的斜率最大，其次是指标B，而指标A曲线的斜率最小，则可以判断：在这三个评估指标当中，评估指标C的鉴别力最强，评估指标A的鉴别力最差。

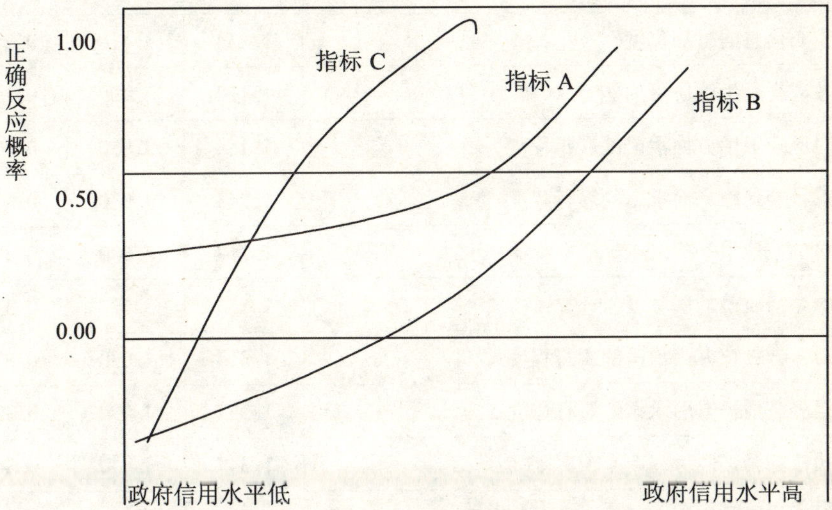

图4－1　三个评价指标的特征曲线

构造上述的特征曲线需要获取较多的实际资料，这是一件有相当难度的事情，在实际应用中，人们通常用变差系数来描述评估指标的鉴别力：

$$V_i = \frac{S_i}{\bar{X}}$$

其中 $\bar{X} = \frac{1}{n}\sum_{i=1}^{n} X_i$ 为平均值，$S_i = \sqrt{\frac{1}{n-1}\sum (X_i - \bar{X})^2}$ 为标准差。变差系数越大，该指标的鉴别能力越强；反之，鉴别能力则越差。根据实际需要，可以删除变差系数相对较小（即鉴别力较差）的评估指标。

根据上述原理，运用SPSS统计软件包对相关分析筛选后的评估指标进行方差分析，在方差分析基础上计算第三轮评估体系 $X^{(3)}$ 中各个评估指标的变差系数，删除了变差系数较小的“政策法规的连续性”、“政府发布信息的可靠程度”、“政府应对公共危机事件的能力”和“政府改善公众生活质量的能力”等4个指标，保留其余的指标构成第四轮评估体系 $X^{(4)}$ 。

表 4-4 第三轮评估体系 $X^{(3)}$ 中各个评估指标的变差系数

评估指标名称	标准差	均值	变差系数
政策法规的连续性	1.071	4.060	0.264
政府应对公共危机事件的能力	1.268	4.710	0.269
政府发布信息的可靠程度	1.234	4.410	0.280
政府改善公众生活质量的能力	1.122	3.790	0.296
政府对医疗卫生方面承诺的履行程度	1.184	3.850	0.308
政府对社会保障方面承诺的履行程度	1.243	4.030	0.308
公务员的诚信水平	1.267	4.030	0.314
公众对生活质量的满意度	1.155	3.620	0.319
政府对基础教育方面承诺的履行程度	1.314	4.030	0.326
政府对经济增长方面承诺的履行程度	1.357	4.090	0.332
行政执法的公正性	1.347	3.940	0.342
政府对增加居民收入方面承诺的履行程度	1.237	3.500	0.353
政府对增加就业方面承诺的履行程度	1.333	3.740	0.356
政府调节社会利益分配的能力	1.346	3.350	0.402
政策对公众需求的回应性	1.342	3.320	0.404
政府对安全生产的监管力度	1.696	3.820	0.444
政府工作的透明度	1.652	3.620	0.456
政府对控制物价方面承诺的履行程度	1.600	3.500	0.457
政府对控制房价方面承诺的履行程度	1.784	2.970	0.601

第四轮评估体系 $X^{(4)}$ 由目标层、领域层和指标层三个层面构成，共有 15 个评估指标。这些指标全部属于正向指标，即指标值越高，政府信用水平越高（见表 4-5）。其中：

表 4－5　地方政府信用评估体系 $X^{(4)}$

评价目标	评价领域	指标层（评估指标）	变量标识
我国地方政府信用水平	行政管理信用	1. 政策对公众需求的回应性	V_1
		2. 政府工作的透明度	V_2
		3. 行政执法的公正性	V_3
		4. 公务员的诚信水平	V_4
	公共服务信用	5. 政府对基础教育方面承诺的履行程度	V_5
		6. 政府对医疗卫生方面承诺的履行程度	V_6
		7. 政府对社会保障方面承诺的履行程度	V_7
	经济发展信用	8. 政府对经济增长方面承诺的履行程度	V_8
		9. 政府对控制物价方面承诺的履行程度	V_9
		10. 政府对控制房价方面承诺的履行程度	V_{10}
		11. 政府对增加就业方面承诺的履行程度	V_{11}
		12. 政府对增加居民收入方面承诺的履行程度	V_{12}
	社会发展信用	13. 政府调节社会利益分配的能力	V_{13}
		14. 公众对生活质量的满意度	V_{14}
		15. 政府对安全生产的监管力度	V_{15}

1. 评估行政管理信用的指标有 4 个，主要包括：政策对公众需求的回应性、政府工作的透明度、行政执法的公正性、公务员的诚信水平。

2. 评估公共服务信用的指标有 3 个，主要包括：政府对基础教育方面承诺的履行程度、政府对医疗卫生方面承诺的履行程度、政府对社会保障方面承诺的履行程度。

3. 评估经济发展信用的指标有 5 个，主要包括：政府对经济增长方面承诺的履行程度、政府对控制物价方面承诺的履行程度、政府对控制房价方面承诺的履行程度、政府对增加就业方面承诺的履行程度、政府对增加居民收入方面承诺的履行程度。

4. 评估社会发展信用的指标有 3 个，主要包括：政府调节社会利益分配的能力、公众对生活质量的满意度、政府对安全生产的监管力度。

第三节　地方政府信用评估体系的信度与效度检验

政府信用评估不仅是组织控制、人事决策的基本依据，也是提高政府的代表能力与回应能力，增强公众对政府的信心的重要手段，理应受到广泛的关注和重视。然而在实践中政府信用评估却很难开展，呈现出一种虚化趋势。导致这种虚化趋势的根本原因是传统评估缺乏足够的精确度，从而不能有效地将信用水平高与低的政府区分开来，也不能将每个被评估者的强项和弱项体现出来。这样的政府信用评估难以得到公众的支持，不能为管理决策提供有价值的信息，最终只能沦为“走过场”。

信用评估结果的可信性和评估内容的有效性决定着信用评估的精确性，信用评估的信度和信用评估的效度是衡量信用评估精确性的两项重要指标。根据评估理论的要求，政府信用评估体系（测量工具）的指标内容与结构是否合理良好，结果是否可信、有效，需要接受进行信度和效度的检验。

一、信度检验

信度（reliability）是指测量（或研究）结果的一致性或稳定性程度，是反映被测特征值真实程度的指标。一般而言，两次或两次以上测量的结果愈是一致，则误差愈小，所得的信度愈高。从统计学上讲，信度是指测量结果反映出系统变异的程度。评定测量工具信度的方法有很多，常用的有内部一致性信度、折半信度、重测信度和平行信度等。通常使用相关系数（R）来估算测量工具的信度。若 $R=1.00$ 即表明测量结果完全可信、可靠，$R=0.00$ 则表明测量结果完全不可信、不可靠。经验表明，当 R 达到 0.70，测量工具就基本符合了测量学的要求。我们采用内部一致性信度和折半信度两种不同方法来检验该评估体系的信度。

内部一致性信度（internal consistent reliability）是根据评估体系内部结构的一致性程度，对测量信度作出评定。内部一致性信度主要包含折半信度、克劳伯克（Cronbach）α 系数信度及库德—理查森（Kuder－Richardson）信度等三种信度。

本研究首先运用克劳伯克 α 系数来评定评估体系的内部一致性信度，α 系数的计算公式如下：

$$R_\alpha = \frac{K}{K-1}\left(1 - \frac{\sum {S_i}^2}{S^2}\right)$$

公式中 K 为评估体系所包含的评估指标数量（该评估体系 $K=15$），S_i 为第 i 个评估指标的标准差，S_i^2 即为第 i 个评估指标的方差，S 是整个评估总得分的标准差，S^2 是评估总得分的方差。

通过调查，课题组采集了全国 116 个县级行政区域政府信用评估体系 $X^{(4)}$ 中指标的数据。运用 SPSS 统计软件计算得到 15 个评估指标的方差和总体方差，进而得到了评估体系总体及各维度指标的 α 系数（如表 4－6 所示）。

结果表明，所有维度评估指标的 α 系数都达到了 0.7 以上，行政管理信用、公共服务信用、经济发展信用维度评估指标的 α 系数已超过了 0.8，且总体 α 系数高达 0.937，检验结果应该说是比较理想的，反映出该评估体系内部结构是基本一致的。

表 4－6　地方政府信用评估体系 $X^{(4)}$ 的内部一致性信度

	总体	行政管理	公共服务	经济发展	社会发展
Cronbach's α 系数	0.937	0.897	0.897	0.852	0.760

此外，再运用折半信度来测量地方政府信用评估体系 $X^{(4)}$ 的内部一致性程度。其具体方法是先把评估体系的前 14 个评估指标按奇、偶项分成两半，分别记分，求出两半分数之间的相关系数（ r_{xx} ）为 0.923，再根据斯皮尔曼—布朗公式（Spearman – Brown formula）确定整个评估体系的信度系数（ R_{XX} ），计算公式为：$R_{XX} = 2r_{xx} / (1 + r_{xx})$。经计算得该评估体系的折半信度系数为 0.960，这从另一个侧面说明地方政府信用评估体系 $X^{(4)}$ 具有可接受的信度水平。

二、效度检验

效度（validity）是指测量工具究竟在多大程度上测量到了真正想要测量的特质（或东西），即测量的有效程度。从统计学上讲，效度是指测量结果与某种外部标准（即效标）之间的相关程度，相关程度越高即表明测量结果越有效。根据研究目的不同，效度评定有多种方法。常用的方法有内容效度、预测效度、构思效度、聚合效度、辨别效度和效标关联效度等。

内容效度是指项目对欲测的内容或行为范围取样的适当程度。由于最终得到的地方政府信用评估指标是采用多种统计方法从理论指标体系中筛选出来的，具有较强的代表性，因而也具有较高的内容效度。

结构效度是指测量结果体现出来的某种结构与测值之间的对应程度。结构效度分析所采用的方法是因子分析。从表 4－7 可见，除了“政府对经济增长方面承诺的履行程度”这一指标没有按照预先设想落入经济发展信用维度以外，其余指标都落入了理论划分的维度，且因素负荷量都较大，这说明指标体系把地方政府信用分为行政管理信用、公共服务信用、经济发展信用、社会发展信用是基本合理的。

表 4－7　旋转成分矩阵

	成分			
	1	2	3	4
政府对基础教育方面承诺的履行程度	0. 803	0. 059	0. 317	0. 221
政府对医疗卫生方面承诺的履行程度	0. 791	0. 295	0. 262	0. 140
政府对社会保障方面承诺的履行程度	0. 757	0. 328	0. 279	0. 150
政府对经济增长方面承诺的履行程度	0. 655	0. 080	0. 201	0. 293
政府对控制房价方面承诺的履行程度	0. 034	0. 883	0. 194	0. 135
政府对控制物价方面承诺的履行程度	0. 209	0. 810	0. 139	0. 162
政府对增加就业方面承诺的履行程度	0. 355	0. 627	0. 224	0. 319
政府对增加居民收入方面承诺的履行程度	0. 306	0. 615	0. 181	0. 473
行政执法的公正性	0. 209	0. 210	0. 828	0. 250
公务员的诚信水平	0. 284	0. 142	0. 774	0. 201
政府工作的透明度	0. 325	0. 299	0. 692	0. 201
政策对公众需求的回应性	0. 461	0. 136	0. 604	0. 236
政府对安全生产的监管力度	0. 280	0. 146	0. 273	0. 702
公众对生活质量的满意度	0. 395	0. 238	0. 192	0. 698
政府调节社会利益分配的能力	0. 068	0. 393	0. 297	0. 690

提取方法:主成分分析。

第四节　县级政府信用水平的实际测度

在确定了地方政府信用评估体系之后，课题组将其制成调查问卷。问卷题项基于李克特量表法进行设计，即问题由针对某种事物的态度或看法的陈述组成（李怀祖，2004），所有指标均采用7级打分法，要求被调查者对其工作所在地或籍贯所在地的县级政府进行1至7级的评价。

问卷以浙江大学进修MPA学位的政府公务人员及浙江大学的本科生和研究生为主要发放对象。此外，课题组成员还通过其私人关系网络发放了少量问卷。课题组在发放调查问卷时，要求答题人以匿名的方式填写。同时，问卷填写人来源的多元性也确保能够有效减少数据搜集时的系统误差，从而保证数据的可靠性与真实性。问卷发放采用访谈发放、邮寄方法和电子邮件发放相结合的方式。发放时间为2011年4月－6月，共发放问卷400份，回收问卷345份，剔除不合格问卷63份，得到有效问卷282份，有效回收率为70.5%。

在282名被调查者中，男性人数为136人，占总人数的48.2%；女性为146人，占总人数的51.8%。被调查者中大学本科学历者有190人，占67.4%；研究生及以上学历者共有92人，占33.6%。从政治面貌来看，中共党员有115人，占40.8%；共青团员有155人，占55%；群众有9人，占3.2%；民主党派所占比例最小，仅为1.1%，共计3人。从工作单位来看，政府机关有49人，占17.4%；事业单位（包括学校）所占比例最大，有226人，占80.1%；企业单位和社会团体分别有3人和4人，占1.1%和1.4%。

在信度和效度检验的基础上，课题组运用SPSS 18.0统计软件对地方政府信用评估体系的具体测度指标进行了描述性统计分析。表4－8详细给出了每个测量变量的最小值、最大值、均值以及标准差。

表4－8　县级政府信用的描述性统计分析

	最小值	最大值	均值	标准差
政策对公众需求的回应性	1	7	4.1165	1.18238
政府工作的透明度	1	7	4.0376	1.21993
行政执法的公正性	1	7	4.1795	1.11750
公务员的诚信水平	1	7	4.2031	1.09261
政府对基础教育方面承诺的履行程度	1	7	4.7190	1.06891
政府对医疗卫生方面承诺的履行程度	1	7	4.3867	1.12786
政府对社会保障方面承诺的履行程度	2	7	4.4495	1.07849
政府对经济增长方面承诺的履行程度	2	7	4.8639	1.15733

续表

	最小值	最大值	均值	标准差
政府对控制物价方面承诺的履行程度	1	7	3.9716	1.04482
政府对控制房价方面承诺的履行程度	1	7	3.6280	1.35259
政府对增加就业方面承诺的履行程度	1	7	4.1141	1.10396
政府对增加居民收入方面承诺的履行程度	1	7	4.1119	1.09851
政府调节社会利益分配的能力	1	7	3.9579	1.12756
公众对生活质量的满意度	1	7	4.5726	1.10908
政府对安全生产的监管力度	1	7	4.3273	1.27392

总体来看，15 个测度指标的平均得分都在 4 分左右，得分最高的“政府对经济增长方面承诺的履行程度”平均分为 4.86 分，得分最低的“政府对控制房价方面承诺的履行程度”平均分为 3.62 分，显示出县级政府信用水平基本在及格线附近徘徊。据有关调查显示，目前我国整体的社会信用水平也基本停留于及格线附近。两相比较，可见政府在社会信用体系建设中并没有起到率先垂范的带头作用，反而可能是社会信用状况止步不前、难以改善的重要原因。

从行政管理信用维度的 4 个指标来看，4 个测度指标的均值都只比 4 分略高。“政策对公众需求的回应性”这一指标的均值为 4.1165 分，表明被调查的公众对政府政策能否满足公众的利益诉求并不是非常乐观。“政府工作的透明度”这一指标的得分在行政管理信用维度中最低，其均值为 4.0376 分，反映出虽然《政府信息公开条例》已实施三年有余，但政府在公开政务信息方面取得的进展仍然难以令人满意。以社会各界高度关注的“三公”经费公开为例，虽然中央已明确要求各部委必须公开“三公”经费，但大多数中央部委在公开“三公”经费上延迟怠慢，甚至故意以模糊不清的表述以求蒙混过关。“行政执法的公正性”这一指标的均值为 4.1795 分，说明在建设法治政府的大背景下，政府的行政执法规范化水平已有了一定程度的提高，但“过罚不相当”、“同案不同罚”等处罚不公现象还是普遍存在。“公务员的诚信水平”这一指标的均值为 4.1795 分，在这一维度当中最高，反映出公务员的信用道德水平经过几年诚信教育相对较好。

从公共服务信用维度的 3 个指标来看，3 个测度指标的均值均比行政管理信用测度指标的得分略高，从总体上看县级政府在公共服务履职方面信用状况稍好。“政府对基础教育方面承诺的履行程度”这一指标的均值为4.7190分，在这一维度当中最高，反映出近年来政府在取消义务教育学杂费，加大对基础教育的财政投入后，在这一方面的信用状况得到了明显的提高。“政府对医疗卫生方面承诺的履行程度”这一指标的均值仅为4.3867分，在本维度中最低，说明虽然基本医疗保障制度建设取得了一定进展，但医药卫生资源总量不足且配置不合理，基层卫生服务体系薄弱，医疗保障制度不完善等问题依然突出，公众对政府承诺解决“看病难、看病贵”问题却履行不力感到不满。“政府对社会保障方面承诺的履行程度”这一指标的均值为4.4495分，可以看出被调查者对政府近年来推行城镇居民养老保险、新型农村社会养老保险、新型农村合作医疗等政策比较认可，但还有更高的期待。

从经济发展信用维度的5个指标来看，这5个测度指标的得分差异较大，评估体系中各指标的最高得分与最低得分都出现在这一维度。“政府对经济增长方面承诺的履行程度”这一指标的得分为4.8639分，为所有指标最高，反映出政府对经济发展这第一要务丝毫不敢怠慢，会想方设法完成或超额完成预定的经济发展目标。“政府对控制物价方面承诺的履行程度”、“政府对控制房价方面承诺的履行程度”两个指标分别得到3.9716分、3.6280分，位列于分数最低的几项指标中，这表明地方政府在控制通货膨胀和房地产泡沫方面的措施不力，没有很好地完成对公众的承诺，这既有外部客观因素的影响，如全球食品价格普遍上涨，也受地方政府本身不愿作为、不肯作为的影响，如地方政府期望从居高不下的房价中获取更多的土地出让金。“政府对增加就业方面承诺的履行程度”、“政府对增加居民收入方面承诺的履行程度”两个指标分别得到4.1141分、4.1119分，说明政府在增加就业和增加居民收入方面采取的诸多措施取得了一定的成效，得到了公众的认可，而今后尚需要进一步巩固完善。

从社会发展信用维度的3个指标来看，指标间的得分差异也较大。“政府调节社会利益分配的能力”这一指标的得分仅为3.9579分，在所有指标中得分第二低。在当前社会阶层日益分化的背景下，政府并未采取切实有效的措施增加中低收入阶层的收入，导致贫富差距逐渐增大，引起了公众的普遍不满，所以这一指标得分较低也就不足为奇了。“公众对生活质量的满意度”得分相对较高，为4.5726分，反映出整体上公众对目前的生活状况还是基本满意的。“政府对安全生产的监管力度”这一指标的得分较低，为4.3273分。当前，我国正处于经济和社会转型的关键时期，随着工业化、城镇化的快速发展，各种公共安全事故尤其是重大公共安全责任事故在全国许多地区、各个领域频繁出现。政府监管缺位，安全生产执法力度不足是其中的一个重要原因，公众迫切希望这一状况得到改善。

第五章　政府信用影响因素研究

为了治理政府信用缺失，提升政府信用水平，除了从理论层面找出政府信用缺失的成因之外，还有必要以定量的手段精确分析政府信用的影响因素。而迄今为止，学术界对政府信用影响因素的研究还基本处于空白状态，与之有一定关联的分析主要见于学者对政府信用缺失原因及政府信任影响因素的论述之中。针对以往研究的不足，本章首先将通过回归分析、路径分析等方式实证分析我国地方政府信用的影响因素及影响机理。然后，本章将以世界银行全球政府治理研究数据库（2008 年案例）和国家统计局的数据资料为基础考察全球范围内决定各国中央政府信用水平的主要影响因素。

第一节　我国地方政府信用的影响因素及影响机理研究

在本节中，课题组首先将对地方政府信用的影响因素进行系统的理论阐释，遴选相关测度指标，然后具体运用问卷调查和相关统计分析方法探究影响地方政府信用水平的主要因素及其影响机理，并对相关假设进行检验。

一、地方政府信用影响因素的理论分析

信用主体进行信用活动，有时是出于自身的诚信观念，有时是迫于契约的约束，有时也是碍于社会信用管理制度的制约。[①] 反之，信用主体违约失信的主要原因是诚信道德观念的淡漠、经济利益的驱动及法规约束的弱化。[②] 由此可见，

① 吴晶妹：《现代信用学》，中国人民大学出版社 2009 年版，第 74 页。
② 同上，第 76 页。

决定信用主体守信与否的因素归纳起来主要就是其自身的能力和素质及所面临的外部环境。政府作为一类公共组织，其信用水平的高低无非也受这两大方面因素的影响。就政府内部的因素而言，主要就是公务员自身的素质和政府作为一个组织整体上所具备的能力。就政府所面临的外部环境而言，主要就是一个地区的硬性制度环境和软性文化环境。下面本节将具体阐述各个因素与政府信用的逻辑关系，并提出相应的假设。

（一）公务员素质与政府信用

地方政府作为一个抽象的集合概念，是由许多机构组成的，而每个机构的工作又都是由其行政人员来具体操作的，行政人员是全部政府行为的实施主体。①公共政策的制定、行政权力的行使、行政行为的做出、政府与公众各种关系的处理，都是由具体的行政人员来完成的。在这些过程中，公务人员的个体信用状况就是地方政府整体信用水平的形象化和具体化。公众对官员个体政府行为的印象和评价就构成人格化的政府信用。② 在日常生活中常常可以看到，当公众在评价某个政府的信用水平时，往往首先想到的就是与其接触过的公务人员或者政府主要领导是否守信重诺、言而有信。这从西方政府信任的研究中也得到了间接的印证。Yankelovich（1991）、Thomos（1998）及 Chanley 等（2000）的研究都证明，政府领导者的腐败或丑闻会导致公众对政府信任的下降。因此，公务人员尤其是领导人的信用状况是政府信用的重要来源和组成部分。而公务人员是否讲信用很大程度取决于其自身的综合素质。一般而言，公务人员如果具有较高的道德品质，较强的工作能力，踏实的工作态度以及廉洁的工作作风，其失信于民的可能性就越小。据此，可提出假设 1：

H_1：公务员整体素质越高的地区，政府信用水平就越高。

（二）政府能力与政府信用

能力是顺利完成某种活动的必备条件。从个体层面来说，一个人即使具有诚实守信的良好品质，但若没有足够的能力去遵守诺言，实践成约，最终还是会违约失信。穆勒就曾经说过：“究竟乙有多少信用，要看人们对他偿付能力的评价。”③ 作为公共组织的政府同样也是如此。政府执行规则和践行承诺必须依赖

① 方雷等：《地方政府行政能力研究》，山东大学出版社 2010 年版，第 47 页。

② 章延杰：《政府信用论》，上海人民出版社 2007 年版，第 113 页。

③ ［英］约翰·穆勒：《政治经济学原理》下册，商务印书馆 1997 年版，第 62 页。

政府支配的资源，政府能力越强，政府信用能力也就越强；政府能力越弱，政府信用能力也就越弱。[①] 可以说，在政府基本职能确定的条件下，政府的宏观公共行政能力实际上是政府履行职能的能力。[②]所以，政府只有具备强大的能力，才能圆满地完成各项职能和对公众的承诺，维持良好的信用水平。以往相关研究也表明，政府能力是影响政府信用的一个重要因素。Easton（1965）通过研究表明，如果政府没有能力满足公众对公共产品和公共服务的需求，则会影响公众对政府的信任，减少对政府的支持。1995 年，一项由美国政府杰出成就理事会（Council for Excellence in Government）所做的民意调查同样指出，导致美国民众不信任政府的主要原因除了政府浪费预算支出、漠视人民所关心的事情外，欠缺足够的能力处理重大的社会问题与反映人民的利益也是其中一个重要原因。何显明（2007）指出，在转型时期，地方政府能力的局限导致地方政府信用责任的困境。作为计划经济时代全能政府的后遗症，转型时期的地方政府依然承担着大量本不该由其承担的管理职能，这就造成了当前的地方政府实际上是一个超载的政府，其信用能力与信用责任处于极不对称的状态，当前，信用能力不足的问题在一些地方日益凸显。《瞭望》今年第 34 期的封面文章就指出，有些领导干部在民生保障等事关群众切身利益的重大决策上，缺乏统筹兼顾，不顾实际承受能力，结果导致所谓的民生投入往往因为没有可持续性而打水漂，从而引起了群众的强烈不满。这正是转型时期地方政府信用声誉不断下降的一个主要原因。由此可提出假设 2：

H_2：政府能力越强的地区，政府信用水平就越高。

（三）制度环境与政府信用

制度环境是一系列用来建立生产、交换与分配基础的政治、社会和法律基础的规则之和。[③] 或者说是以一个国家的宪法和法律结构为核心的“基础性制度安排”（fundament institutional arrangement）。[④] 根据新制度经济学和博弈论的有关原理，在特定的制度约束下，行为主体面对着一个由不同策略组成的策略空间，行

① 王新红：《转型时期宏观调控中的政府信用及其法治保障研究》，人民出版社 2011 年版，第 113 页。

② 张国庆：《公共行政学》，北京大学出版社 2007 年版，第 503 页。

③ ［美］L. E. 戴维斯、D. C. 诺斯：《制度变迁的理论：概念与原因》，见［美］R. 科斯、A. 阿尔钦、D. 诺斯等：《财产权利与制度变迁：产权学派与新制度学派译文集》，上海三联书店、上海人民出版社 2004 年版，第 270 页。

④ 卢现祥：《西方新制度经济学》，中国发展出版社 1996 年版，第 87 页。

为主体的行为也就是从这一策略空间中选择的结果。[①] 政府与其他行为主体一样，也是在一定的制度环境之中存在和运行的，其行为的选择和做出同样受到制度环境的约束。制度框架决定了地方政府的约束和激励，影响地方政府的支付函数和行为选择。[②] 首先，制度环境虽然不是完全僵硬、不可变通，却在很大程度上决定了地方政府的职权范围，规定了地方政府的行动领域，从而划定了地方政府承担信用责任的范围。其次，制度环境决定了地方政府行为选择的收益。张维迎指出："法律实际上是一种激励机制，它通过责任的配置和赔偿（惩罚）规则的实施，内部化个人行为的外部成本，诱导个人选择社会最优的行为。"[③] 由法律法规等正式制度有机联系而成的制度环境同样也发挥着对地方政府激励机制的作用，决定了地方政府守信的收益及失信的成本。在一个制度环境比较完善，政府失信将遭受严厉惩罚的地区，政府必然会竭尽所能履行自己的职能与承诺，反之，失信将成为政府的最优选择。基于以上说明，可提出假设3：

H_3：制度环境越完善的地区，政府信用水平就越高。

（四）信用文化与政府信用

正式规则，即使是在那些最发达的经济中，也只是型塑选择的约束的很小一部分。[④] 纵观人类社会发展的历史，风俗、习惯、价值取向等非正式约束对社会成员的行为方式有重要影响。在共同行为规范的形成过程中，文化起着潜移默化和持久的导向作用。政府作为复杂的社会系统中的一个组织，无时无刻不处于其所在地区独特文化的熏陶之下。处于社会大环境中的政府及其官员也不可避免地会受到文化的影响，并按照其所宣扬的意识形态和价值观行事。发达的信用文化可以以道德的力量提升全社会的信用意识，使诚实守信成为所有人自觉的行动，从而增强言而有信、行而必果的道德意识。信用文化环境好，社会整体信用度高，信用道德意识强，政府行政人员的信用道德修养就会越高，而且政府一旦失信面临的社会舆论压力和心理压力就会越大，政府也就越不敢轻信寡诺。综上所述，可提出假设4：

---

① 丁煌、柏必成：《论乡镇政府行为选择的优化——以乡镇政府和乡村制度环境的互动为视角》，政治学研究2006年第4期，第77页。

② 陈蓉：《浅析制度环境与地方政府行为选择》，改革与战略2007年第11期，第8页。

③ 张维迎：《信息、信任与法律》，三联书店2006年版，第141页。

④ ［美］道格拉斯·诺思：《制度、制度变迁与经济绩效》，格致出版社、上海三联书店、上海人民出版社2008年版，第50页。

H_4：信用文化越发达的地区，政府信用水平就越高。

二、地方政府信用影响因素的变量测度

下面本节将介绍作为预测变量的公务员素质、政府能力、制度环境与信用文化的测量，并简要说明作为研究因变量的政府信用的测量指标的选取。

（一）公务员素质测度指标的选择

《辞海》对“素质”一词的释义为：①人的生理上的原来的特点；②事物本来的性质；③完成某种活动所必需的基本条件。在“公务员素质”一词中，素质应是第三种释义，即公务员顺利进行公共管理活动所应具备的才智、能力和内在涵养。到目前为止，尚未有研究提出公务员素质的测度指标体系。与此比较相关的是国家公务员局在《公务员考核规定（试行）》中确定的公务员考核的内容和标准。其中的第四条明确指出“对公务员的考核，以公务员的职位职责和所承担的工作任务为基本依据，全面考核德、能、勤、绩、廉，重点考核工作实绩”。由于“绩”是指完成工作的数量、质量、效率和所产生的效益，是一种结果性、产出性的绩效测量，已经超出了素质考核的范畴。因此，本研究主要是从德、能、勤、廉四个方面测度公务员素质。4个测量问题分别为“本地区大多数公务员具有良好的道德品质”，“本地区大多数公务员具有较强的工作能力”，“本地区大多数公务员能做到勤勉敬业”，“本地区大多数公务员能做到清正廉洁”。

（二）政府能力测度指标的选择

政府能力是多种能力的复合体，国内外学者对政府能力的内涵及具体构成要素的分析不尽一致，在此基础上形成了不同的政府能力测度指标体系。大部分学者从内容上对政府能力进行分类，并据此进行测度指标的设计。Polidano（2000）从政策能力、实施权威和运作效率三个方面定义了政府能力，并通过对这些概念的操作化分析建立起可获取数据的指标体系和评估方法。Berman 和 Wang（2000）研究了美国城市地方政府实施绩效评估与政府能力之间的关系，他们从技术支持和利益相关者支持两个角度测量了政府能力，结果发现政府实施绩效评估的成功与否很大程度上取决于政府能力。汪永成（2004）把政府能力的构成要素概括为权力资源、财力资源、人力资源、文化资源、权威资源、信息资源、制度资源七种，它们构成了政府能力的内在基础和基本素质。张国庆（2007）指出、现代政府能力的构成包括经济管理能力、政治和社会管理能力和行政组织管

理能力。经济管理能力具体可分为推动本国社会经济发展的能力、维持税收和保持公共财政收支平衡的能力、有效参与国际竞争的能力；政治和社会管理能力具体可分为维护社会基本秩序的能力、达成社会谅解和实现社会整合的能力、实现和维护基本社会公正的能力、促进社会均衡发展的能力；行政组织管理能力具体可分为有效的反应和应变能力、适应环境创新发展的能力以及改革和自我更新的能力。罗国亮（2009）将政府能力分为资源汲取能力、社会整合能力、社会治理能力、政策执行能力、规划发展能力、公共服务供给能力、体制创新能力、信用维护能力，危机管理能力、自我管理能力十大能力。另有部分学者则根据政府能力在不同职能环节中的体现、运行来定义和测量政府能力。Coggburn 和 Schneider（2003）把政府的管理能力定义为政府配置、开发、使用和控制其人力、物力和信息资本以支持其政策职能的内在能力。张钢、徐贤春（2005）则通过借鉴资源基础理论和动态能力理论，把地方政府能力划分为资源获取能力、资源配置能力、资源整合能力和资源运用能力。课题组认为，由于我国地域广大，各地经济社会发展水平差异很大，政府能力的侧重点各不相同，因而从内容上划分政府能力并进行测度将很难统筹兼顾每个地区的不同情况。但无论如何，政府能力的运行流程都会包括资源获取、资源配置、资源整合和资源运用四个关键环节，而且这种测度方式内涵明确、边界清晰、可操作性强，在实际运用中已取得了较好的效果，因此本研究将采用张钢和徐贤春提出的政府能力结构模型来测度地方政府能力。4 个测量问题分别为"本地区政府具有较强的资源获取能力"，"本地区政府具有较强的资源配置能力"，"本地区政府具有较强的资源整合能力"，"本地区政府具有较强的资源运用能力"。

（三）制度环境测度指标的选择

这里所谓的制度环境不仅指影响地方政府行为的各项正式制度，还包括这些制度之间的互动耦合。要精确地刻画一个地区的制度环境是一项十分困难的工作，目前有关制度环境的几种比较典型的度量方法包括：①金玉国（1999）提出的地区宏观制度环境评价方法。他用产权制度、市场化程度和对外开放程度三个方面来测量一个地区的宏观制度环境。②卢现祥、徐俊武（2004）认为引进外资的制度环境评估体系应包括市场化进程、信用与法律体系、政府职能的转变、对外开放程度及地方文化及居民行为特点 5 个方面。③樊纲等人（2010）在《中国市场化指数：各地区市场化相对进程 2009 年报告》一书中，将市场化指数分解为政府与市场的关系、非国有经济的发展、产品市场的发育程度、要素市场的发育程度及市场中介组织的发育和法律制度环境5个方面进行计量，并将这种相对指数作为一种制度变量，分析中国的各地区体制改革进程的相对关系。上述研究成果为本研究科学制定制度环境测度指标提供了重要的参考借鉴，但这些学者所考察的主要是一个地区的市场经济制度环境或对外开放制度环境，政府本身就是这些研究中制度环境的重要组成部分，因而其指标体系中包括了政府规模、减少商品市场上的地方保护等用于测度政府行为的具体指标，而本研究指称的制度环境主要是指规范化政府行为的各项制度，是外在于政府的制度安排。因此，本研究将不采用上述学者提出的指标体系，而将用“本地区各项政策法规比较完备”，“本地区各项政策法规得到普遍尊重”，“本地区各项政策法规得到有效执行”，“本地区司法机构具有较强的公正性”，“本地区司法机构具有较高的独立性”5个测量问题反映一个地区的制度环境。其中，前3个问题主要用于反映一个地区正式制度的健全情况、执行情况及公众对正式制度的信心，后2个问题主要用于反映当政府行为违反国家法律法规时是否能够得到公正、有效的制裁。

（四）信用文化测度指标的选择

文化这一概念具有极其丰富的内涵和许多不同的维度，要全面精确地衡量一个地区的文化环境是非常困难的。课题组在对政府工作人员、学者以及社会公众的实际访谈过程中发现，涉及一地区文化环境层面的因素十分复杂，包括道德、伦理、习惯、信仰，传统风俗等多个方面。但是文化的复杂性并不妨碍从一两个方面去考察特定内容的文化对于政府信用的影响。根据上文研究假设的内容，本研究所谓的文化环境主要是指一个地区信用文化的发达情况。课题组将用“本地区大多数人是值得信赖的”和“本地区讲诚信的社会氛围对失信者具有较强的约束力”两个测量问题反映一个地区的整体信用文化氛围。

（五）政府信用测度指标的选择

本书所谓的政府信用虽然同时包含了政府履行法定职责和承诺的责任感与能力、社会组织和公众对政府信誉的一种主观评价或价值判断，但主要侧重于定义的前半部分，即政府在公共行政过程中对法定职责和承诺的履行情况。加之本节的研究对象——县级政府的主要职能就是保持经济平稳快速发展并为辖区内居民提供基本的公共产品和公共服务，在征询相关专家的意见后，课题组在本节将用地方政府

信用评估体系 $X^{(4)}$ 中的“政府对基础教育方面承诺的履行程度”、“政府对医疗卫生方面承诺的履行程度”、“政府对社会保障方面承诺的履行程度”及“政府对经济增长方面承诺的履行程度”这4个测度指标代表一个地区的政府信用水平。

三、地方政府信用影响因素的实证分析

（一）问卷检验

本部分的数据采集是与地方政府信用评价的数据采集同步进行的，共回收得到有效问卷282份。

当问卷调查检测两个（或以上）构念时，所有问卷题项在均由同一填写者填写的情况下，就会容易出现同源偏差（common method variance，CMV）的问题。消除的一类方法是在研究前尽可能使用提高事前预防的措施，本研究主要使用了答卷者信息隐匿法。检测同源偏差的常见方法是Podsakoff 和 Organ（1986）建议的哈曼（Harman）单因子检测方法：问卷所有条目一起做因子分析，在未旋转时得到的第一个主成分，反映了CMV的量。在本研究中，问卷所有条目一起做因子分析，在未旋转时得到的第一个主成分，占到的载荷量是55.36%，说明存在一定的同源偏差，但并不是非常严重。

接下来，课题组将进一步对各量表进行信度和效度的检验，以确保对构思变量的测量是可信和有效的。本研究在最终确认问卷之前，咨询了相关领域的专家，预试并修正了问卷的部分提法、内容，因而调查问卷具有较高的内容效度。同时，本研究还将以验证性因子分析来验证各量表的结构效度。在进行因子分析之前，课题组首先对各量表进行了KMO检验和巴特莱球形度检验，以确认这些量表是否适合进行因子分析。分析结果显示，除了信用文化量表的KMO值低于0.7以外（但也高于0.5），其余各个量表的KMO值均高于0.7，并且所有量表的巴特莱球形度检验的近似卡方值均高度显著。总体而言，各个量表均比较适合做因子分析。此外，在李克特量表中常用的信度检验方法为Cronbach's α 系数与折半信度。本研究采用α 系数来检验测量信度。信度和效度检验结果如表5－1所示。从中可见，本研究中最低的标准化因子负荷也有0.750，高于相关研究建议的对于测度指标标准化因子负荷以0.650作为最低标准（Barclay等，1995；Chin，1998）。而且本研究中的Cronbach's α 系数均高于0.7，符合测量学的基本要求。总体而言，本调查问卷具有较高的信度和效度，可以进行进一步的统计分析。

表 5－1　信度和效度检验结果汇总表

潜变量	测度指标	因子负荷	累积贡献率	内部一致性系数
政府信用	政府对基础教育方面承诺的履行程度	0.911	73.634%	0.877
	政府对医疗卫生方面承诺的履行程度	0.882		
	政府对社会保障方面承诺的履行程度	0.880		
	政府对经济增长方面承诺的履行程度	0.750		
公务员素质	本地区大多数公务员具有良好的道德品质	0.927	78.147%	0.903
	本地区大多数公务员具有较强的工作能力	0.916		
	本地区大多数公务员能做到勤勉敬业	0.908		
	本地区大多数公务员能做到清正廉洁	0.777		
政府能力	本地区政府具有较强的资源获取能力	0.932	78.945%	0.909
	本地区政府具有较强的资源配置能力	0.906		
	地区政府具有较强的资源整合能力	0.903		
	本地区政府具有较强的资源运用能力	0.809		
制度环境	本地区各项政策法规比较完备	0.894	72.316%	0.904
	本地区各项政策法规得到普遍尊重	0.884		
	本地区各项政策法规得到有效执行	0.828		
	本地区司法机构具有较强的公正性	0.822		
	本地区司法机构具有较高的独立性	0.821		
信用文化	本地区大多数人是值得信赖的	0.900	81.015%	0.764
	本地区讲诚信的社会氛围对失信者具有较强的约束力	0.900		

（二）地方政府信用影响因素的描述性统计分析

在信度和效度检验的基础上，课题组运用 SPSS 18.0 统计软件对调查问卷中 15 个地方政府信用影响因素具体测度指标进行了描述性统计分析。表 5－2 详细给出了每个测量变量的最小值、最大值、均值以及标准差。

表5-2 地方政府信用影响因素描述性统计分析

	最小值	最大值	均值	标准差
本地区大多数公务员具有良好的道德品质	1	7	4.22	1.345
本地区大多数公务员具有较强的工作能力	1	7	4.18	1.213
本地区大多数公务员能做到勤勉敬业	1	7	4.11	1.288
本地区大多数公务员能做到清正廉洁	1	7	3.87	1.374
本地区政府具有较强的资源获取能力	1	7	4.51	1.246
本地区政府具有较强的资源配置能力	1	7	4.39	1.261
本地区政府具有较强的资源整合能力	1	7	4.37	1.262
本地区政府具有较强的资源运用能力	1	7	4.41	1.283
本地区各项政策法规比较完备	1	7	4.46	1.231
本地区各项政策法规得到普遍尊重	1	7	4.35	1.240
本地区各项政策法规得到有效执行	1	7	4.26	1.308
本地区司法机构具有较强的公正性	1	7	4.24	1.282
本地区司法机构具有较高的独立性	1	7	4.18	1.306
本地区大多数人是值得信赖的	1	7	4.69	1.237
本地区讲诚信的社会氛围对失信者具有较强的约束力	1	7	4.27	1.284

从公务员素质维度来看，4个测度指标的均值都在4分左右，其中“本地区大多数公务员能做到清正廉洁”这一测度指标的得分最低，仅为3.87分，尚不到中间值4分，反映出当前腐败问题确实比较突出，被调查者对公务员能否为公共利益而服务持严重怀疑的态度。从政府能力维度来看，4个测度指标的均值都超过了4分，其中“本地区政府具有较强的资源获取能力”这一测度指标的得分最高，达到了4.51分，这与近年来政府财政收入的快速增长相一致，而其他3个测度指标的得分稍低，表明政府配置、整合、运用资源的能力并没有与资源获取的能力同步增长，有待进一步提高。从制度环境维度来看，得分最高的是“本地区各项政策法规比较完备”，其均值为4.46分，“本地区各项政策法规得到普遍尊重”与“本地区各项政策法规得到有效执行”的得分稍低，而“本地区司法机构具有较强的公正性”与“本地区司法机构具有较高的独立性”两个问题

的得分最低，这反映出各地区虽然已经在制度建设方面取得了比较大的进展，但是制度的执行情况及人们对制度的信心却不容乐观，尤其是司法机构受制于体制方面的原因，尚难以有效制约肆意妄为的公权。从信用文化维度来看，调查所涉及的地区整体信用文化的氛围还不是十分浓厚，尤其是讲诚信的社会氛围对失信者的约束力仍显薄弱，说明失信者还具有比较大的生存空间。

（三）地方政府信用影响因素的多元回归分析

首先，需要明确的是，本研究的分析单位为县级政府，所以研究样本数 N 等于县级行政区域的数目，也即全部有效问卷所覆盖的 116 个县级行政区域。当某个县级行政区域包括多份有效问卷时，课题组对每个测度指标的得分取平均值。例如，回收得到杭州市江干区的有效问卷为 8 份，被调查者对“政府对基础教育方面承诺的履行程度”这一问题的打分分别为 6 分、4 分、3 分、5 分、4 分、5 分、5 分、5 分，则杭州市江干区在这一题上的得分为（6 +4 +3 +5 +4 +5 +5 +5）/8 =4.625 分。在此基础上，课题组对每个维度的测度指标进行因子分析，抽取因子值作为解释变量进行回归分析。回归分析的结果如表 5 –3 至表 5 –5 所示。

表 5 –3　模型汇总

R	R^2	调整 R^2	标准估计的误差	D. –W.
0.792	0.627	0.613	0.62198961	1.977

表 5 –4　Anova

模型	平方和	df	均方	F	Sig.
回归	72.057	4	18.014	46.564	0.000
残差	42.943	111	0.387		
总计	115.000	115			

表 5 –5　系数

模型	非标准化系数		标准化系数	t	Sig.	共线性统计量	
	B	标准误	Beta			容许度	VIF
常数项	2.549E –16	0.058		0.000	1.000		
公务员素质	0.035	0.097	0.035	0.364	0.716	0.359	2.786

续表

模型	非标准化系数		标准化系数	t	Sig.	共线性统计量	
	B	标准误	Beta			容许度	VIF
政府能力	0.200	0.086	0.200	2.333	0.021	0.459	2.180
制度环境	0.368	0.103	0.368	3.553	0.001	0.314	3.182
信用文化	0.325	0.073	0.325	4.444	0.000	0.629	1.589

因变量：地方政府信用。

总体上看，回归方程的的决定性系数达到了0.627，$F=46.564$，$p=0.000<0.05$，拒绝零假设；另一方面，方程的D. W. 统计值为1.977，十分接近2，表明方程不存在自相关性；方程各系数的容许度均大于0.1，方差膨胀因子（variance inflation factor，VIF）均小于10，表明回归模型不存在多重共线性；运用Eviews 6.0分析得出方程的White检验统计量为9.238，未达到统计显著性水平，表明方程不存在异方差性问题。综上所述，回归方程线性关系是显著的，且对地方政府信用具有较强的解释力。

从各个变量的回归系数来看，制度环境回归系数的绝对值最大，达到了0.368，反映出在当下的中国制度建设的确对地方政府信用水平具有最强烈的影响。信用文化回归系数的绝对值次之，可见文化对地方政府信用水平的影响虽不及制度环境，但也是一个十分重要的解释变量，政府信用建设不可忽视信用文化的营造和培育。政府能力的回归系数再次之，但也有0.200，表明政府能力的强弱对于县级政府能否顺利履约践诺还是具有较强的影响。最后，公务员素质回归系数的绝对值最小且不显著，反映出公务员素质对地方政府信用几乎没有什么直接影响，但公务员素质可能会通过作用于政府能力等其他因素而间接地影响地方政府信用水平。根据多元线性回归分析的结果，假设1被否定，假设2、假设3及假设4得到证实。

四、地方政府信用影响因素作用机理的路径分析

虽然以上大部分因素对地方政府的信用水平都具有统计显著性的影响，但每个因素影响地方政府信用的路径和方式却未必相同，有的因素除了直接影响地方政府信用以外，可能还会通过作用于其他因素从而间接地影响地方政府信用。回归分析可以指明各因子之间的作用方向，却无法进一步指出这种作用的路径和方

式。这就需要引入路径分析的方法来深入揭示各因素影响地方政府信用的具体机理。概括而言，路径分析是回归分析的进一步深化和继续，旨在将一些简单相关系数分解为许多部分，以显示某一自变量对因变量的直接作用和间接作用效果，在某种程度上可以弥补回归分析的不足。

政府宏观公共行政能力是与政府的公共行政职能和公共行政权力的设定紧密联系在一起的，而现代各国政府的公共行政职能和公共行政权力的设定由于各国在宪法原则、历史传统、发展水平、法外制度等方面存在较大的差异亦存在明显的不同。[①] 所以，政府能力的强弱与其所处制度环境有着紧密的联系。例如，一般而论，在法律上和实际运作上都获取了强大公共行政权力的政府通常公共行政作为的空间比较广大，相应地公共行政的能力亦比较强。[②] 再如，1994 年我国进行分税制财政体制改革后，中央政府的财力迅速增强，地方政府尤其是基层政府财力的严重萎缩，从而对中央政府的能力、地方政府的能力产生了截然相反的重大影响。此外，研究表明公务员素质不高是影响地方政府有效履行职能的中度影响因素。[③] 因而，公务员素质特别是领导者素质的提升将有利于政府更加科学、理性地运行，进而促进政府能力的提高。而公务员素质则与一个地区的制度环境及文化环境息息相关，法规制度主要从外部框定了公务员的“激励结构”，完善的法规制度会鞭策公务员勤勉敬业、清正廉洁，为公共利益而努力工作，文化环境则在无形中塑造着公务员的才智、能力和内在涵养。综上所述，可提出假设 5、假设 6、假设 7 及假设 8：

H_5：制度环境对政府能力具有显著性影响。

H_6：公务员素质对政府能力具有显著性影响。

H_7：制度环境对公务员素质具有显著性影响。

H_8：信用文化对公务员素质具有显著性影响。

结合假设 1 至假设 4 的验证情况，便可以构建出如图 5－1 所示的政府信用路径分析理论模型。在此基础上，课题组将采用 AMOS18.0 统计软件进行路径分析。

① 张国庆：《公共行政学》，北京大学出版社 2007 年版，第 502 页。

② 张国庆：《公共行政学》，北京大学出版社 2007 年版，第 503－504 页。

③ 刘俊生：《地方政府有效履行职能的影响因素分析》，浙江工商大学学报 2010 年第 5 期，第 76 页。

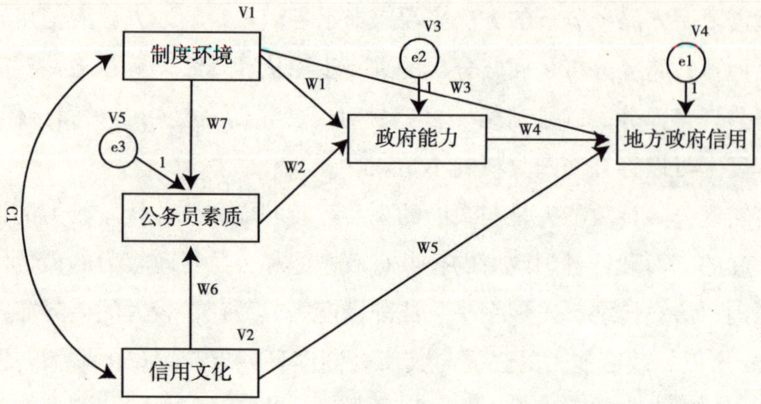

图5－1　政府信用路径分析理论模型

把数据文件导入 AMOS18.0 统计软件并进行运算后便可完成路径分析，图5－2为标准化的估计值模型，具体拟合结果如表5－6至表5－18所示。其中表5－6至表5－15为模型整体适配度的统计量摘要。从表5－6可知，整体模型适配度检验的卡方值在自由度等于2时为0.329，显著性概率值 $p=0.848>0.05$，未达到0.05显著水平，接受虚无假设，表示理论模型与样本数据间可以适配。再从其他适配度指标来看，卡方自由度比值（CMIN/DF）为0.164<2.000，CN值=2097>200，RMSEA值=0.000 <0.050，GFI值=0.999>0.900，AGFI值=0.991>0.900，NFI值=0.999，RFI值=0.995，IFI值=1.005，TLI值=1.024，CFI值=1.000均大于0.900的标准，FMIN值=0.003，接近0.000，预设模型的AIC值、BCC值、BIC值、CAIC值、ECVI值均小于独立模型的数值，也小于饱和模型的数值，表示整体模型的适配情形良好，本研究所提出的假设模型与实际数据可以适配。表5－16为采用极大似然法估计的各路径系数值，7个直接效果的路径系数均在0.01的水平上高度显著，表明模型中各个变量之间的直接作用效果均十分显著，由此假设5、假设6、假设7及假设8均得到证实。表5－17为3条结构方程式的多元相关系数的平方，即复回归分析中的决定性系数（R^2），表示“公务员素质”、“政府能力”、“地方政府信用”3个内因变量被其外因变量所能解释的变异百分比。从表5－17可见，“公务员素质”、“政府能力”、“地方政府信用”3个内因变量在模型中均得到了比较好的解释，R^2最小的也有0.540。表5－18为课题组整理而成的政府信用路径分析各项效果值一览表，表中数值均为标准化的路径系数。在考虑到各个变量对地方政府信用的间接作用之后，制度环境对地方政府信用的总体影响依然是最大的，完善的制度环境不仅直接有助于提升政府信用水平，还会通过作用于政府能力、公务员素质从而间接地促进地方政府信用水平的提高。因为，由正式制度有机联系而成的制度环境不仅自身发挥着重要的作用，还“能够补充和强化非正式约束的有效性，能降低信息、监督及实施的成本”。① 这从制度环境与信用文化之间较高的相关系数便可见一斑。从表 5 - 18 可知，一个地区在制度环境方面的因子得分每提高 1 个单位，政府信用水平便会提升 0. 529 个单位。信用文化、政府能力、公务员素质对政府信用的总体影响依次减弱。其中，信用文化除了直接影响政府信用以外，还能通过影响公务员素质间接改善政府信用状况，而政府能力和公务员素质影响政府信用的路径均只有一条。此外，制度环境不仅对政府信用的影响最大，对政府能力和公务员素质的影响强度也超过了其他解释变量。

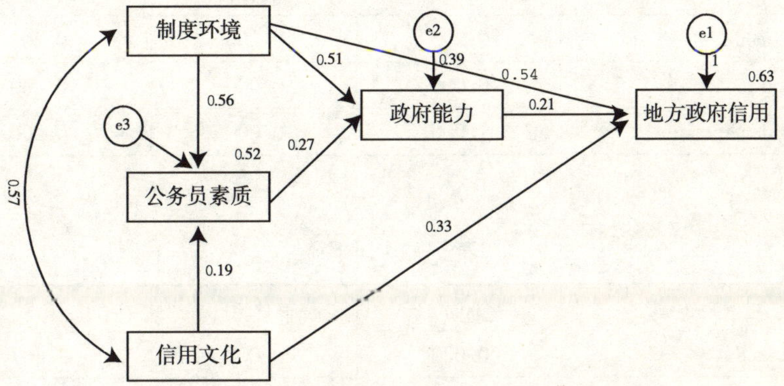

图 5 - 2　政府信用路径分析标准化估计值模型

表 5 - 6　CMIN

Model	NPAR	CMIN	DF	P	CMIN/DF
Default model	13	0. 329	2	0. 848	0. 164
Saturated model	15	0. 000	0		
Independence model	5	360. 282	10	0. 000	36. 028

表 5 - 7　RMR，GFI

Model	RMR	GFI	AGFI	PGFI
Default model	0. 007	0. 999	0. 991	0. 133
Saturated model	0. 000	1. 000		
Independence model	0. 523	0. 375	0. 062	0. 250

① ［美］道格拉斯·诺思：《制度、制度变迁与经济绩效》，格致出版社、上海三联书店、上海人民出版社 2008 年版，第 64 页。

表 5－8 Baseline Comparisons

Model	NFI Delta1	RFI rho1	IFI Delta2	TLI rho2	CFI
Default model	0.999	0.995	1.005	1.024	1.000
Saturated model	1.000		1.000		1.000
Independence model	0.000	0.000	0.000	0.000	0.000

表 5－9 Parsimony－Adjusted Measures

Model	PRATIO	PNFI	PCFI
Default model	0.200	0.200	0.200
Saturated model	0.000	0.000	0.000
Independence model	1.000	0.000	0.000

表 5－10 NCP

Model	NCP	LO 90	HI 90
Default model	0.000	0.000	2.407
Saturated model	0.000	0.000	0.000
Independence model	350.282	291.938	416.045

表 5－11 FMIN

Model	FMIN	F0	LO 90	HI 90
Default model	0.003	0.000	0.000	0.021
Saturated model	0.000	0.000	0.000	0.000
Independence model	3.133	3.046	2.539	3.618

表 5－12 RMSEA

Model	RMSEA	LO 90	HI 90	PCLOSE
Default model	0.000	0.000	0.102	0.884
Independence model	0.552	0.504	0.601	0.000

表 5－13　AIC

Model	AIC	BCC	BIC	CAIC
Default model	26. 329	27. 760	62. 125	75. 125
Saturated model	30. 000	31. 651	71. 304	86. 304
Independence model	370. 282	370. 833	384. 050	389. 050

表 5－14　ECVI

Model	ECVI	LO 90	HI 90	MECVI
Default model	0. 229	0. 243	0. 264	0. 241
Saturated model	0. 261	0. 261	0. 261	0. 275
Independence model	3. 220	2. 713	3. 792	3. 225

表 5－15　HOELTER

Model	HOELTER（0. 05）	HOELTER（0. 01）
Default model	2097	3223
Independence model	6	8

表 5－16　Regression Weights

	Estimate	S. E.	C. R.	P
公务员素质→政府能力	0. 269	0. 100	2. 704	0. 007
政府能力→地方政府信用	0. 207	0. 082	2. 533	0. 011
制度环境→公务员素质	0. 662	0. 070	9. 458	0. 000
制度环境→政府能力	0. 507	0. 100	5. 096	0. 000
制度环境→地方政府信用	0. 386	0. 089	4. 325	0. 000
信用文化→公务员素质	0. 192	0. 070	2. 749	0. 006
信用文化→地方政府信用	0. 331	0. 070	4. 751	0. 000

表 5－17 Squared Multiple Correlations

	Estimate
公务员素质	0.621
政府能力	0.540
地方政府信用	0.625

表 5－18 政府信用路径分析各项效果值一览表

	直接效果	间接效果	总效果值
公务员素质→地方政府信用	—	0.056	0.056
公务员素质→政府能力	0.269	—	—
政府能力→地方政府信用	0.207	—	0.207
制度环境→地方政府信用	0.387	0.142	0.529
制度环境→政府能力	0.507	0.178	0.685
制度环境→公务员素质	0.662	—	0.662
信用文化→地方政府信用	0.332	0.011	0.342
信用文化→政府能力	—	0.052	0.052
信用文化→公务员素质	0.192	—	0.192

第二节 各国中央政府信用影响因素的实证研究

地方政府信用固然重要，但中央政府信用更具有全局性的重大影响，直接代表着一个国家的形象。在本节中，课题组将转而分析全球范围内决定各国中央政府信用水平的主要影响因素。

一、各国中央政府信用影响因素的单元回归分析

委托—代理理论是制度经济学契约理论的主要内容之一，其主要研究的委托—代理关系是指一个或多个行为主体根据一种明示或隐含的契约，指定、雇用另一些行为主体为其服务，同时授予后者一定的决策权利，并根据后者提供的服

务数量和质量对其支付相应的报酬。授权者就是委托人，被授权者就是代理人。以这种观点来看，公众与政府之间存在一个隐含的政治委托—代理的契约，两者之间的关系是一种以行政权为中心的典型的委托—代理关系：公众将行政权委托给政府行使，同时期望获得能维持其利益的公共产品，如维护秩序、保护产权、提供公共设施等。政府代理公众行使政权，并通过履行职责获得相应的利益；政府作为一个组织，通过履行其职责得以继续存在和发展；政府官员作为真正的利益主体，获得工资、地位、荣誉和其他利益。根据这一理论，政府信用主要体现为政治代理人履行契约的程度，在实践中具体表现为政府对法定职责和承诺的实现程度。这种界定与世界银行全球政府治理研究数据库中政府有效性的定义基本一致，① 因此课题组将直接使用政府有效性指标代表各国或地区的政府信用水平，简称为政府信用度。以此为基础，课题组将使用从全球政府治理研究数据库（2008 年案例）和《国际统计年鉴（2010）》中获取的数据，运用 Eviews 6.0 和 SPSS 18.0 软件对全球不同国家和地区政府信用案例的有效横截面数据进行回归分析，以检验相关因素对政府信用的影响，并探究其作用强度。

1. 正式制度。在制度不健全的情况下，失信官员将得到比守信官员更多的收益，守信官员在多次遭遇“劣币驱逐良币”的逆向激励后，也将被迫调整策略，加入失信官员的行列，从而导致政府信用不断恶化。因此，只有加强各项正式制度的建设，通过改变官员的“激励结构”，使失信成本不断上升，才可能确保政府部门及其官员为公共利益而工作，从而促进政府信用水平的提升。

在世界银行全球政府治理研究数据库中，法治化程度指标被定义为“各机构对社会规则的信心和遵守程度，特别是合同实施、产权保护的情况及警察部门、司法部门的品质，以及犯罪和暴力的可能性”。该指标充分反映了一个社会正式制度的完备程度。从经验上看，法治化程度与政府信用度有着非常紧密的关系，两者相关系数高达 0.918。令 L = 法治化程度，GT（government trustworthiness）= 政府信用度，其回归关系表达式为（$N=205$）：

① 世界银行开发的全球政府治理研究数据库包含民主参与性、政治稳定性、政府有效性、管理质量、法治化程度和腐败可控性 6 项指标。其中政府有效性的定义为“公共服务的质量，公务员制度的质量及其独立于政治压力的程度，政策制定和实施的品质，以及政府承诺的可靠性”，相当于通常意义上的政府信用，因此可被视为是对政府信用水平的衡量。数据库的数据来源于对公司和个人的调查，以及商业风险评估机构、非政府组织和多边援助机构的评估，最终这 6 项指标由来自 25 个组织的 31 个数据来源的 276 个独立变量通过非观测成分模型合成而得，取值范围为 0－100。

$$GT = 4.214 + 0.923L \tag{1}$$

方程（1）所给出的法治化程度对政府信用的决定性系数高达0.843，$F=1091.987$，且回归系数的p值均在$\alpha=0.05$的水平上显著。同时方程（1）的D. W.统计值为2.160，表明方程不存在自相关性；White检验的统计量为0.380，未达到统计显著性水平，表明方程不存在异方差性问题。综上所述，回归方程线性关系是显著的，可见正式制度对政府信用的影响极其显著。

2. 公共信息。许多学者认为，信用问题在很大程度上就是一个信息问题。政府官员不会因为手握公权力而自然地享有比常人更高尚的道德，而且政府运作的专业化和政府地位的特殊性使政府信用关系中信息不对称现象具有绝对性。这就造成政府官员极易受自利性驱使而采取机会主义策略。

在实践中，一个社会平均意义上的信息完备与对称程度，可以用信息透明度或信息不透明度来衡量。根据美国米尔肯研究所（Milken Institute）发布的2008年国家不透明指数的48个经济体样本①，对照全球政府治理研究数据库中的腐败可控性指标，可发现两者呈较大程度的负相关性（相关系数为-0.897）。

既然信息不对称是政府信用缺失的重要原因，那么反之，充足的信息也将是政府信用水平提升的主要动力。考虑到腐败可控性与信息不透明度的这种反向关系，以及“信息透明度=100-信息不透明度”的转换关系，结合腐败控制理论（阳光，即公开和透明是最好的防腐剂），本研究将用腐败可控性来近似地代表信息透明度指标，旨在在更大范围内考察信息与政府信用之间的内在联系。令C_g=政府信用度，T=信息透明度，可得到如下回归方程（$N=205$）：

$$GT = 3.726 + 0.927T \tag{2}$$

其中，$R^2=0.841$。由分析结果可知，方程的决定性系数接近0.9，$F=1085.447$，且回归系数的p值均在$\alpha=0.05$的水平上显著，但是方程的*White*检验统计量在$\alpha=0.01$条件下达到了统计显著性水平，可见方程存在严重的异方差性。为了解决异方差问题，本研究分别以1/*T*^2，1/*T*，1/*T*^0.5，1/*T*^0.25，1/RESID，1/ RESID ^2为权重，采用加权最小二乘法对原方程进行处理。运算结果表明，当权重为1/*T*时，White检验统计量未达到统计显著性水平，最终得到的

① 国家不透明指数是指在商业、金融和政府管理过程中存在的缺乏清楚、准确、正式、明白的实践准则，所依据的是五个不同领域中影响资本市场透明度的数据。数据来自 http：//www. kurtzman-group. com/pdf/InstituteOpacityIndex_ Apr8. pdf。

回归方程如下：

$$GT = 1.920 + 1.012T \quad (3)$$

此时，$R^2 = 0.787$，$F = 747.911$，D. W. 统计值为 1.914，且回归系数的 p 值均在 $\alpha = 0.05$ 的水平上显著，所以拒绝零假设，回归方程线性关系是显著的。信息透明程度对政府信用的作用显而易见。

3. 经济利益。博弈论的研究表明，基于共同利益的重复博弈是信用形成的重要动力源泉，追求长远利益的动机自始至终是信用形成的正面激励机制（Fudenberg 和 Tirole，1992；Kreps，1990；张维迎，2002）。这种利益机制将使政府在与公众的博弈中选择守信，从而促进市场贸易的活跃，推进一国的经济发展，进而创造出更大的国民总收入，而且在相同比例下，政府也能从国民总收入中分得更大一份蛋糕。因此，人均国民总收入（Per Capita Gross National Income）可以近似地衡量重复博弈的利益机制对政府信用的影响。

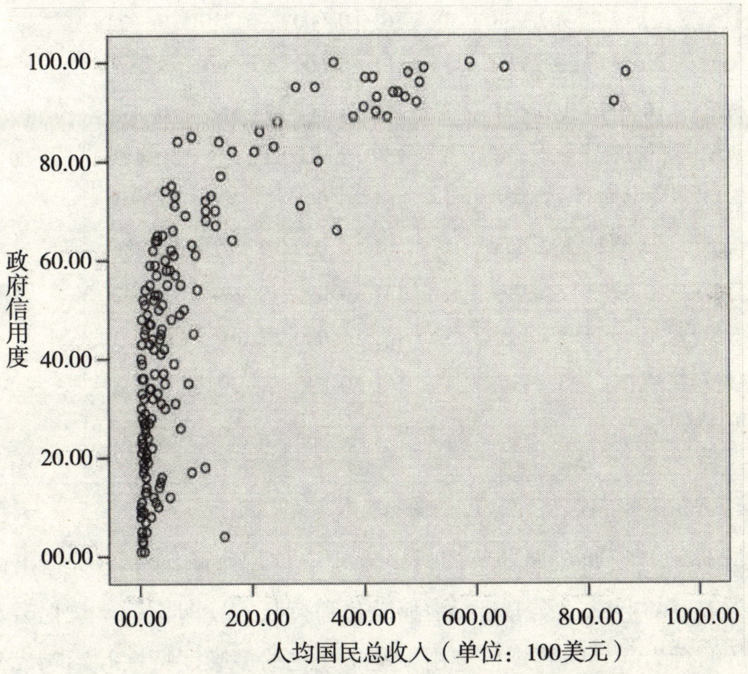

图 5－3　人均国民总收入与政府信用关系散点图①

图 5－3 部分证实了上面的推测（相关系数为 0.731），并表明政府信用度与

① 这里的人均国民总收入为 2008 年数据，数据来自《国际统计年鉴 2010》。

人均国民总收入的相互关系不是简单的线性关系，而是具有正相关的曲线关系。利用 SPSS 18.0 统计软件进行模型拟合优度比较（$N=163$），可看出对数函数和三次函数模型的决定性系数比其他函数模型的决定性系数高出很多（见表 5－19），所以选择这两个函数模型构建回归方程。但经过回归系数的显著性检验后，可发现对数函数模型中常数项的回归系数没有达到显著性水平（$p=0.118$），而三次函数模型中所有参数均高度显著，因此选用三次函数模型拟合政府信用度与人均国民总收入的关系，其表达式为 $GT=0.413\times \text{GNI Per Capita}-0.001\times(\text{GNI Per Capita})^2+(4.85E-007)\times(\text{GNI Per Capita})^3+24.921$。

表 5－19　曲线估计综合输出结果

函数模型	模型概况					参数估计			
	决定性系数	*F* 值	自由度 1	自由度 2	显著性水平	常数项	b1	b2	b3
对数函数模型	0.653	302.738	1	161	0.000	－5.210	14.771		
逆函数模型	0.281	63.076	1	161	0.000	57.596	－128.380		
二次函数模型	0.637	140.621	2	160	0.000	28.880	0.264	0.000	
三次函数模型	0.663	104.074	3	159	0.000	24.921	0.413	－0.001	4.85E－007
复合函数模型	0.256	55.485	1	161	0.000	27.307	1.003		
幂函数模型	0.452	132.563	1	161	0.000	9.087	0.386		
S 曲线模型	0.337	81.922	1	161	0.000	3.930	－4.420		
生长函数模型	0.256	55.485	1	161	0.000	3.307	0.003		
指数函数模型	0.256	55.485	1	161	0.000	27.307	0.003		
Logistic 函数模型	0.256	55.485	1	161	0.000	0.037	0.997		

注：自变量为人均国民总收入（单位：100 美元），应变量为政府信用度。

4. 文化环境。正如在上一节探讨地方政府信用影响因素时所指出的，文化在共同行为规范的形成过程中起着潜移默化和持久的导向作用。文化会对行政机构及其成员的行为起到引导规范作用。鉴于文化的多维度特性和影响成分的复杂性，要直接测定文化总体对政府信用的贡献几乎是不可能的，但这并不否认从文化的单一维度去考察文化对政府信用实际贡献的现实意义。例如，宗教作为文化的一个重要方面，对人们的价值观有重大影响，宗教及其信仰自由历来是不同国家和地区文化差异最基本的一个方面。

姚明龙（2005）根据 freedomhouse 国际组织 2003 年的全球宗教信仰自由程度分类榜，以宗教信仰不自由为参照类，结合经济发展水平（以人均 GDP 表示），对政府信用度进行了回归分析。结果表明，给定经济发展水平，宗教信仰中度自由国家的政府信用度要比宗教信仰不自由国家的政府信用度高 8.598%，宗教信仰高度自由国家比宗教信仰中度自由国家的政府信用度要高 18.593%。[①]文化对政府信用的影响由此可见一斑。

二、各国中央政府信用影响因素的多元回归分析

政府信用不仅受以上因素的单独影响，而且也受到它们的联合制约，这类似于人们常说的木桶原理。结合可收集到的数据，通过借鉴柯布—道格拉斯生产函数和姚明龙对信用成长环境依赖的结构性分析的方法，可假设政府信用发展状态呈以下关系式（N = 163）：

$$\mathrm{GT} = A \times I^{\alpha} \times L^{\beta} \times T^{\gamma} \qquad (4)$$

其中，GT 为政府信用度；A 为常数项，代表文化环境这个难以量化的因素；I 为经济利益，由人均国民总收入衡量；L 为正式制度，由法治化程度衡量；T 为信息透明度，由腐败可控性替代加以衡量。α、β、γ分别为变量 I、L、T 所对应的弹性系数，用于衡量相应变量对政府信用度的不同贡献率。

对方程（4）两边取自然对数并进行多元回归运算，结果变量 I、L 和 T 都进入方程，可得下式：

$$\ln(\mathrm{GT}) = 4.669 + 0.017\ln(I) + 0.463\ln(L) + 0.411\ln(T) \qquad (5)$$

其中，$R^2 = 0.865$，D. W. 统计值为 1.988，非常接近 2，表明方程不存在自相关性；方程各系数的容许度均大于 0.1，方差膨胀因子均小于 10，表明该回归模型不存在多重共线性。其他参数见表 5 - 20。

还原（5）得：

$$\mathrm{GT} = 106.540 \times I^{0.017} \times L^{0.463} \times T^{0.411} \qquad (6)$$

方程（5）对政府信用度的整体解释力很强，$F = 338.487$，$p = 0.000 < 0.05$，拒绝零假设，而且变量 L、T 及 I 的 t 值较大，显著性十分明显。该回归模型表明，正式制度、公共信息及经济利益对政府信用均具有统计显著性的影响，一个

① 姚明龙：《信用成长环境研究》，浙江大学出版社 2005 年版，第 22 - 23 页。

国家的法治化程度每提升1个单位，中央政府信用度即提升0.463个单位；信息透明度每提升1个单位，中央政府信用度即提升0.411个单位；人均国民总收入每提升1个单位，中央政府信用度即提升0.017个单位。此外，代表文化环境的常数项也达到了统计显著性水平。由此可见，正式制度对政府信用的影响最大，公共信息的影响次之，而经济利益和文化环境这两个因素对政府信用的影响相对较小，可能更多地是通过作用于正式制度和公共信息等其他因素而间接地影响政府信用的。

无论是对地方政府信用影响因素的分析，还是对各国中央政府信用影响因素的考察，回归分析的结果都表明法规制度是影响政府信用水平的最关键因素。这启示我们，在进行政府信用建设时，应该牢牢抓住制度建设这个“牛鼻子”，以此为切入点全面推进信用制度建设，完善各项法律法规，改革陈腐过时的体制机制。

表5-20 中央政府信用多元线性回归分析系数

模型	非标准化系数		标准化系数	t	Sig.	共线性统计量	
	B	标准误	Beta			容许度	VIF
常数项	4.669	1.809		2.581	0.011		
法治化程度	0.463	0.086	0.459	5.387	0.000	0.117	8.531
信息透明度	0.411	0.084	0.408	4.925	0.000	0.124	8.045
人均国民总收入	0.017	0.007	0.101	2.329	0.021	0.451	2.215

注：应变量为政府信用度。

第六章　政府信用与政府绩效关联性的结构方程模型研究

良好的政府信用和高水平的政府绩效是一个社会不断发展的重要基础。只有政府保持较高的信用和绩效水平，才能规范社会秩序，推动社会进步。但在现实中，我国政府尤其是地方政府还普遍存在信用缺失和效率低下的现象，由此带来了许多社会问题。本章将聚焦于政府信用与政府绩效的内在关联性，设定地方政府信用为外生潜变量，地方政府绩效为内生潜变量，依托相关理论构建地方政府信用与地方政府绩效关联性的结构方程理论模型。以采集得到的数据为基础，运用 AMOS18.0 统计软件进行结构方程分析，构建地方政府信用与地方政府绩效关联性的初始结构方程模型，并进行评价与修正，最终建立地方政府信用与地方政府绩效关联性的结构方程模型。

第一节　政府信用与政府绩效关联性的结构方程理论模型构建

以往对信用与绩效关系的研究主要聚焦于私营组织，学者们从商业、金融等方面研究信用问题，并探讨信用对绩效的影响。

对所有组织而言，组织可信度是提高生产率并使工作有意义的前提条件（Hodson，2004）。Leana 和 Van Buren（1999）具体指出高水平的组织可信度可以起到使员工进行组织承诺，积极自豪地工作并付出额外努力去实现组织目标的作用。通过加强组织信用建设，提高组织的可信度是否有利于实现组织绩效的提高一直是管理学和经济学中一个引人注目的重要研究问题。后续实证研究基本都证实了组织可信度对于提升组织绩效的积极意义。通过对美国、日本和韩国 344

对供应商与汽车制造商交易关系的调查分析，Dyer 和 Chu（2003）发现汽车制造商的可信度有助于其减少交易成本，从而改善了其盈利状况，提高了财务绩效。Frenkel 和 Orlitzky（2005）通过对澳大利亚劳资关系调查数据的分析，发现相较于制造业，在服务业中组织的可信度更能引起员工对管理层的信任，而较高的信任度有助于工作场所劳动生产率更快的提高。

企业声誉理论是西方企业管理理论的一个重要组成部分。国外在企业声誉（包括信誉）对企业绩效的影响方面积累了丰富的研究成果，从另一个侧面证明了信用对于组织发展的重要性。不同学者的研究几乎都得到了相同的结论，即：企业未来财务业绩和企业声誉正相关，企业声誉对企业的财务业绩有很强的促进作用。Fombrun 和 Van Riel（1997）认为好的声誉会提升顾客对企业产品和服务的信心，并促使其作出购买决定。通过培育顾客忠诚度，企业可以赢得价格优势和高的购买率，从而提升企业财务业绩。相关实证研究证明了这一因果关系的存在。Roberts 和 Dowling（2002）以《财富》杂志全美最受尊敬企业数据库中的声誉数据为基础，通过建立比例风险回归模型（proportional hazards regression models），研究了企业声誉和财务业绩之间的动态关系。研究结果表明，企业声誉对企业利润有非常强的影响，拥有良好声誉的企业在获得竞争优势和更高的产出方面所花的时间要少。另外，声誉对企业财务业绩的影响具有延续效应（the Delaying Effect），能够使得企业保持良好财务业绩的时间延续得更长。Kotha 等（2001）以互联网业 50 强公司为样本的研究发现，信誉建设行为影响企业财务业绩和产品的市场表现，因而是决定公司竞争成败的关键因素之一。从基于资源的观点出发，Michalisin 等（2000）发现公司拥有和控制信誉等战略资产，可以获得持久竞争优势并赚取超额利润。另一方面，企业声誉对企业绩效的市场价值维度也有显著的影响。Black 等（2000）对企业的市场价值、账面价值、盈利能力和声誉之间的关系进行了考察。他们的结论是在声誉上的 1 分之差就相当于 5 亿美元的企业市值。他们进一步指出，“声誉所蕴涵的无形资产不仅仅在当前被看做是对企业的贡献，而且也因此被投资者看做是一笔财富”。Brammer 等（2004）运用 Management Today 对来自英国的企业董事和分析师所作的调查，检验了企业声誉和股票收益之间的关系。研究表明投资于声誉得分显著上升的企业股票的投资者能够获得超常收益，而且，当运用恰当的比较基准时，声誉分数下降的企业不管是长期还是短期都不存在超常收益。

国内学者对上市公司声誉的研究得出了与西方学者一致的结论。肖海莲、胡挺（2007）以2004年1261家上市公司为研究对象，实证结果表明公司声誉对公司绩效产生了显著的正面效应。郑秀杰、杨淑娥（2009）采用事件研究法和回归分析法，利用中国上市公司数据对公司后续财务绩效与公司声誉的关系进行了实证检验。研究发现，取得声誉公司的后续财务绩效显著高于未取得声誉的对照组公司，公司声誉越好，其后续财务绩效越高，而且良好的公司声誉会降低后续财务绩效对前期财务绩效的敏感度。

此外，国内学者还开展了企业经济信用与绩效关系的研究。张惠、张茂德（2003）指出上市公司的债务结构与公司治理绩效之间存在密切的逻辑关系。他们通过实证分析得出流动负债总额对公司绩效的提高起到了积极作用，而长期负债对公司绩效没有产生显著影响。江乾坤、宋玉华（2003）选取民企中的A股与中小板块上市公司为样本进行相关回归分析，研究显示商业信用比例的回归系数均显著成正值，可见商业信用促进企业绩效的提高。王虹等（2009）采用结构方程模型分析我国制造业上市公司信用结构（商业信用、银行信用和证券信用）对企业绩效（市场绩效和财务绩效）的影响。研究验证了商业信用对企业绩效具有正面效应的观点。同时，实证研究也得出与以往研究不一致的结果：银行信用对企业绩效具有负面效应；证券信用对企业市场绩效具有正面效应，但对企业财务绩效影响不显著。进一步分析还发现企业绩效与银行信用的期限结构有关，长期银行信用对企业绩效具有正面效应。

一、政府信用与政府绩效的关系

资源基础理论（the resource - based view）是战略管理研究领域解释公司之间绩效差异的最主要理论之一（Barney 和 Arikan，2002）。具体而言，在战略管理中，资源逻辑用于分析理解公司与行业的影响、特定的资源和能力对绩效的影响，以及企业和公司战略、国际战略和战略联盟。资源基础理论的基本原理是一个公司竞争优势的基础主要来自于该公司对其所支配的有价值资源的运用（Rumelt，1984；Wernerfelt，1984）。企业所投入的资源有助于其正常开展业务营运并顺利完成各项活动（Amit 和 Schoemaker，1993；Black 和 Boal，1994；Grant，1995）。所以，不同公司所表现出的绩效差异其实是资产异质性的结果（Helfat 和 Peteraf，2003）。为了获取持久的的竞争优势，企业必须努力掌握并充分运用稀缺的、有价值的、难以模仿且不可替代的资源。而这种资源在属性上既可以是有形的，也可以是无形的。自资源基础理论兴起以来，多种不同的方法已被用于检验企业所拥有的资源对其绩效的影响，包括大型抽样调查、小样本调查、案例研究和仿真模拟。总体而言，实证结果符合资源基础理论的预期。其实，上文提及的组织可信度、企业声誉对企业绩效的影响研究也可以视为是对资源基础理论的检验。因为，像企业声誉等这一类特定的资源，具有路径依赖的性质并且是随着时间的推移逐渐积累的，竞争对手很难完美地仿制这种资源（Santala 和 Parvinen，2007；Zander 和 Zander，2005），所以，组织可信度、企业声誉等无形的资产本身就是一个组织重要的战略资源。Itami（1987）就指出无形资产是竞争力和适应性的真正源泉，因为它们的积累既困难又耗费时间，并可以同时以多种方式应用于组织业务活动的输入端和输出端。在现代社会中，信用是一种重要的虚拟资本，是资源和财富（吴晶妹，2009）。作为公共部门组织的政府，虽然与企业等私营组织有很大差别，但首先也是一种组织，其赖以生存和发展的资源与一般组织所倚重的资源应具有某些共同的特征。加之在中国地方政府官员为了在政治锦标赛体制中脱颖而出从而得到提拔晋升更是加剧了政府间的竞争。因此，拥有并维持政府信用这种稀缺宝贵资源的政府其软竞争力将强于缺乏这种资源的政府，并会在与其他各方面条件基本相同的政府的竞争中取得竞争优势从而实现较高的政府绩效。这一点从学者有关政府信用作用的论述中也可以得到充分的证明。总的来说，政府信用不仅是政府得以存在的基础，也是发展经济、维护社会稳定的基本要素，同是也是推动政府改革、提升政府效率的直接动力（周伟贤，2010）。一方面，政府信用可以促进经济发展。市场经济是一种法制型经济，是一种依靠秩序、规则、信用维系其存在与运行的经济（王和平，2003）。因此，信用是市场经济最主要的道德支柱，作为社会信用体系核心的政府信用自然也是市场经济道德支柱的重要内涵。市场经济的发展历程表明，政府信用对于经济发展的效应是非常显著的：高度的政府信用会稳定人们的心理预期，稳定经济发展秩序，降低经济过程的交易成本，促进市场化进程；反之则反是（章延杰，2007）。制度经济学研究表明，公共政策不能朝令夕改，只有稳定的公共政策才能降低社会交易成本、促进经济持续增长、提高国民福利（科斯等，1991）。同时，政府信用也是一个地区招商引资的“金字招牌”，对于优秀企业和各类人才具有强大的吸引力，从而有利于先进生产要素流入本地区。另一方面，政府信用可以促进社会稳定。美国社会学家彼得·布劳指出："一般说来，一个合法政府的政治权威由它的支持者们所给予的对权力'信用'的某种批准而构成。这意味着，该政府具有使用权力的委任状，它是在社区中暂时随它的意思而批准的，不需要解释每一项单项决定。运用它的权力委任状或信用卡对它的支持者们的福利作贡献的政府，倾向于加强他们对它的合法化赞同，而滥用他的权力批准书的统治者有可能失去使它的统治合法化的政治支持，因此也有可能失去他的政治统治，除非它诉诸维持它的强制。"可见，政府信用直接牵涉到政府的"合法性"问题。甚至可以说，政府信用度决定了政治合法性程度，政府信用是政府政治统治的重要生命线（章延杰，2007）。所以，政府信用直接关系到官民之间的和谐问题，而在中国社会的和谐归根到底主要还是官民之间的和谐（包兴荣、牛存勇，2006）。此外，只有政府讲诚信、讲信用，才能营造一个公平、公正的社会环境，协调好各种社会关系，解决好各种社会矛盾（姜仁良，2007）。因此，政府信用对能否维持稳定的社会局面具有举足轻重的作用。刘伟（2008）在定量研究政府信用与政府绩效的关系方面做出了初步的探索。他对北京、上海等47个城市进行了实证调查，并运用LISREL软件进行了结构方程分析，分析显示两者之间存在着密切的因果关系，政府信用水平提升，政府绩效水平也会随之提升。基于以上说明，可提出如下假设：

H_1：地方政府信用水平的提升会导致地方政府绩效水平的提升。

下文将具体论述地方政府信用的两个维度与地方政府绩效的关系，并提出支撑概念模型的若干基本假设。

二、行政管理信用与政府绩效的关系

基于联邦人力资本调查的数据，Cho和Ringquist（2011）的研究发现公共部门管理者的可信赖性（trustworthiness of managerial leadership），即管理者的个人信用，对工作小组的绩效有直接显著正向的影响，而且管理者的个人信用还通过作用于员工满意度及合作行为间接促进工作小组绩效的提升。在一个信用政府中，必定会存在许多讲求信用、以信取人的官员，能起到激励下属努力工作并营造优良组织文化的作用。同时，政府的信用形象本身也是对公务人员的一种激励和约束，鞭策他们自觉做到服务于民，取信于民（周伟贤，2010）。另一方面，政府自身在行政管理方面讲求信用，提高了对自身的治理能力，也将有助于政府更好地提供公共服务。因为，政府只有对自身实施了有效治理，才能具备治理社会的基本素质和资格，后一种能力是前一种能力的延伸和体现（方盛举，2004）。政府在外部不同领域表面出来的绩效其实是政府内部能量在不同的情境中的“迁移”和运用（汪永成，2004）。由此可见，政府信用有助于提高政府的行政管理绩效与公共服务绩效。但相关的理论探讨的文献较多，实证研究文献十分匮乏。课题组对中国学术期刊网络出版总库、中国博士学位论文全文数据库、中国硕士学位论文全文数据库的检索表明：迄今为止，尚没有学者以政府为研究对象，系统地探讨过政府的行政管理信用与政府绩效的关系。鉴于此，可提出如下假设：

H_{1a}：行政管理信用与行政管理绩效存在正相关的关系。

H_{1b}：行政管理信用与公共服务绩效存在正相关的关系。

三、公共服务信用与政府绩效的关系

政府层级的有关理论认为，政府层级的设置应该和社会经济政治发展相适应，不同层级的政府应该各有职能侧重，而县级政府则应成为提供公共服务的主角（杨妮娜，2009）。而县级政府的职能能否顺利实现，既需要从人、财、物等“有形”方面提供保障，也需要从制度、规则、信用等“无形”方面提供精神支持与动力。如果政府信用存在缺失，政府职能的实现就必然遇到阻碍。如，政府信用度低，其法令、决策就不可能得到良好的贯彻落实，就必然出现“有令不行”、“有禁不止”的现象，就会失信于民，政府行为就得不到社会和民众的信任、支持与配合，甚至还会引起政府与民众的对抗，危及政府自身的生存与发展（王和平，2003）。因此，政府信用有助于政府顺利实现其职能，从而提高政府绩效。但以往的研究尚未实证证明这一点。课题组对中国学术期刊网络出版总库、中国博士学位论文全文数据库、中国硕士学位论文全文数据库的检索表明：迄今为止，尚没有学者定量地分析过政府的公共服务信用与政府绩效的关系。鉴于此，可提出如下假设：

H_{1c}：公共服务信用与公共服务绩效存在正相关的关系。

综上所述，便可以勾勒出地方政府信用与地方政府绩效关联性的结构方程理论模型（见图6-1）。

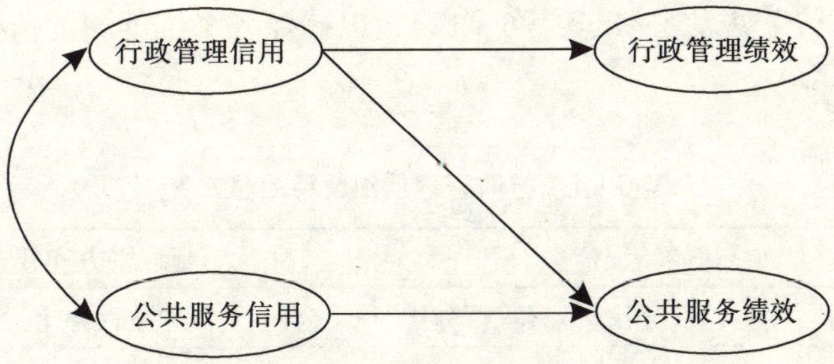

图 6－1　地方政府信用与地方政府绩效关联性的结构方程理论模型

第二节　政府信用与政府绩效关联性的结构方程模型的数据采集与指标选取

在理论模型构建完成之后，下一步的工作便是数据采集与指标选取。本章结构方程模型的数据采集是与地方政府信用评价的数据采集同步进行的。所有指标均采用7级打分法，要求被调查者对其工作所在地或籍贯所在地的县级行政区域进行1－7级的评价。问卷发放时间为2011年4月－2011年6月，共发放问卷400份，回收问卷345份，剔除不合格的63份，得到有效问卷282份，有效回收率为70.5%。这些问卷总共覆盖了116个县级行政区域。

在地方政府信用两个维度的测度指标选取方面，课题组将使用第四章筛选得到的行政管理信用与公共服务信用的测度指标作为初始指标，具体包括“政策对公众需求的回应性”、“政府工作的透明度”、“行政执法的公正性”、“政府对基础教育方面承诺的履行程度”、“政府对医疗卫生方面承诺的履行程”及“政府对社会保障方面承诺的履行程度”6个指标。由于本研究的研究对象是县级政府这一公共组织，而“公务员的诚信水平”仅仅是反映公务员个体信用道德的指标，在征求有关专家的意见之后，没有把这一指标纳入行政管理信用的观测指标。在地方政府绩效两个维度的测度指标选取方面，课题组通过参考以往相关研究所使用的政府绩效评价软指标，选取“对政府依法行政情况的满意度”、“对政府部门和公务员工作作风的满意度”、“对政府部门和公务员工作效率的满意度”、“对本地区基础教育状况的满意度”、“对本地区医疗卫生状况的满意度”、“对本地区社会保障状况的满意度”6个指标作为行政管理绩效与公共服务绩效的初始测度指标。在此基础上，课题组将对每个维度的指标进行验证性因子分析和效度检验（结果见表 6-1 至表 6-12），以确保各个维度测度指标均能较好地反映其潜在变量。

表 6-1 行政管理信用解释的总方差

成分	初始特征值			提取平方和载入		
	合计	方差百分比	累积百分比	合计	方差百分比	累积百分比
1	2.388	79.608	79.608	2.388	79.608	79.608
2	0.358	11.926	91.533			
3	0.254	8.467	100.000			

提取方法：主成分分析。

表 6-2 行政管理信用成分矩阵

	成分
	1
政策对公众需求的回应性	0.872
政府工作的透明度	0.910
行政执法的公正性	0.894

提取方法：主成分分析。

表 6-3 行政管理信用信度统计量

Cronbach's Alpha	项数
0.871	3

表 6-4 公共服务信用解释的总方差

成分	初始特征值			提取平方和载入		
	合计	方差百分比	累积百分比	合计	方差百分比	累积百分比
1	2.488	82.924	82.924	2.488	82.924	82.924
2	0.344	11.468	94.392			
3	0.168	5.608	100.000			

提取方法：主成分分析。

表6－5　公共服务信用成分矩阵

	成份
	1
政府对医疗卫生方面承诺的履行程度	0.934
政府对社会保障方面承诺的履行程度	0.923
政府对基础教育方面承诺的履行程度	0.873

提取方法：主成分分析。

表6－6 公共服务信用信度统计量

Cronbach's Alpha	项数
0.897	3

表6－7　行政管理绩效解释的总方差

成份	初始特征值			提取平方和载入		
	合计	方差百分比	累积百分比	合计	方差百分比	累积百分比
1	2.524	84.137	84.137	2.524	84.137	84.137
2	0.324	10.807	94.944			
3	0.152	5.056	100.000			

提取方法：主成分分析。

表6－8　行政管理绩效成份矩阵

	成份
	1
对政府依法行政情况的满意度	0.906
对政府部门和公务员工作作风的满意度	0.950
对政府部门和公务员工作效率的满意度	0.895

提取方法：主成分分析。

表6－9　行政管理绩效信度统计量

Cronbach's Alpha	项数
0.905	3

表 6－10　公共服务绩效解释的总方差

成份	初始特征值			提取平方和载入		
	合计	方差百分比	累积百分比	合计	方差百分比	累积百分比
1	2.432	81.066	81.066	2.432	81.066	81.066
2	0.327	10.889	91.955			
3	0.241	8.045	100.000			

提取方法：主成分分析。

表 6－11　公共服务绩效成份矩阵

	成份
	1
对本地区基础教育状况的满意度	0.883
对本地区医疗卫生状况的满意度	0.903
对本地区社会保障状况的满意度	0.914

提取方法：主成分分析。

表 6－12　公共服务绩效信度统计量

Cronbach's Alpha	项数
0.807	3

从验证性因子分析的结果来看，每个维度的测度指标均能较好地反映其潜在变量，累计方差百分比都在 80% 左右，最低也有 79.608%，且标准化因子负荷全部在 0.850 以上，远远高于一般对于测度指标标准化因子负荷最低 0.650 的要求。从信度检验的结果来看，每个维度的测度指标的 Cronbach's α 系数均高于 0.8，同样远远高于测量学一般所要求的 0.7。总体而言，研究所选取的测度指标具有较高的信度和效度，适合进行结构方程模型分析。每个维度具体的测度指标如表 6－13 所示。

表 6-13　模型中各潜在变量的测度指标

潜在变量	测度指标
行政管理信用	政策对公众需求的回应性、政府工作的透明度、行政执法的公正性
公共服务信用	政府对医疗卫生方面承诺的履行程度、政府对社会保障方面承诺的履行程度、政府对基础教育方面承诺的履行程度
行政管理绩效	对政府依法行政情况的满意度、对政府部门和公务员工作作风的满意度、对政府部门和公务员工作效率的满意度
公共服务绩效	对本地区基础教育状况的满意度、对本地区医疗卫生状况的满意度、对本地区社会保障状况的满意度

第三节　政府信用与政府绩效关联性的结构方程模型的构建与确立

结构方程模型（Structural Equation Modeling，SEM）方法是基于变量的协方差来分析变量之间关系的一种统计方法，它能够根据模型与数据关系的一致性程度，对理论模型做出适当的评价，从而证实概念模型中提出的研究假设。在行为社会科学领域，许多假设构念（hypothetical construct），如态度、动机、能力、工作压力及满意感等都难以准确、直接地进行测度，只能找到一些可观察变量作为间接性、替代性的标识，然而这些潜在变量的观察标识总会包含大量的测量误差，而传统的多元回归分析由于要求因变量和自变量均为可测，不能存在测量误差，才能估计出回归系数，因此难以处理社会科学中存在的测量误差问题。与多元回归分析相比，结构方程模型没有严格的假定限制条件，允许自变量和因变量存在测量误差，并且可以分析潜在变量之间的结构关系，特别是结构方程模型可以允许自变量之间存在相关关系，克服了在多元回归分析中难以处理的多重线性问题，因此，社会科学研究中，特别是采用问卷调查法收集数据的情况下，结构方程模型法是针对上述回归分析的不足而开发出来的并已得到广泛应用的数据分析方法（李怀祖，2004）。

结构方程模型的变量从可测性的角度可以分为两类：测度指标和潜在变量。指标是可以直接观察并测度的变量，潜在变量则是不能直接观测到的变量，是用对应指标衡量的不可观测的构念或因子，这意味着它与两个或多个测度指标之间存在协变关系。

结构方程模型可分为结构模型和测量模型两部分。结构模型描述潜变量之间的关系，是一组类似多元回归中描述外生变量和内生变量之间定量关系的模型。测量模型则在结构方程模型中涉及潜变量和它们的指标，它描述的是指标和潜变量之间的关联，表明一个潜变量是由哪些观测指标来衡量的。在测量模型中，潜变量间的关系只假定为相关关系（双向影响），而在结构模型部分，它们之间除了相关关系外，还可以是因果关系（单向影响）。

一个完整结构方程模型的分析过程如下：①模型的设定。即根据相关的理论知识和资料，构建出一个关于变量之间相互关系的模型。在这个步骤中，应该要确定出指标与变量之间的关系，变量之间的相互关系（如相关关系、因果关系）以及相关的参数表示等内容。现实研究中一般是用路径图来明确表示出变量之间的相互关系；②模型的估计和拟合。正如前面所提到的，结构方程模型的基本原理是通过对再生矩阵 E 和样本矩阵 S 两者之间的比较来得出模型是否合理的结论的。在这个步骤中，相关的分析软件通过一定方法和迭代过程，估计出所需要的参数，使再生矩阵 E 中的每一个元素尽可能地接近样本矩阵 S 中的相应元素，让 E 和 S 之间的差距尽可能得小；③模型的评价。在进行正式的评价之前，需要对模型进行一个大概的判断，例如参数估计值是否在合理的范围内（应该在 -1 和 $+1$ 之间）等，有时候也许会得到一些预期外的数据，但绝对不能出现前后矛盾、冲突过多的现象。然后，就可以对模型进行正式的评价了，在得到拟合指数（即 E 与 S 之间的差距）之后，对其进行判断和考察，以确定模型是否合理；④模型的修正。如果通过分析处理得到的拟合指数没有处于合理的范围之内，那就需要对拟合指数显示出的原模型中不合理的地方进行修正，重新确定模型，然后重复进行上述①至③的步骤，直至得到合理的模型为止。

目前，比较适合进行结构方程模型分析的软件主要有 LISREL、AMOS 和 EQS 等。由于 AMOS 是一种功能比较齐全、运算效率高、操作便捷的统计分析工具，特别是在估计一组线性结构方程的未知系数、检验含有潜变量的模型、测量自变量对因变量的直接和间接影响等方面具有较强的优势，可以实现路径分析、协方差结构分析、多元回归分析等功能，因此本研究采用 AMOS18.0 统计软件来实现 SEM 的分析运算过程。

一、结构方程模型的变量及路径

在上文效度、信度检验的基础上，本研究运用 AMOS18.0 统计软件画出了初始结构方程路径（见图 6－2），其中，潜变量用椭圆形表示，显变量用矩形表示，残差项用圆形表示，直接效果或单方向的路径关系用单向箭号表示，相关关系或共变关系用双向箭号表示。设置 6 个有关政府信用（government trustworthiness）的观察变量，分别为 gt1、gt2、gt3、gt4、gt5、gt6。通过这 6 个观察变量测量 2 个有关政府信用的外生潜变量。设置 6 个有关政府绩效（government performance）的观察变量，分别为 gp1、gp2、gp3、gp4、gp5、gp6。通过这 6 个观察变量测量 2 个有关政府绩效的内生潜变量。设置了 12 个观察变量的残余变量（e1、e2……e12），设置了 2 个潜变量的残余变量（e13、e14）。在初始的结构方程模型中，设置了 3 条假设路径，分别是行政管理信用直接影响行政管理绩效，公共服务信用直接影响公共服务绩效，行政管理信用直接影响公共服务绩效。

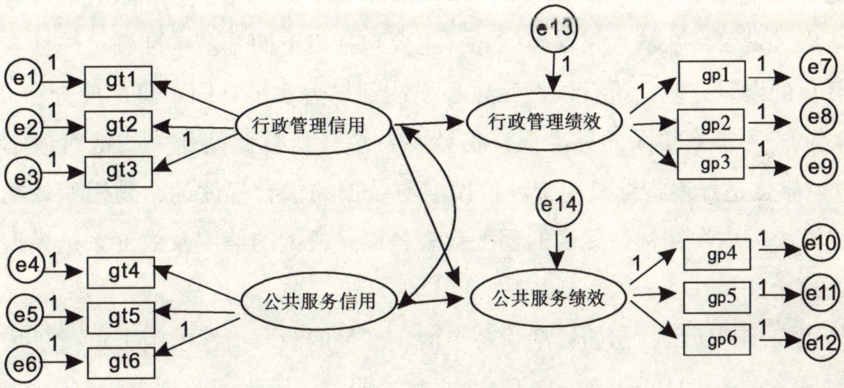

图 6－2　初始结构方程路径

二、初始结构方程模型的拟合结果

在 AMOS 中建立的初始结构方程路径图中导入 SPSS 18.0 统计软件包相应的数据后，经过 AMOS Graphics 的运算，便得到了初始结构方程模型的估计结果，如图 6－3 所示。

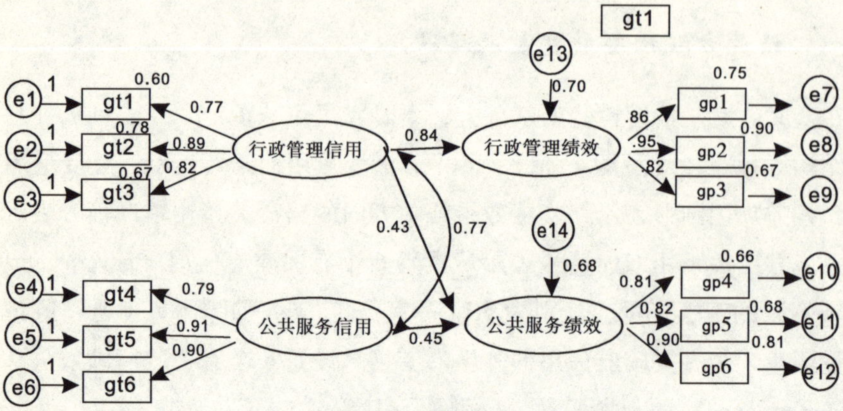

图 6-3 初始结构方程标准化估计值模型

结构方程模型评价是结构方程模型分析中的一个重要问题。有关模型适配度的评价有许多不同的观点，但以学者 Bogozzi 和 Yi（1988）二人的观点较为周全。他们认为假设模型与实际数据是否契合，必须同时考虑三个方面：基本适配度指标（preliminary fit criteria）、整体适配度指标（overall model fit）和模型内在结构适配度指标（fit of internal structural model）。基本适配度指标用来检验模型的误差以及是否存在输入错误等问题，主要包括以下四个基本准则：估计参数中不能有负的误差方差；所有误差变异必须达到显著水平；因子负荷应介于 0.5 ~ 0.95 之间，不能有很大的标准误；估计参数统计量彼此间相关的绝对值不能太接近 1。整体适配度指标是用于评价模型与数据的拟合程度的，是模型外在质量的检验，模型内在结构适配度的程度代表各测量模型的信度及效度，是模型内在质量的检验 。

如表 6-14 所示，初始模型中各个潜在变量的观测指标的因子负荷量均达到了高度显著水平，且介于 0.50 ~ 0.95 之间。同时，测量误差项也没有出现负值，也没有出现很大的标准误。这表明初始模型的基本适配度良好，没有违反模型辨认规则。

表 6-14 初始结构方程模型的基本适配度检验摘要表

评价项目	检验结果数据	模型适配判断
是否没有负的误差变异量	均为正数	是
因素负荷量是否介于 0.5 ~ 0.95 之间	0.774 ~ 0.947	是
是否没有很大的标准误	0.045 ~ 0.159	是

表6－15列出了初始结构方程模型的整体适配度检验情况。就绝对适配度指标而言，所有统计检验量均未达到模型可接受的标准，在自由度等于50时，模型适配度检验的卡方值等于121.054，显著性概率值$p=0.000<0.05$，拒绝虚无假设，表示研究提出的理论模型与实际数据尚不能契合。就增值适配度指标而言，除了RFI值略小于适配的标准以外，其他统计检验量均达到了适配的标准或临界值。就简约适配度指标而言，CN值、χ^2自由度与AIC值距离模型可接受的标准还有一定的距离，其他指标则已达到适配的标准或临界值。整体而言，模型的外在质量还不甚理想，测量模型的收敛效度欠佳。

表6－15 初始结构方程模型的整体适配度检验摘要表

统计检验量	适配的标准或临界值	检验结果数据	模型适配判断
绝对适配度指标			
χ^2值	$p>0.05$（未达显著水平）	121.054 ($p=0.000<0.05$)	否
RMR值	<0.05	0.075	否
RMSEA值	<0.08（若<0.05优良；<0.08良好）	0.111	否
GFI值	>0.90以上	0.857	否
AGFI值	>0.90以上	0.777	否
增值适配度指标			
NFI值	>0.90以上	0.900	是
RFI值	>0.90以上	0.868	否
IFI值	>0.90以上	0.939	是
TLI值（NNFI值）	>0.90以上	0.918	是
CFI值	>0.90以上	0.938	是
简约适配度指标			
PGFI值	>0.50以上	0.549	是

续表

统计检验量	适配的标准或临界值	检验结果数据	模型适配判断
PNFI 值	>0.50 以上	0.682	是
PCFI 值	>0.50 以上	0.711	是
CN 值	>200	65	否
χ^2 自由度比	<2.00	2.421	否
AIC 值	理论模型值小于独立模型值，且同时小于饱和模型值	177.054 > 156.000 177.054 < 1233.480	否
CAIC 值	理论模型值小于独立模型值，且同时小于饱和模型值	282.154 < 448.780 282.154 < 1278.523	是

在初始结构方程模型的内在质量检验方面（见表 6-16），除了修正指标这一项目未达标准以外，其余统计检验量均已达到可接受的标准。需要说明的是，平均方差抽取量和组合信度分别根据公式（1）和公式（2）计算得出。在公式中，符号 ρ_v 为平均方差抽取量（average variance extracted），符号 ρ_c 为组合信度（composite reliablity），符号 λ 为指标变量在潜在变量上的标准化参数估计值（因素负荷量 indicator loading），符号 θ 为观察变量的误差变异量（indicator error variance）。

$$\rho_v = \frac{\sum \lambda^2}{(\sum \lambda^2) + \sum(\theta)} = \frac{\sum 标准化因素负荷量^2}{(\sum 标准化因素负荷量^2) + \sum(\theta)} \quad (1)$$

$$\rho_c = \frac{(\sum \lambda)^2}{(\sum \lambda)^2 + \sum(\theta)} = \frac{(\sum 标准化因素负荷量)^2}{(\sum 标准化因素负荷量)^2 + \sum(\theta)} \quad (2)$$

由检验情况可知，假设模型变量间还可以释放参数，测量指标的测量误差项间并非完全独立无关联。整体而言，模型的内在质量尚称理想。

综上所述，初始结构方程模型在基本适配度和内在质量方面已大体达到了检验标准，欠缺之处主要在于整体适配度检验方面的绝对适配度指标。结合指标修正的内容，表明模型在残差项方面具有修正的必要。

表 6-16　初始结构方程模型内在质量检验摘要表

评价项目	检验结果数据	模型适配判断
所估计的参数均达到显著水平	t 值介于 3.019 至 14.210	是
个别项目信度高于 0.50	均大于 0.50	是
潜在变量的平均方差抽取量大于 0.50	0.6833 至 0.7713	是
潜在变量的组合信度大于 0.60	0.8658 至 0.9098	是
标准化残差的绝对值小于 2.58	最大绝对值为 1.950	是
修正指标小于 5.000	多个大于 5.000	否

三、结构方程模型的第一次修正

由于初始结构方程模型的构建没有考虑到残差项之间可能存在的共变关系，从而导致在整体适配度上出现了一些问题。因此，课题组根据 AMOS 统计软件提供的修正指标的内容对初始结构方程模型进行修正。首先，增加误差变量 e13 与误差变量 e14 间有共变关系。修正后的标准化估计值模型如图 6-4 所示，模型整体适配度检验情况如表 6-17 所示。

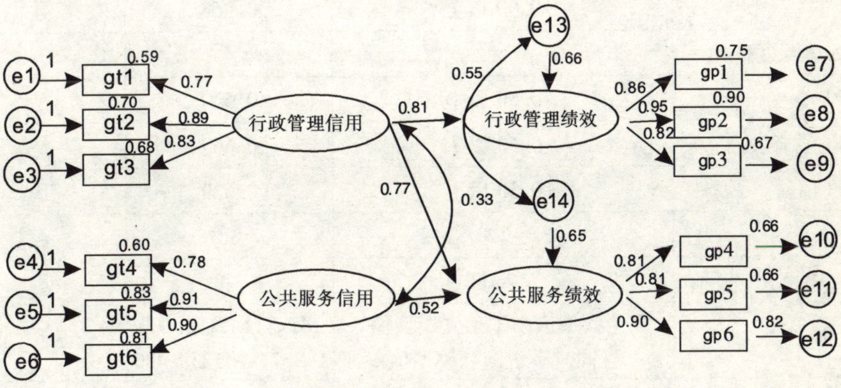

图 6-4　第一次修正后的标准化估计值模型

经过修正后，结构方程模型在绝对适配度指标方面获得了一定程度的改善。RMR 值、RMSEA 值、GFI 值均基本达到了模型可以适配的标准。卡方值虽然已经呈现大幅下降的趋势，但显著性概率值 $p = 0.001 < 0.05$，依然是高度显著，表

示观察数据所导出的方差协方差矩阵与假设模型导出的方差协方差矩阵还是不相等，即假设模型图与观察数据还未能完美契合。同时，AGFI 值也与至少 0.90 的适配标准还有一定距离，AMOS 提供的修正指标也提示残差项之间的共变关系还有进一步修正的余地。因此，课题组将对模型进行再次修正。

表 6-17 第一次修正后的模型整体适配度检验摘要表

统计检验量	适配的标准或临界值	检验结果数据	模型适配判断
绝对适配度指标			
χ^2 值	$p>0.05$（未达显著水平）	83.711 （$p=0.001<0.05$）	否
RMR 值	<0.05	0.053	基本达到
RMSEA 值	<0.08（若<0.05 优良；<0.08 良好）	0.082	基本达到
GFI 值	>0.90 以上	0.895	基本达到
AGFI 值	>0.90 以上	0.825	否
增值适配度指标			
NFI 值	>0.90 以上	0.931	是
RFI 值	>0.90 以上	0.903	是
IFI 值	>0.90 以上	0.968	是
TLI 值（NNFI 值）	>0.90 以上	0.955	是
CFI 值	>0.90 以上	0.968	是
简约适配度指标			
PGFI 值	>0.50 以上	0.539	是
PNFI 值	>0.50 以上	0.663	是
PCFI 值	>0.50 以上	0.689	是
CN 值	>200	88	否
χ^2 自由度比	<2.00	1.781	是
AIC 值	理论模型值小于独立模型值，且同时小于饱和模型值	145.711<156.000 145.711<1233.480	是
CAIC 值	理论模型值小于独立模型值，且同时小于饱和模型值	262.073<448.780 262.073<1278.523	是

四、结构方程模型的第二次修正与确立

通过第一次模型的修正，模型整体拟合效果逐渐趋好，所有假设路径均达到

显著水平。然而，χ^2 值仍然较大且高度显著，AGFI 值也未达到理想水平。根据 AMOS 提供的修正指标，课题组再增列误差变量 e1 与误差变量 e4 间有共变关系。第二次修正后的模型整体适配度检验情况如表 6－18 所示。再次修正后，模型的卡方值降为 54.951，显著性概率值 $p=0.105>0.05$，接受虚无假设，表明假设模型图与观察数据已能契合。同时，RMR 值降为 0.049，RMSEA 值降为 0.049，GFI 值提高至 0.927。在修正指标数值表中，也没有提供需要修正的数据（增加变量间的路径或设定变量误差间的共变关系），表示假设模型图是个可以接受的路径图，模型不需要再修正。虽然 AGFI 值与 CN 值与适配的标准仍然稍有差距，但总体来看研究所提出的假设模型与实际数据已能较好适配。

表 6－18 第二次修正后的模型整体适配度检验摘要表

统计检验量	适配的标准或临界值	检验结果数据	模型适配判断
绝对适配度指标			
χ^2 值	$p>0.05$（未达显著水平）	54.951（$p=0.105>0.05$）	是
RMR 值	<0.05	0.049	是
RMSEA 值	<0.08（若 <0.05 优良；<0.08 良好）	0.049	是
GFI 值	>0.90 以上	0.927	是
AGFI 值	>0.90 以上	0.868	否
增值适配度指标			
NFI 值	>0.90 以上	0.955	是
RFI 值	>0.90 以上	0.930	是
IFI 值	>0.90 以上	0.990	是
TLI 值（NNFI 值）	>0.90 以上	0.984	是
CFI 值	>0.90 以上	0.990	是
简约适配度指标			
PGFI 值	>0.50 以上	0.511	是
PNFI 值	>0.50 以上	0.622	是
PCFI 值	>0.50 以上	0.645	是
CN 值	>200	125	否
χ^2 自由度比	<2.00	1.278	是

续表

统计检验量	适配的标准或临界值	检验结果数据	模型适配判断
AIC 值	理论模型值小于独立模型值，且同时小于饱和模型值	124. 951 <156. 000 124. 951 <1233. 480	是
CAIC 值	理论模型值小于独立模型值，且同时小于饱和模型值	256. 326 <448. 780 256. 326 <1278. 523	是

经过两次修正后，模型的绝大多数拟合指标都已符合适配标准，并且较初始模型和第一次修正后模型的拟合指数均有较大程度的改善，也更具有理论依据和现实意义。因此，课题组将第二次修正后的模型确定为最终的结构方程模型。标准化估计值的模型图如图 6 - 5 所示。非标准化及标准化的回归系数分别如表 6 - 19、表 6 - 20 所示。

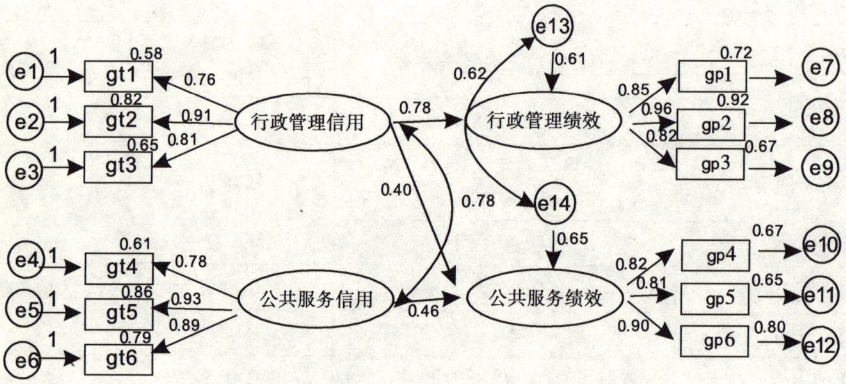

图 6 -5　第二次修正后的标准化估计值模型图

表 6 - 19　Regression Weights

	Estimate	S. E.	C. R.	P
行政管理信用→行政管理绩效	0. 753	0. 092	8. 149	0. 000
公共服务信用→公共服务绩效	0. 432	0. 110	3. 913	0. 000
行政管理信用→公共服务绩效	0. 394	0. 124	3. 168	0. 002
行政管理信用→政策对公众需求的回应性	0. 980	0. 106	9. 227	0. 000
行政管理信用→政府工作的透明度	1. 209	0. 107	11. 306	0. 000
行政管理信用→行政执法的公正性	1. 000			
公共服务信用→政府对基础教育方面承诺的履行程度	0. 851	0. 078	10. 979	0. 000
公共服务信用→政府对医疗卫生方面承诺的履行程度	1. 096	0. 076	14. 489	0. 000

续表

	Estimate	S. E.	C. R.	P
公共服务信用→政府对社会保障方面承诺的履行程度	1.000			
行政管理绩效→对政府依法行政情况的满意度	1.000			
行政管理绩效→对政府部门和公务员工作作风的满意度	1.260	0.088	14.360	0.000
行政管理绩效→对政府部门和公务员工作效率的满意度	1.085	0.096	11.350	0.000
公共服务绩效→对本地区基础教育状况的满意度	1.000			
公共服务绩效→对本地区医疗卫生状况的满意度	0.945	0.095	9.946	0.000
公共服务绩效→对本地区社会保障状况的满意度	1.135	0.098	11.592	0.000

表 6－20　Standardized Regression Weights

	Estimate
行政管理信用→行政管理绩效	0.783
公共服务信用→公共服务绩效	0.460
行政管理信用→公共服务绩效	0.397
行政管理信用→政策对公众需求的回应性	0.763
行政管理信用→政府工作的透明度	0.910
行政管理信用→行政执法的公正性	0.808
公共服务信用→政府对基础教育方面承诺的履行程度	0.779
公共服务信用→政府对医疗卫生方面承诺的履行程度	0.925
公共服务信用→政府对社会保障方面承诺的履行程度	0.891
行政管理绩效→对政府依法行政情况的满意度	0.848
行政管理绩效→对政府部门和公务员工作作风的满意度	0.957
行政管理绩效→对政府部门和公务员工作效率的满意度	0.820
公共服务绩效→对本地区基础教育状况的满意度	0.818
公共服务绩效→对本地区医疗卫生状况的满意度	0.807
公共服务绩效→对本地区社会保障状况的满意度	0.897

五、分析结果与讨论

就观察变量与潜在变量的关系来看，从上表可知观察变量在潜在变量上的标准化参数估计值大部分都介于0.8～0.9之间，且都高度显著，最小的“政策对公众需求的回应性”对“行政管理信用”的因素负荷量也达到了0.763，最大的“对政府部门和公务员工作作风的满意度”对“行政管理绩效”的因素负荷量则高达0.957。这一情况表示观察变量能有效反映其共同因素构念的潜在物质，因而观察变量的选取是科学合理的。

就行政管理信用与行政管理绩效的关系而言，行政管理信用对行政管理绩效的标准化路径系数为0.783，说明行政管理信用每提升1个单位，行政管理绩效提升0.783个单位，这反映出行政管理信用对行政管理绩效有很强的正向影响，从而假设H_{1a}得到证明。从理论上说，政府制定的政策能否对公众需求作出及时有效的回应、政府工作是否公开透明、政府行政执法是否公平公正是一个政府自身治理能力的重要体现，从而反映出政府是否正确行使公众授予的权力，是否从根本上履行对公众的承诺。公生明，廉生威。当政府提高其行政管理信用水平时，公众对政府的信任度也会随之提高，随着政府信用表现的改善和公众信任度的攀升，公众对政府部门的依法行政情况、工作作风及工作效率的满意度自然也会提升。反之，政府工作如果搞暗箱操作，行政执法有失公允，政策制定罔顾民意，则政府的信用形象会逐渐坍塌，公众对政府的行政管理也必然会产生不满。在课题组进行的访谈中，被访者谈到对政府行政管理的不满之处时也经常提到政府的政策制定只考虑少数人的利益，政务信息秘不示人，“过罚不相当”、“同案不同罚”等不规范的行政执法现象，这也从经验层面验证了研究得到的结论。

就公共服务信用与公共服务绩效的关系而言，公共服务信用对公共服务绩效的标准化路径系数为0.460，说明公共服务信用每提升1个单位，公共服务绩效提升0.460个单位，表明公共服务信用对公共服务绩效具有较强的正向影响，因而假设H_{1b}得到证实。分税制改革后，由于各财政层级间“事权重心下移、财权重心上移”，我国基层财政尤其是县乡财政困难问题进一步凸显。特别是随着政府职能定位向公共服务与社会管理方向的转变，原有的中央、省、市、县四级行政层次在很大程度上束缚了县级政府公共服务与社会管理职能的加强。由于公共服务资源分配与占有的不均衡，县级政府在国家公共服务体系建设的过程中长期处于不利地位，致使县乡级层次的公共服务严重不足，已经不能满足人们日益增长的公共服务需求（杨妮娜，2009）。这造成我国县级政府尤其是中西部地区县级政府公共服务职能普遍较弱，县级政府在履行医疗卫生、社会保障及基础教育等职能时往往力不从心，县域公共产品特别是农村地区的公共产品供需矛盾突出。由于基本承诺尚难以履行，公众对公共服务的满意度也就无从谈起了。这也启示我们为了提高公共服务的绩效，当务之急就应该建立完善的县级公共服务体系，确保县级政府有效履行其公共服务职能。

就行政管理信用与公共服务绩效的关系而言，行政管理信用对公共服务绩效的标准化路径系数为0.397，说明行政管理信用每提升1个单位，公共服务绩效提升0.397个单位，表明行政管理信用对公共服务绩效具有一定的正向影响，因而假设H_{1c}也得到证实。政府为了提供公共服务，就必须通过向公众征税等手段筹集资源。但20世纪后半叶逐渐兴起的公共选择理论认为政府在把资源从一个地方转移到另一个地方的过程中会不可避免地存在各种“跑冒滴漏”的现象，从而导致资源配置效率的低下。西方官场政治语录中甚至还有“政府是唯一一个从上头就开始漏水的罐子”一说。如果政府不注重加强行政管理规章制度的建设，腐败浪费现象严重，那么也必然会损害公共服务的供给绩效。换句话说，政府只有加强自身建设，练好“内功”，才能为优化公共服务供给绩效提供切实的保障。这也是为什么行政管理信用对公共服务绩效呈现正向积极影响的原因。

综上所述，3个基本假设都得到了证明，因而也在总体上证明了地方政府信用水平的提升会导致地方政府绩效水平的提升。

此外，结构方程模型分析的结果也为如何加强政府信用与政府绩效建设提供了重要的思路。首先，为了提高政府绩效水平，必须要提高政府的信用水平。开展绩效评估、推行绩效管理等固然是提高政府绩效的重要手段，但也必须重视加强政府信用建设，以通过政府信用对政府绩效的正向影响更好地提升政府绩效。目前，某些地方政府高喊打造绩效型政府，却屡屡对公众失信爽约，这样的政府是无法真正成为高绩效政府的，取得的所谓绩效大多也只是虚假注水的短期“政绩”。其次，打造信用政府，必须注重制度建设。一方面，要加强政府内部各项管理制度的建设，努力提高决策民主化、组织系统化、权责明晰化、奖惩有据化、业务流程化、行为标准化、控制过程化、信息公开化程度，从而提升行政管理信用水平。另一方面，要改革阻碍地方政府信用能力提升的各项宏观制度。有必要改革目前过于烦琐的行政层级体制及其相应的资源配置模式和法律、法规，给县级政府松绑扩权，切实提高其履职践诺的信用能力。

第七章　政府信用建设的路径与策略研究

重建政府与公民的信任关系是西方国家行政改革的重要目标和重要内容，本章首先重点介绍美国、英国、芬兰和新加坡等国家政府信用建设的主要做法并总结其经验借鉴。然后讨论以目标绩效管理和政府服务承诺制为代表的我国政府信用建设情况。在此基础上，结合前面各章的分析结果，本章将从宏观上对我国地方政府信用建设的路径进行总体设计，并在这一框架的指导下提出加强地方政府信用建设的具体策略，以期正确引导我国地方政府信用建设，推动创建人民满意的服务型政府。

第一节　国外政府信用建设的主要做法与经验借鉴

公众满意的信用型政府并不是一夜之间自然形成的。西方国家也曾普遍经历过严重的信任危机，但通过大刀阔斧的改革，政府与公民之间的信任关系在一定程度上得到了修复。因此，考察西方国家政府信用建设的主要做法并对其进行总结归纳，必将对我国政府信用建设提供有益的参考。

一、美国政府信用建设的主要做法

20 世纪后期以来，美国民众对政府的信任程度总体上呈现出不断下降的趋势。根据密西根大学“国家选举研究中心”关于美国公民对于华盛顿政府信任的调查数据的统计分析，从长时间的趋势走向观察，美国公民对政府信任的下滑并非即兴式的情绪抒发，而是持续颇久的状态。Orren（1997）指出：公民对政府的不信任会损害民主宪政体制、损害政府治理、阻碍政府公务员的招募与保持机制等，从各方面而言，不信任的存在会形成更复杂的问题，诸如抗税、激进的控诉行为、第三部门的不正常发展等。面对这一困境，当克林顿政府发起重塑政府运动时，就将解决信任危机作为其主要目标之一。克林顿总统明确指出："我们不仅面临着预算赤字和投资赤字，由于联邦政府的绩效赤字，我们还面临着巨大的信任赤字。除非我们解决了这一问题，其他问题都无从谈起。"① 经过数十年的持续建设，美国已形成了比较完善的政府诚信体系。

1. 加强行政伦理建设

严格意义上的美国行政伦理法制建设源于20世纪70年代，关键推动力是"水门事件"。美国国会于1974年启动对尼克松总统弹劾案之际，同时邀请了美国公共行政学会成立专门小组对"水门事件"进行独立研究。该小组的研究报告建议美国国会和美国政府采取包括制定《行政伦理法》的有效措施，切实加强行政伦理建设。该报告推动卡特政府于1978年10月制定出经国会批准的《美国政府伦理法》。1979年1月3日生效的《美国政府伦理法》分别规定了立法、行政、司法人员的财务公开要求。1989年4月2日，美国国会批准了布什总统提交的《美国政府伦理改革法》，为美国立法、行政、司法三大机构政府工作人员规定了更为严格的伦理标准。1989年4月12日和1990年10月17日，布什总统两次签署12674号和12731号行政命令，颁布《美国政府官员及雇员的行政伦理行为准则》。1992年，美国政府颁布了由政府伦理办公室制定的内容更为详细、操作性更强的普遍适用于联邦政府的伦理行为标准，即《美国行政部门工作人员伦理行为准则》。美国政府的一些部门还根据自己的工作性质与职业特点，特定了适合于本部门的具体的伦理规范及其实施办法。例如，美国国防部于1987年5月发布了《美国国防部人员行为准则》。

美国国会和政府不仅制定了一系列关于公务人员的伦理规范并将伦理要求法律化，而且设立了相应的管理与监督机构。首先，在国会内成立伦理委员会，专门调查行政官员违背职业伦理的情况，一旦查实便酌情予以惩罚。其次，按照1978年《美国政府伦理法》的有关规定设立了政府伦理办公室，它不仅有向总统及有关部门建议制定"不违背公众利益的道德行为方面的规章制度"的权力，审查立法、行政、司法人员财产申报的权力，而且还负责和指导联邦政府其他部门伦理办事处的工作。同样，在美国的许多州和市的议会和政府，也设有伦理委员会或伦理办公室，负责本地区的行政伦理工作。第三，政府的许多部门还结合

① 周志忍：《当代国外行政改革比较研究》，国家行政学院出版社1999年版，第16页。

部门实际情况设立了部门内部的行政伦理监督机构。如，大法官会议设立了司法道德委员会，专门负责司法部门的伦理工作；国防部内部设立了专门管理监察机构内部遵守道德规范情况的特命道德督查等。

2. 改革内部管理制度

“美国比其他任何工业化民主国家更依靠规章对官方的判断进行控制”①，结果造成政府内部机构及其工作人员受到日益烦琐的限制。1994 年 9 月，戈尔副总统和他的工作组提交的调查报告《从繁文缛节到结果导向：创造一个花钱少、工作好的政府》指出，美国政府绩效不佳，问题不在于政府官员的懒惰与无能，而在于繁文缛节和规制是如此令人窒息，以至于扼杀了哪怕一丁点创造性，解决信任危机最根本的措施就是减少政府的干预，在各个领域充分发挥市场、企业和个人的自主性和能动性。

美国放松管制的改革措施主要包括：加强管制的协调工作，对管制项目进行集中化的评审，对管制的影响进行全面的评估，以及减少新的管制。同时，克林顿政府还相应改革了公务员制度。100 多年来，在联邦公务员法的基础上，美国形成了大量的具体管理制度。这些制度事无巨细，十分僵化。为了打破这种格局，给用人单位更多的自主权，克林顿政府废除了人事总署的一万页人事管理手册。目前，除联邦公务员法以及相关的一千页配套制度外，用人单位在人员的录用、评估、奖惩等方面都有较大自主权。如在公务员的录用方面，取消了全国统一的考试制度，打破了只能在考试前三名中录用的规定，以及充分利用电脑网络的先进技术为选拔优秀人才服务等。在绩效评估和奖惩方面，也改变了以往僵化的做法，给直接管理人员以更多的灵活性，从而调动了管理人员的积极性。

通过改革，联邦政府共裁减公务员 351000 人，成了自肯尼迪总统以来人数最小的政府，政府雇员占全部从业人员的比例则是自 1931 年以来最小的。1993 年和 1995 年的两个改革报告共提出了 1500 多条建议，其中 58% 被付诸实施，节约支出 1370 亿美元；共有 1200 个工作团队的改造受到表彰，完成了 350 个政府再造创新试验；共废除 640000 页过时的联邦政府规制条例，制定了 31000 页简单明了的新条例，由于放松规制等为企业和社会减少支出 310 亿美元。改革以来的各种民意测验结果表明，公众对政府的信心在持续 30 年下降以后得到了提高。

---

① ［美］戴维·奥斯本，特德·盖布勒：《改革政府：企业家精神如何改革着公共部门》，上海译文出版社 2006 年版，第 72 页。

3. 倡导“顾客导向”的公共服务

美国行政改革的一个重要举措就是倡导“顾客导向”（customer orientation）的公共服务，将公民视为消费者或者顾客。在被克林顿政府奉为“圣经”而名噪一时的《改革政府》一书中，作者奥斯本和盖布勒就提出要建立受顾客驱使的政府：满足顾客的需要，不是官僚政治的需要。1996 年美国绩效评估委员会报告《政府的优势秘诀》指出，政府要想重新获得公众的信赖与支持，必须以更好的品质服务公众。为此，克林顿政府强调公务员是负有责任的“企业经理和管理人员”，公众则是提供政府税收的“纳税人”及作为回报享受政府服务的“顾客”或“客户”，政府部门和公务员应牢固树立顾客意识，努力为顾客提供高效、优质的服务。1993 年 9 月，克林顿总统签署了《设立顾客服务标准》的 12862 号行政命令，责令联邦政府部门制定顾客服务标准，要求政府部门为顾客提供选择公共服务的资源和选择服务的手段。在实践中，美国各级政府通过社会调查、顾客问卷、顾客联系、顾客投诉等方式来了解不同时期、不同顾客的不同需求，并通过合同出租、公私合作、用者付费和凭单制度等方式实现公共服务的市场化，从而为顾客提供适合其需求的和具有可选择性的服务。联邦政府还制定顾客服务标准。到 1998 年，570 多个联邦政府机构颁布了 4000 多个顾客服务标准，有的服务标准超过了商业最优标准；72% 的政府雇员认识到服务顾客的重要性。[①] 同时，美国政府引入由密歇根大学商学院开发的美国消费者满意指数（the American Customer Satisfaction Index）作为比较公众对政府服务与私营企业服务满意度的标杆。美国政府已运用该指数监测 29 个联邦政府机构的 30 个服务部门的顾客满意度，并与私营部门的顾客满意度进行对比。[②]

4. 推行绩效管理

20 世纪 80 年代以来，美国政府就开始逐步实施以市场化导向的绩效管理改革战略。进入 20 世纪 90 年代，政府部门的运行方式、政府公共部门与市场和公众之间的关系发生了很大变化，由治理者与被治理者之间的关系变为公共服务的提供者与消费者之间的关系。为改善政府公共部门与市场、公众的关系，加强公众对政府的信任，实现“更有回应性、更有责任心和更富有效率”的政府改革

① 卓越：《国外政府改革与发展前沿》，福建人民出版社 2007 年版，第 27 页。

② Linda, M. (2002). Service Charters – Global Convergence or National Divergence? A Comparison of Initiatives in Australia, the UK, and the US. Public Management Review, 4 (1), 493 – 524.

目标，克林顿政府提出了以经济、效率、效益为主要内容的绩效评估标准。

1993 年 7 月，美国国会通过了《政府绩效与结果法案》（The Government Performance and Results Act，GPRA），通过法律来明确政府管理中必须实施绩效管理。以 GPRA 的颁布为标志，美国联邦政府的绩效管理重心发生了重大变化，即从原来的强调对公务员个体的绩效考核以及绩效奖励，转变为对政府总体绩效的关注。GPRA 作为美国政府绩效管理的基本法律，被称为“推动美国政府再造的纲领性文件之一”。该法全面地规定了实施政府绩效管理的目的、内容及其实施进程，并着重鼓励行政管理中的放权与减少程序控制。GPRA 主要由立法目的、战略规划、绩效计划、绩效报告、管理责任与弹性，以及试点方案等六个部分组成。

美国国会在 2004 年对《政府绩效与结果法》的实施情况进行了一项综合评估后得出的结论是：总体而言，该法案的实施为以结果为导向的政府机构的建设提供了坚实的基础，它制定的绩效计划、绩效衡量以及绩效报告制度，在一定程度上实现了该法律当初颁布时希望达到的效果。

5. 完善政府信息公开制度

美国是当今政务信息公开制度最完备的国家。美国的政府信息公开制度是以 1966 年制定的《信息自由法》（Freedom of Information Act）为基础，又辅以其他法律和相应政策的不断完善而形成的，涵盖了行政听证程序、政府采购制度等各个方面。

《信息自由法》最基本、最重要的原则就是政府信息“公开是原则，不公开是例外”，规定除了涉及国家安全、商业秘密、公民隐私等九项信息不予公开外，其他政府信息行政机关必须依法、依职权或依申请向社会公开。在法定范围内，任何公民无论其目的如何，均享有得到政府信息的权利，具体措施是美国公民可以从政府的档案馆、手稿馆、图书馆、报纸、杂志、电视台、科研所获得信息，如果行政机关拒绝提供应承担举证责任，确保了公众对政府信息的获取权。

其他有助于政府信息公开的法律还有 1974 年制定的《隐私权法》（Privacy Act）、1976 年制定的《阳光中的政府法》（Sunshine Act）、1988 年制定的《计算机比对和隐私权保护法》（Computer Matching and Privacy Protection Act）等。1995 年又通过了新的信息扩散法案，即《精简公文法》（Paperwork Reduction Act），以防止政府机构独占政府信息资源，及时、公正地干预政府机构对信息资源的垄断行为。

到了20世纪90年代，电子和网络技术的发展使信息公开的环境发生了很大变化，此时的克林顿政府强调政务信息公开制度对民主政府的特殊作用，提出说明并承担责任的政府才是公开透明的民主政府。2001年颁布并于2002年修改的《电子政务法》规定在预算管理办公室内成立电子政务办公室，加强电子政务管理，强调通过建立一套要求使用基于因特网的信息技术的措施框架，保证公民对政府信息的获得，促进电子政务服务和处理能力。

6. 加大反腐败的力度

腐败的存在是导致公众对政府不信任的重要原因之一。重建政府与公民的信任关系，必然要包含反腐败的努力。[①] 一方面，美国重视规范职业道德，以严格制度有效防范利益冲突。美国出台了公务人员廉政行为准则，规范公务员的职业道德。准则在收受礼品、利益冲突处理、求职、滥用职权、职外活动等方面对行政部门工作人员作出了限制性规定。对违反规定的给予警告、停职、离职、开除处理，触犯法律的移交司法部门向法院提起诉讼。此外，还出台了《防止利益冲突法》等规定，严禁公务员及其配偶或子女在与公务活动有关系的利益集团工作。这些法规制度在规范公务员职业道德、防止因利益冲突而滋生腐败方面发挥了积极作用。另一方面，美国以严厉手段惩治腐败行为。为增强惩治腐败的针对性，美国有50个以上的联邦执法机构根据法律各自承担执行某类腐败调查的责任。如联邦调查局、司法部刑事局公共诚实处、美国检察官、独立检察官，以及各部门的监察长办公室，都在揭露、调查、起诉腐败方面发挥着重要作用。这些反腐机构主要采取开辟举报热线或电子邮箱、秘密调查（包括当卧底、使用电子设备监控，如监听、录像、人员盯梢、跟踪）等措施和手段开展调查，取得了较好效果。美国还通过《廉政改革法》完善了财务公开制度，要求政务官员必须公开财产情况，包括自己及其配偶、子女的收入来源、金融投资、拥有股票、房子以及债权债务等情况。如果官员提供虚假信息，可能受到罚款或判刑的处理。政府中层管理人员特别是与承包商工作有关系的公务员，其财产状况要在单位内部公开，不对公众公开。公开的主要目的是了解其主要社会关系，防止利益冲突而滋生腐败，及时发现问题，以防范以权谋私现象的发生。

---

① 张成福、孟庆存：《重建政府与公民的信任关系——西方国家的经验》，国家行政学院学报2003第3期，第81页。

二、英国政府信用建设的基本情况

英国是当代西方行政改革的先驱。1979年撒切尔政府上台以后，推行了大刀阔斧的行政管理改革，改革的主要目标之一便是解决政府面临的信任危机。通过改革，政府的信用形象得到了有效的改善。所以，从某种程度上说，“新公共管理运动”就是一场政府信用重塑运动。

1.“公民宪章”运动

在公共服务部门推行“公民宪章”（The Citizen's Charter）是保守党领袖梅杰于1990年上台执政以来在行政改革方面所采取的重要措施。1991年7月英国政府以白皮书的形式提出“公民宪章”，目的在于促使政府各行业、各部门提高效率，改进服务，重塑政府在公众中的形象。梅杰就任首相后不久就曾表示“宪章”应成为“英国90年代公共生活的主题”，“我要使之成为整个90年代政府决策的中心”。这反映出梅杰政府对提高政府服务质量和水平的决心。该措施实行18个月后，梅杰政府在《关于“公民宪章”的第一份报告》的文件中再次重申，“它将是英国重大行政改革的10年项目”。“公民宪章”就是“要求人们站在公共服务接受者的角度来评判公共服务的优劣，并为公共服务的接受者提供一种程序，以帮助他们直接参与公共服务的改进”。具体内容包括以下几个方面：

第一，“公民宪章”要求政府各部门、各行业、各机构制定并检查自己的服务标准，并作出“服务承诺”。各部门、各机构的服务标准和承诺相当具体，如警察部门对报警后应在多长时间内派人赶到现场，医院对病人等待应诊的时间限制，铁路部门火车的正点率以及其他部门对前来办事人员所作出的时间许诺，等等。顾客有权依据各部门、各机构以及提供公共服务的企业所制定的服务宪章的有关标准得到自己所需要的服务。

第二，“公民宪章”要求公共服务的提供者做到礼貌服务、有助于公众，且不能有任何歧视。如“病人服务宪章”规定：要“保证尊重病人隐私、尊严和宗教信仰，对有特别需要者要满足他们的特别需要”。

第三，“公民宪章”要求“公共服务置于公众的监督之下”，以保证政府部门、机构以及与公共服务相关的企业所提供的公共服务的质量。其方法是增加政府部门、行业、机构提供公共服务的透明度。服务提供者有义务向服务接受者讲清所提供服务的内容，由谁经办、怎样办、花费如何，顾客在接受本项服务中的权利，以及顾客在对本项服务感到不满意时可以采取哪些方式进行投诉，出现问题后可以采取什么样的补救办法。

第四，“公民宪章”要求公共服务应在尽可能的情况下为服务的接受者提供可供选择的机会。如在医疗和教育方面，病人可以选择自己满意的诊所，孩子的家长可以选择自己喜欢的学校。

第五，“公民宪章”要求各部门、各机构建立适当的顾客申诉、投诉程序，以保证顾客在受到不适当对待时而要求得到补偿的权利，如乘客若因列车误点或因班次取消而受到损失时，有权得到适当补偿。英国政府为保证顾客投诉的权利特别设置了投诉专线电话。

第六，“公民宪章”最重要的一条原则是，“政府提供的公共服务的质量必须与公民所支付的价值相当”。为实现这一原则，“公民宪章”特别强调了“扩大政府服务竞争范围是保证服务质量改善的根本”。这种思想还在政府专门发表的白皮书《为质量而竞争》（*Competing for Quality*）中作了特别的讨论。该文件为中央政府部门、国家卫生系统和地方政府机构制定了新的目标，要求政府各部门、各机构对进一步扩大市场检验范围作出评估，以将更多的政府服务内容和项目推向市场。

“公民宪章主要在于强调民众为顾客的理念，赋予公民更多的权力，使得他们有选择与要求品质的权利。”① 目前，英国已发布了40多个全国性宪章和约10000个地方性宪章。② 在实践中，“公民宪章”对于提高公共服务质量和公民满意度发挥了积极的作用。许多国家也纷纷效仿该项制度的做法。

2. 公共服务协议

在1997年大选新选举的工党政府上台之后，英国政府开始推行“公共服务协议”（Public Service Agreement），目的是建立一种现代的公共支出和绩效管理框架，为制订审慎、有效的中长期支出计划服务。公共服务协议的框架建立在公共服务绩效的原则基础上，即：一是由政府制定的清晰的、侧重成果的国家级目标；二是将责任转移到公共服务提供者自身，为基层提供最大的改革的灵活性和能动性，以及保证地方需求能够得到满足的激励措施；三是独立、有效的审计和

① 黄台生：《公共管理——英国文官体制的再造》，扬智文化事业股份有限公司2003年版，第188页。

② Torres, L.（2005）. Service Charters: Reshaping Trust in Government – The Case of Spain. Public Administration Review, 65（6）, 687–699.

监督安排，以加强责任；四是对取得的成效的透明度，特别对地方和全国的绩效目标实现情况进行完善的信息披露。

英国财政部领导了以绩效为重点的公共服务绩效框架的设计和制定，并与首相执行机构（Prime Minister's Delivery Unit）、政府商业办公室进行合作。在保证该框架的成功实施方面，英国的财政大臣、首相及各部的部长们，都具有关键的领导责任。政府部门在配合财政部进行本部门支出审查的过程中，提出本部门的公共服务协议。内阁必须全体通过部门的公共服务协议，对大部分部门来说，是分管的国务秘书对其负责。除非特殊情况下，一般公共服务协议一经制定不会再修订，直到开始制订下一个支出审查计划为止。议会则发挥了重要的外部监督作用，政府承诺每两年向议会报告绩效信息；而政府内部监督包括部门监督、财政部和首相执行机构的绩效监督、内阁委员会等。个人的责任包括国务秘书、常务秘书等。

3. “下一步计划”改革

1988 年，伊布斯领导的效率小组向首相提交了名为《改进政府管理：下一步行动方案》的报告。这被视为英国公共服务改革的一个重要转折点。这一改革方案认为，英国政府各部政策和执行功能不分，各部部长不仅向决策活动负责，而且还对具体的执行事务负责，这不仅不利于各部部长有效地履行民主政治的责任，同时也降低了各部政策执行的效率。方案的核心是决策与执行分离，主要形式是在部门内部设立独立的执行机构，履行政策执行和服务提供职能。从此，英国政府全面转换管理和责任机制。具体体现为四个转变：工作目标从“规则为本”到“结果为本”的转变；上下级部门从隶属关系到契约关系的转变；控制机制从投入、过程控制到结果控制的转变；权力从集中向分权制度化的转变。

英国政府执行局化的改革政策，最明显的结果是建立大量的负责日常管理的半自治性执行机构。执行机构由一个首席执行官来领导。首席执行官由部长任命，有固定的任期，通常通过公开竞选产生。1988 年 8 月，第一个执行机构——交通检察署建立。截至 2003 年，英国有 130 多个执行机构。① 改革后，中央部门得到精简，精简后中央各部门的政策制定任务与执行机构的日常管理运作分开，执行机构相对独立地在政府确定的目标和绩效指标的框架内运行。经过“下一

① 卓越：《国外政府改革与发展前沿》，福建人民出版社 2007 年版，第 61 页。

步”改革，英国政府公共服务质量有所提高，政府官员更加注意成本效益问题，高级文官也更加富有创新意识和企业家精神。

4. “利益声明”制度

政府官员特别是高级官员手中握有决策权，而参与决策的过程往往成为某些人堂而皇之的以权谋私的过程。为了防止此类冠冕堂皇的以权谋私现象，英国针对高官制定了一项“利益声明”制度。该制度要求高官在参与某一事项的辩论、决议、决策之前，先声明自己与该事项可能存在的利益关系，其目的是让同僚们了解他既有的或潜在的相关利益，甄别他言行的公正性和公平性。利益声明的内容包括个人在公司或社会上的任职、兼职情况、所加入的政党及社团、个人资产及所持公司股票、配偶及子女的任职情况等。需要声明个人利益的场合主要有议会辩论、审议法律草案、常设委员会会议、建议修改议案或动议等。

当议员所声明的利益发生利益冲突时，必须对他们的行为进行限制或回避。譬如，当一名议员曾经或正在或将要从议会之外的某个单位（或个人）接受经济好处，他就不能主动提议一个涉及那个单位或类似单位、行业的事务或利益的议会议程，包括不能提出议案或请愿，不能要求休会或辩论，不能提出动议、修正案、草案报告，不能附议等。同样，在议会辩论中，他不能发表任何有游说性质的讲话。

“利益声明”制度提高了官员的自律意识和诚信水平，对于遏制腐败、取信于民起到了良好的作用。

三、芬兰政府信用建设的基本情况

芬兰位于欧洲北部，面积为33.8万平方公里，全国人口只有约532万人，大体上只相当于中国的一个大城市。可就是这个小国寡民的北欧国家，在多项国际排名中却名列前茅。在2010年全球竞争力排名中，芬兰高居第七位，是全球竞争力最强的国家之一。在2010全球清廉指数排行榜中，芬兰位居第四位，成为全球最清廉的国家之一。在全球环境治理绩效指数排名中，芬兰处于第三，是全球环境质量最好、最具可持续发展能力的国家。芬兰人热爱自然，也能拥抱科技，它的互联网普及率世界第一、移动电话普及率世界第一，它甚至能够抢在信息产业超强的美国前面，率先迈入信息化社会。芬兰能够取得如此巨大的成就，与芬兰政府守信重诺、高效廉洁是密不可分的。

1. 细致的廉政规范

严格的因公出差规定。芬兰对公务员的差旅费有严格的规定。公务员如果需要出差的话，有专门的部门替他预订车票和酒店。政府对出差的审批相当严格。不过一旦获准出差在外面的食宿条件不会差，但一般的原则是在出差地要尽量乘坐公共汽车。出差的补助每天有定额，如果出差少于一天，就要按小时来发放补助。利用出差的机会公款旅游是绝对不会被允许的，因为政府的补助也不会多给一分钱。

近乎苛刻的公务员请客送礼规定。芬兰人热情好客，民间互相请客送礼也是人之常情。但是对芬兰的公务员来说，受礼和吃请绝对是天大的事，一不小心就把前途和事业搭了进去。人际交往必须谨守分寸，法律规定十分严格，甚至到了苛刻的地步，因此，芬兰的公务员进入政府工作后的第一件事，就是要赶快向有经验的公务员请教，到底界线在哪里，以免误触法网。老公务员会告诉他们，一般的经验是：可以喝一杯啤酒，或者吃一个三明治，但如果不小心喝了别人的葡萄酒，那就会出问题。芬兰的法律规定公务员不能接受价值较高的礼品，而他们对价值较高还有细化的定义：根据物价指数调整，一般在 24 美元（20 欧元）左右。芬兰的物价水平较高，在一些餐馆里，一杯白开水可能都要收费 5 美元，这样看来如果是在餐馆里请公务员喝白开水，也要数一数能喝几杯才可以。这是公务员受请的规定。而如果是公务接待，上至总理下至普通的科员，一起吃饭的有些什么人，点了什么菜，花了多少钱，都要巨细无遗地在网上开列清单，人人可以看得到，件件能够查得清，一切摊在阳光下。媒体发现问题可以曝光，公众发现不妥可以举报、起诉。法律不仅细化可操作，更重要的是法律非常严肃，你绝对不能当它是摆设。芬兰就曾有中央银行行长级别的高官，在公务接待中一不小心上了一道鹅肝，传媒上网查阅菜单后迅速曝光，行长因为这道鹅肝而下台！

公私分明的用车制度。在芬兰，除总统外，整个公务员系统中，只有总理、外交部长、内务部长和国防部长 4 个人享有固定的专用公车待遇，而且他们也只能在上班时使用。据说虽然贵为一国元首，芬兰的总统常常骑自行车出去。为了管住其他公务员集体使用的公车，芬兰政府曾设计了一套监控系统。公车上装有两个按钮的发射器，一个刻有公务字样，另一个刻着私事字样。如果是私事，就要照章纳税。公务员用车需要事先向政府办公部门申请并讲明去向，上车时还要分情况按下按钮，让监控中心收到信号具体掌握公车一路的行踪。如果按下了公务按钮，而汽车实际行驶的方向不对头，车上的无线电话会就响起来，监督人员会打来电话询问和提醒开车者……令人感慨的是，这个监控系统在芬兰运行近5年，竟然没抓到哪怕一个违规者。不是因为系统不灵光，而是公务员实在是太守规矩了，政府试了几年后发现多此一举，干脆把系统都拆了。就算系统拆了，车上没有了“眼睛”，也没有人拿公车去办私事。①

2. 完善的政务公开制度

透明和公开是芬兰政府工作的一个重要原则。公共部门的一切都要公开，接受市民和媒体的监督。政府档案馆以及公共部门的所有档案材料不仅对专家和研究人员开放，而且也对新闻界和公众开放。社会的透明程度也很高，任何人都不能开匿名账户，税收当局有权了解全国所有账户的情况。每个公民和团体的收入及财产（资产）每年都要在纳税表上加以公布，任何人都可以到税务局询问和查实某人或某团体的收入及财产情况。②

3. 严密的监督机制

芬兰对公务员的监督主要体现在政府监督、新闻舆论监督和公众监督三个方面。

政府部门监督。芬兰政府各机构都设有审查官。虽然职位不是很高，但行政首长在决策过程中，如果出现疑问或失误，审查官可以对该决策提出质疑，并进行独立调查。一位部长可以不顾审查官的异议而通过某项决策或制定某项规定，但没有审查官的签署，该决策不受法律保护。同时，芬兰还建立了司法监督制度，司法总监和议会督察员是芬兰政府机关中的最高监察官，这两种监察官一般由著名法学家担任。根据宪法规定，司法总监有权出席内阁会议，监督总统和政府所作出的决定是否合法，同时对政府各级官员进行监督，并有权随时要求政府官员对自己的行为作出解释。司法总监还接受和审理普通公民、团体对官员及公务员的举报，对官员的不当行为提出警告，对严重违法的官员进行起诉。司法总监还可以根据舆论和媒体透露的有关情况立案调查。

新闻舆论监督。芬兰的人口少，生活圈子小，发生一点小事就很容易被新闻界抓住。如果政府官员有不体面的事情被媒体曝光，他就会威信扫地甚至被起诉。2002年5月芬兰《晚报》披露，文化部长苏维·林登批准向一家高尔夫公

① 孙宏光：《芬兰的廉洁从哪里来?》，党的建设2006年第6期，第33页。

② 陈尤文、袁建村：《政府公务员诚信体系建设研究》，上海三联书店2008年版，第94页。

司提供 17 万欧元的政府资助，而她和她的丈夫及数位亲属都拥有该公司股份。政府司法总监闻讯立即展开调查。事件见报一周之内，林登便旋风般被迫下台。这种在中国甚至无法吸引公众视线的小案子，已经算得上是芬兰几十年间唯一的大案了。

公众监督。芬兰政府为公民提供了各种机会，让每一个人都可以对政府官员的工作进行监督。任何人发现政府官员有渎职行为都可以向警方告发或向其上司检举，甚至可以直接向法院起诉。上文提到的两种监察官每年都要到全国各地巡视，倾听公民的意见，接受和审理普通公民对官员和公务员的举报，任何芬兰公民都能自由地检举和揭发有违法行为的政府官员。另外，国家在采购物资和进行工程项目时尽可能公开招标，使行贿受贿的可能减小到最低限度。

四、西方国家政府信用建设的经验借鉴

西方国家在政府信用建设方面积累了丰富的经验，总结归纳西方国家政府信用建设的主要做法和成功经验，对于推动我国政府信用管理体系建设具有重要的借鉴意义。

第一，加强制度建设，规范政府行为。决定信用主体在信用关系中表现的最主要原因，在于社会制度的约束和利益的驱动。① 良好的制度设计是保证政府“诚信为本，守信于民”的重要法宝。那些政府信用建设水平较高的国家无一例外制度建设都十分完善，尤其重视法制建设，具体细致地规定了政府机构和公务人员什么可以做，什么不可以做，如果违反了会受到什么处罚。如美国以《政府伦理法》为法律框架的财产申报制度，细致而严格地规定了政府官员应该申报的财产种类、申报人员范围、申报内容等，并对违反利益冲突规定的行为和财产申报中的违规行为施以严厉的处罚，对故意提供虚假信息的人，可提出刑事诉讼，判处最高 25 万美元的罚款或 5 年监禁。同样，英国的“利益声明”制度对政府官员需要声明个人利益的场合、内容及后续的限制和回避进行了严格的规定。芬兰对公务员因公出差、公务接待及公车使用作出了细化甚至是不近人情的规定，彻底铲除了滋生“三公”腐败的土壤。这样细密的制度，基本上杜绝了公务人员投机取巧的可能性，并反过来教育和要求公务人员树立诚信行政的思想，使政

① 吴晶妹：《现代信用学》，中国人民大学出版社 2009 年版，第 59 页。

府信用建设能够取得扎扎实实的效果。

第二，增强政府透明度，强化社会公众监督。阳光是最好的防腐剂，透明才能提高公信力。公开和透明是现代民主政治的必然要求，也是提高政府公信力的核心。完善的政府信息公开制度不仅可以增强公众对政府的了解，加强双方之间的沟通，而且可以保证公众的监督权，促使政府权力阳光运行，为民所用。因此，政府公信度高的国家十分注重政务公开，努力打造透明政府。如美国制定了一系列保护公民知情权的法案，以防止政府机构独占政府信息资源。随着信息技术的发展，美国政府还努力推广电子政务，确保公民可以及时获取相关政务信息。在英国，公民宪章强调“公益服务的运作方式不应有任何秘密”，“我们希望服务公开化，不要隐藏在秘密的烟雾中”，以保证政府部门、机构以及与公共服务相关的企业所提供的公共服务的质量。芬兰公共部门的一切资料都对外公开，市民和媒体可以通过多种方式来查询政府的行政行为、官员的财产及收入情况，自由地检举和揭发有违法行为的政府官员。

第三，健全奖惩机制，发挥正确导向。科学有效的奖惩机制是政府树立和维护信用的重要保障。如果缺乏相应的奖惩制度，鼓励诚信行为，打击失信行为，就会使守信者吃亏，失信者获利，从而使人们纷纷倒向失信者的阵营。西方发达国家在政府信用建设过程中普遍重视健全奖惩机制，使公务人员的信用行为与其收入、升迁及福利保障相挂钩，以发挥对公务员的诚信导向作用。如芬兰规定一旦公务员被认定有违反道德的失信行为，将会被革职，情节严重的将会入狱；美国的公务人员廉政行为准则在收受礼品、利益冲突处理、求职、滥用职权、职外活动等方面对行政部门工作人员作出了限制性规定，对违反规定的给予警告、停职、离职、开除处理。这些赏罚分明、导向突出的规定有助于在政府部门中形成“人人讲诚信，个个守诺言”的良好氛围，是美国、英国、芬兰等西方国家提高政府公信力的重要手段。

第四，推动改革创新，提高服务质量。公众对政府信任下降的重要原因之一在于对政府服务的不满。因此，有必要促进公共部门的改革，创新公共服务供给方式，从而提高行政体系对外在环境的敏感度和回应性，进而改善公民对政府的信任。在美国，相应的改革措施一方面体现为倡导“顾客导向”的公共服务，强调把公众放到驾驶员的位置上，政府提供何种公共服务以及如何提供公共服务都必须取决于“顾客”的需求；另一方面，也体现为推行市场化导向的绩效管理，强调把工商管理的各种先进理念和技术引入公共服务领域，以使政府“更有回应性、更有责任心和更富有效率”。在英国，相应的改革措施包括“公民宪章”运动和公共服务协议等。这些措施都强调公共部门应该从顾客的角度来思考和确定目标，给顾客提供多元化的服务选择，降低服务成本，提高服务质量。尽管公众和学界对这些改革褒贬不一，但不可否认的是改革后公众对政府信任度或多或少都有所恢复。

第二节　我国地方政府信用建设的典型方式

全心全意为人民服务向来是我国各级政府的宗旨。进入21世纪以来，在全面建设小康社会和构建和谐社会的大背景下，中央多次强调要提高政府公信力，建设人民满意的服务型政府。各地在中央精神的指引下，不断创新管理理念和管理机制，在政府信用建设方面进行了有益的探索，在实践中形成了多种多样的政府信用建设方式，为民办实事、好事逐渐形成风尚，取得了一定的成效。本节将重点讨论目标绩效管理、社会服务承诺制及权力阳光运行机制这三种典型的政府信用建设方式。

一、目标绩效管理[①]

目标管理（management by objective）俗称责任制，它使组织中的上级和下级一起协商，根据组织的使命确定一定时期内组织的总目标，由此决定上、下级的责任和分目标，并把这些目标作为组织经营、评估和奖励每个单位和个人贡献的标准。目标管理方法提出来后，美国通用电气公司最先采用，并取得了明显效果。其后，在美国、西欧、日本等许多国家和地区得到迅速推广，被公认为是一种加强计划管理的先进科学管理方法。我国于80年代初开始在企业中推广目标管理的方法。作为政府机关内部的一种管理技术，目标管理的特点是将组织目标分解并落实到各个部门（或岗位），目标完成情况考核也相应针对各个部门。随着行政管理体制的改革和完善，目标管理的运用范围逐渐扩展，发展出各种行之有效的实践形式。浙江省泰顺县的目标绩效管理便是其中的典型代表。

---

① 参阅了雷文东、魏盛辉的《泰顺推行乡村目标绩效管理》，载《今日浙江》2010年第11期，第50－51页。

（一）浙江省泰顺县概况

泰顺县位于浙江最南端，西北与景宁县接壤，东北连文成、苍南，直达温州，西、南连通寿宁县及福建，隶属于浙江省温州市，为温州下辖六县之一。泰顺系“全国生态示范区”、“中国古廊桥之乡”和“中国茶叶之乡”。全县总面积1761.5平方公里，辖36个乡镇（包括2个少数民族乡镇），人口35万。泰顺矿产资源丰富，已探明40余种，其中龟湖叶蜡石矿被称为“世界蜡都”。此外，泰顺还拥有号称“生物种源基库”、“绿色生态博物馆”的乌岩岭国家级自然保护区和被誉为“神水宝地”、“天下第一氡”的承天氡泉省级自然保护区。

近几年来，泰顺立足当地资源优势，确立了“发展绿色产业，建设生态大县”的战略目标，走生态之路，做特色文章，兴绿色产业，求民富县强，已初步走出一条以有机农业、清洁型工业、生态旅游业为主的可持续发展之路，经济社会各项事业取得了较大发展。2009年全年实现地区生产总值34亿元，增长10.5%；财政总收入3.64亿元，增长13.6%，其中地方财政收入2.63亿元，增长15.5%；全社会固定资产投资15.71亿元，增长2.9%；社会消费品零售总额14.52亿元，增长19.6%；城镇居民人均可支配收入14432元，增长9.3%；农民人均纯收入5190元，增长11.3%。财政总收入、社会消费品零售总额、农民人均纯收入等指标提前一年完成“十一五”规划任务。

为了改变泰顺欠发达的面貌，开创经济社会又好又快发展的新局面，泰顺县从2007年开始实施县乡村三级目标绩效管理。自实施以来，目标绩效管理成为推动工作的“指挥棒”、实绩评价的“标准尺”和经济社会发展的“助推器”，使泰顺经济社会发展综合评价连续多年走在温州市前列，多个单项经济指标增幅名列温州市前茅，成为温州市新的经济增长点。

（二）泰顺目标绩效管理目标设定方法

泰顺将全县36个乡镇纳入目标管理，按区域人口、区域面积、经济社会发展情况等分为三类乡镇来考核。每年的2月至3月，各部门和乡镇机关需根据县两会上公布的全县年度工作计划，先自我分解，再结合各单位实际制定目标，然后上报，经县目标办核准后，设定为该部门和乡镇的“年度目标”。这种看似“今年做什么事乡镇自己定”的考核机制，并不意味着可以“随便定”，而是要紧紧围绕全县经济社会发展大局，结合乡镇工作实际制定“跳起来才能摘得到，用全力才能完得成”的工作目标。

不仅乡镇不能“随便定”目标，村级也不能“随便定”目标。各乡镇将计划生育、政策处理、安全生产、信访综治、基层党建、党风廉政等共性目标分解落实到村，结合乡镇下达的工作目标，村“两委”结合本村实际和党员群众关心的实事项目，征求村民代表意见后，初步提出基础设施、民生实事、村庄整治、产业发展等方面的年度工作目标。然后组织召开村民代表大会，对拟定的年度工作目标进行表决，表决未通过的退回重新拟订，表决通过后报乡镇党委、政府审核同意，同时向全村作出公开承诺，并将年度工作目标里各项工作的内容、完成时限、具体责任人等在村务公开栏上张贴公布，接受监督。这从根本上强化了村干部责任，解决了以往大量工作落在乡镇、断在村里的难题。

为了引导广大乡村把年度目标定得更高、更实、更有特色，县目标办分层组织对目标设置的高低和完成的难易程度进行评定。例如在对乡镇目标进行评定时，县里会组织人员听取乡镇党委书记陈述年度工作目标，分类对各乡镇上报的目标设定的高低和完成的难易程度逐项评定难度系数，并分为“优秀、良好、较差”三档，评定结果直接影响年终考核得分。目标定得过低，在同类乡镇工作目标评定中，就有可能处于劣势；目标定得太高，项目、资金等又会成问题。这迫使各乡镇在确定目标时不仅要下村调研、开会研讨，还要拿着预备项目跑部门问政策。简言之，目标设定必须客观科学，而不能拍脑袋决策。据统计，仅 2009 年全县 36 个乡镇共制定大小建设项目 939 个，总投资 7.8 亿元；295 个村设定各类创建目标 1439 项，总投资 2.12 亿元。经测算，现在乡村一年所干工作相当于未实施乡镇目标绩效管理前 3 到 4 年的工作量。

（三）泰顺目标绩效管理的工作推进机制

为使目标管理推进得到强有力的支撑保障，泰顺强化“二项改革”。一是强化“乡镇机构改革”，根据乡镇功能定位、规模大小、分类设置“1+4”或“1+3”中心，归并乡镇内设机构和“七站八所”，理顺条块关系，调整干部资源，为实施驻村指导员制度、推动乡镇重心下移提供了制度保障。与此同时，县里实施了县管领导干部岗位目标竞岗、县机关中层干部跨部门交流、乡镇干部跨乡镇交流，树立起了“末位交流、向下交流”的导向。2009 年对 38 名考核测评末位的乡镇干部进行了跨乡镇交流。二是强化“财力支撑目标管理改革”，全面开展乡镇财务债务核查清理工作，采取增收节支和县财政补助奖励等措施，彻底化解了 2007 年年底前的政府运转“赤字”。县里每年安排 200 多万元资金，奖励目标考核先进的乡镇；各乡镇每年安排一定资金奖励目标考核先进的村。实行涉农资金捆绑管理和使用，加大农村项目建设配套投入。引导贫困村发展壮大村集体经济，全县249个村投资水电站，年收益达280万元，初步解决了村里无钱办事的问题。

为确保管理力量到村，泰顺强化了领导班子成员、驻村指导员和村“两委”干部“三支队伍”建设，创新干部管理制度。一是实行领导班子联系制度，县领导分片联系相关乡镇，乡镇班子成员分别牵头抓好分管项目和所联系村的目标管理工作。二是实行驻村指导员专职化制度。采用“双向选择、竞争择优”方式选聘了343名指导员开展驻村工作。三是实行年度工作目标承诺和实绩公示制度，结合所驻村目标管理实行“捆绑考核”，建立驻村工作“五必到”、“一村一档”民情、便民服务承诺制等制度，真正把驻村指导员考核挂到村、重心下移到村。此外，建立村干部“联户包干”制度。由村“两委”干部包干负责抓好年度目标任务，兼职担任村“综治八大员”，联户落实计划生育、低收入农户奔小康等具体工作。

通过工作机制的改革创新，村干部开展工作有了明确的目标，一年里要干的事清清楚楚，村民也明明白白，并看到了实实在在的变化。如位于泰顺西南端的荣西村，全村面积4.5平方公里，人口1100多人，其中大部分青壮年外出打工，经济相对落后。自2007年实行村级目标管理机制以来，该村在乡村两级干部的带领下，发展特色生态农业和休闲旅游，发展休闲农庄2家并引进传统木偶表演、斗牛场、茶叶现场制作等配套旅游项目，村容村貌大大改观，先后被评为市级小康示范村、生态村及文明村。

（四）泰顺目标绩效管理的考核评价方式

到年终时，各单位的承诺完成情况都要接受考核验收，按完成情况打分，并根据考核得分，分类评出考核先进单位、达标单位和落后单位，其中每类乡镇都评出2个先进单位和1个落后单位，乡镇班子成员分管工作也全部按实绩进行分类排名，切实激励各级干部创新创优。各乡镇也分别对村年度工作目标考核情况和村“两委”主要干部年度考核进行排名，结果报县委组织部审核备案。

泰顺县还完善考核评价模式，坚持目标管理考核与干部考察考核相结合，建立健全日常考核与年终考评相结合的考评体系。一方面，全面考察干部在履行职责、完成目标过程中所发挥的具体作用，科学区分单位工作与个人实绩，从集体到个人，全部用数据说话，用实绩亮相，努力实现定性评价向定量评价、主观评价向客观评价、模糊评价向排名评价转变；另一方面，采取量化评分方式，对村年度工作目标完成情况进行考核，并组织村党员、村民代表进行评议，做到客观公正考核。

最重要的是，泰顺注重考核结果的运用，使之与岗位挂钩、与经济挂钩、与评优挂钩，有效激励了先进，带动了后进。目标绩效管理实行 3 年来，9 名科级干部因为连续两年无法兑现年初承诺，被责令辞职或降职，12 名县管干部从重要岗位交流到一般岗位。同时，因考核优秀有 14 名同志提拔到正科岗位，23 名同志提拔到副科岗位，21 名同志转任重要岗位。

（五）对泰顺目标绩效管理的评价

泰顺的目标绩效管理在目标设定过程中通过上下互动民主确定申报目标，在推进过程中通过深化体制机制改革全面强化制度支撑，在考核过程中通过严格兑现奖惩充分发挥考核的激励作用。这些举措使目标绩效管理真正落到实处，成为推动工作的“指挥棒”，实绩评价的“标准尺”，经济社会发展的“助推器”。通过推行目标绩效管理，领导干部干好干坏不再是一个样，乱开“空头支票”不再会不了了之，促使领导干部意识到一诺千金非儿戏，在实践中守信重诺、争先有为，有效增强了政府的公信力，提高了公众对政府的信任度和满意感，是当前建设服务型政府、责任型政府的有效形式。

总体而言，泰顺目标绩效管理收到了良好的成效，但还有某些细节需要进一步完善。比如，在年终考核时需要仔细分析未完成承诺的原因。现实生活中，一项任务没有按期完成，原因是多层次、多方面的，如果不加分析，处理结果可能有失公平。同时，应通过各种渠道尽快向社会说明承诺无法兑现的原因和对责任人员的处理情况，一方面让失信官员名誉扫地，另一方面也可争取公众的宽容和谅解。

二、政府服务承诺制

英国是世界上较早推行社会服务承诺制的国家。1991 年梅杰任首相开始在全国推动公民宪章运动，以宪章的形式把政府公共部门服务的内容、标准、程序、责任等公之于众，接受公众的监督，从而提高公众对政府服务的满意度。这一运动引起了国际社会的广泛关注，许多国家纷纷效仿。1992 年，法国政府要求公共服务部门颁布“公共服务宪章”。同年，比利时发动了“公共服务宪章”运动。1993 年，美国戈尔报告提出了“顾客至上”的公共服务理念。

（一）政府服务承诺制的兴起和推广

针对政府行政费用不断增长、办事效率低，事业单位和国营公共企业，尤其是具有行业垄断性公共企业缺乏竞争、服务成本高、服务质量差等市民反映强烈的问题，1994 年 6 月，山东省烟台市政府借鉴英国公民宪章运动和香港公共服务承诺制的经验，率先在建委系统实施社会服务承诺制。1995 年 5 月，烟台市政府在全市邮电、电业、交通、工商等 12 个部门推广建委的经验。到 1996 年，烟台市建委实行社会服务承诺的内容多达 81 项，服务标准达到 117 条，基本上包含了建委系统工作的主要内容，涵盖了从城市建设、管理维护到居民生活服务的方方面面。1998 年，烟台市政府决定进一步扩大社会服务承诺制的范围，并将社会服务承诺制作为推进政府管理创新和提高政府服务效率的主要方式，承诺制开始由对工作本身的承诺，向前、向后、向内、向外实现全方位拓展、延伸。2005 年 2 月 1 日起，烟台市行政审批中心推出了《推行 ISO9001 质量管理体系认证工作实施方案》。实施 ISO 认证，就是将政府作为“服务提供者”，社会公众作为“顾客”，通过质量体系管理，确保为公众提供的是优质规范的政府服务。

为建立社会服务承诺制的长效机制，烟台市政府从以下六个方面对社会服务承诺制加以规范完善：①科学界定实行承诺制的范围，对实行承诺制的部门单位进行调整，重点放在规范完善上；②实事求是地确定承诺内容和承诺标准，进一步突出重点；③严格违诺赔偿制度，强化约束力；④完善监督体系，确保承诺兑现；⑤努力把承诺制与规范化服务和民主评议行风结合起来，发挥综合效应；⑥加强组织领导，严格进行考核。

1995 年 5 月，国务院纠正行业不正之风办公室和国家建设部联合在烟台召开现场会，向全国推广烟台经验。7 月 12 日，中宣部、国务院纠风办又联合建设部、电力部、铁道部、邮电部等八大部委举行座谈会，进一步推广烟台市社会服务承诺制的经验。其中建设部决定从 8 月份起，在全国 36 个大中城市实行供水、燃气、房管等行业的服务承诺制。随后，上海、济南、北京、杭州、天津、长沙、株洲等许多城市的社会服务行业相继推行社会服务承诺制。从目前的情况看，各地已经实行和正在推行服务承诺制的行业，包括城建、供水、燃气、房管、公交、铁路、民航、邮电、电业、银行、旅游、商业、饮食、医院等众多部门。

（二）政府服务承诺制的主要内容

政府服务承诺制是一项保障公共服务公开化、规范化和实效化的制度，它是指政府机关将公共服务的内容、标准、程序及服务违约责任等公之于众，向公众作出信守性许诺，接受公众的监督，以提高服务水平、有效满足公众需求。服务承诺制是一种政府自我加压机制，“其内在逻辑是，通过公开承诺和社会监督，形成社会舆论要求履行契约的外部压力，进而把这种外部压力转化为提高服务水平的内部动力。”① 尽管各地和各部门实施的政府服务承诺制内容有一定差异，但总体来看，政府服务承诺制主要包括以下四项内容。

1. 服务内容承诺

服务内容是公共部门承担的责任或所提供公共服务的范围。行政服务的内容主要包括两个方面：一是行政机关依照法律、法规和规章的明确规定而享有的职权和应履行的职责；二是行政机关在无法律、法规和规章明确规定的情况下，在宪法和组织法所规定的权限范围内主动设计和提供的服务。第一个方面的服务内容由法律规范明确规定；第二个方面服务内容的确定，行政机关有较强的主观能动性，拥有较大的自由裁量权，但有一个核心原则必须遵循，即必须以公众为中心，从公众的需求出发，设计、提供和改善服务，达成“满足公众需求”的目的，这是公共服务的实质和基本内容。

现代公共服务是一个庞大的社会系统，不同公共部门之间进行了高度的专业分工和协作，这也造成了公众对公共部门结构和职责分工缺乏深入了解，往往处于办事无门的境地。同时专业分工和职能交叉、责任不清，又给公共部门互相推诿提供了借口。所以，公共服务部门向公众公开明示其法定的职权与职责，以承诺的形式实现服务内容的明确化和具体化，不但有助于公众了解公共部门职能分工，克服“机构迷宫”给公众造成的不便和困难，而且也有利于公众对公共部门实施监督。如浙江省平湖市工商局根据工商行政管理的基本职能，向社会公开作出“优化准入环境、提供创业指导、拓展品牌建设、平整市场秩序、严格责任追究”等五个方面的承诺，使公众对其服务范围有了清楚的认识。

① 周志忍：《社会服务承诺制需要理论思考》，中国行政管理 1997 年第 1 期，第 13 页。

2. 服务标准承诺

服务标准承诺指服务标准公开化和具体化过程。服务标准承诺对内构成了工作的目标，对外则成为评价和监督的依据。可以说，标准的明确化、公开化和具体化是社会服务承诺制发挥作用的基础。明确化和具体化意味着服务标准必须以定量指标的形式表现出来，不然很难落到实处。

公共服务标准应当尽可能地简单，容易理解和沟通。如果标准过于复杂，执行者难以把握，评估起来也十分困难。另外，服务标准应定得稍高，具有一定的难度和挑战性，以利于提高服务绩效，激发员工的潜能。但服务标准设定要综合考虑人、财、物、技术等方面的实际情况，不能脱离实际，不能定得过高。标准应是可行的，留有一定余地，通过一定努力可以达到的。

河南省许昌市建委从客服接待、设计安装、现场施工、正常供气、抢险维修及抄表收费六个方面十分细致地规定天然气社会服务的承诺标准。如“发现或接到报险，抢修人员20分钟内赶到现场，抢修及时率达98%以上”，“严格按照政府有关规定和标准向用户收取各项费用，抄表准确率应达到98%以上，杜绝估抄、多抄”。细化的承诺标准让公众一目了然，形成了督促相关人员认真工作的强大压力。

3. 服务程序和时限承诺

服务程序和时限承诺通常包括以下三方面的内容：（1）办事要求的明确化。这里的“办事要求”主要是指行政机关对公众的要求，它包括资格要求和办事必备的手续。严格地说，对公众的要求不属于对公众的承诺，但要求的明确化却是提高效率和公众满意度的基本条件；（2）办事程序的合理化。程序合理化是程序公开化的前提。在强调加强行政程序法制建设的同时，要减少行政机关烦锁的审批环节，简化不必要的办事手续，需公众提供的材料尽可能少，需公众填写的表格尽可能简单明了，避免公众的重复劳动和不同部门的重复工作。同时，还要尽可能实现工作流程的一体化；（3）办事时限的公开化。在办事环节合理化基础上确定办事时限，实行限时服务，并将办事的时限公开，这对于促使行政机关及时、准时、省时地为公众提供服务，防止行政机关推诿拖延，有效保护公众的合法权益具有重要作用。在实施中，各地纷纷推出了限时办结制。如浙江省浦江县公路路政管理大队公开承诺“对挖掘公路、跨越、砍伐公路树木等项目的申请，不需要现场勘察或报上级的，当日答复；需现场勘察和路政许可的10日内作出决定，报上级机关许可的，20日内作出决定；对污染、破坏路产等案件，不涉及行政处罚的，4日内结案；需专家论证的，10日内结案”。

4. 违诺责任

违诺责任是指承诺者未能达到既定的服务目标或未能在规定的时限内完成服务时应承担的不利后果，如给予赔偿或补偿。这里的违诺责任不是由法律、法规明确规定的行政机关应承担的法律责任，而是由行政机关主动自愿地向公众声明违反承诺应承担的责任。对作出承诺的行政机关来说，违诺责任的主要意义在于向公众传达了一种信息，表明行政机关对自己的承诺采取了严肃认真的态度，并愿以承担违诺责任作保证。对接受服务的公众来说，责任承诺与兑现成了他们检验行政机关服务诚意的一种有效手段。违诺责任也是行政服务承诺制的一个必要的组成部分，如果仅有服务内容与目标等的承诺，而没有违诺责任相伴随，则可能导致服务落空。违诺责任要明确具体，便于操作，不能含糊其辞或过于抽象。

例如，黑龙江省鸡东县鸡东镇规定对不履行机关承诺服务制度，引起群众埋怨情绪的，给予诫勉谈话或批评教育；对因纪律松懈，业务水平低，工作能力差，不能按要求办理公务或开展工作，甚至出现严重差错，造成损失或影响较大的，给予通报批评，实行末位待岗；对滥用职权，假公济私，对群众或单位造成不良影响或后果的，给予严肃的党政纪处分；对吃、拿、卡、要行为，视情节轻重给予行政告诫或移交纪检机关处理；部门违反承诺或不兑现承诺时，主要负责人在新闻媒体上公开赔礼道歉，主动接受上级部门的处理。

（三）对政府服务承诺制的评价

政府服务承诺制是承担社会服务职能的公共部门把自己向社会和消费者提供的服务作出公开承诺，自愿接受社会监督，并承担违反承诺的责任。这是我国政府部门近年推行的一种把自我约束和社会监督相结合的一种新型管理和服务机制。政府服务承诺制把对政府及政府部门的事后监督转变为事前及全过程监督，把由少数行政或业务主管部门进行的监督转变为由全社会共同进行的监督，极大地增强了政府的责任意识，强化了政府的压力机制和动力机制，有利于促进政府树立“顾客至上”的服务理念。在实践中，政府服务承诺制在一定程度上解决了政府部门“门难进，脸难看，事难办”、办事拖拉、推诿扯皮、索拿卡要等“衙门作风”，提高了政府的服务效率和服务质量，并使政府服务更契合公众的需求，从而有利于提高政府的威信和信用水平。

当然，政府服务承诺制这一新生事物在推行过程中也暴露出一些问题与不足。一是履约践诺情况缺乏监督。“言必行、行必果”。只有政府部门认真兑现承诺，使百姓受惠，政府服务承诺制才会受到公众的欢迎。目前，某些政府部门的服务承诺制已经蜕化为了一场“承诺秀”，轰轰烈烈的承诺过后，主观上不重视，客观上没监督，致使违诺责任无从追究，极大地损害了政府的信用形象。二是承诺过程缺乏公众参与。服务承诺制是一种政府自我加压机制，而压力效果的真正达成，需要社会公众的广泛参与。承诺内容、承诺标准的制定过程如果没有社会公众的广泛参与，将使服务承诺丧失其合法性基础，成为政府部门单方开出的空头支票，看似美丽，实则没有任何实际意义。三是承诺标准模糊不清。有些政府部门在服务承诺书中往往喜欢使用文明、礼貌、热情、快捷、细致、满意等词汇，看似对公众做出了高标准的承诺，实则不然，因为这些标准十分模糊，难以考核，所以无法起到督促公务人员认真工作的目的，也使社会公众的监督无法落实。今后，政府服务承诺制在发展过程中必须着力解决以上问题，使这一制度的优势得到充分发挥，促进政府信用水平的提高。

三、权力阳光运行机制[1]

人民是国家权力的真正主人，理所当然地享有对政府运行情况及政务信息的知情权。要真正实现政府的高信用度，维持和增进政府信誉，就必须打破“暗箱操作”，降低和消除政府和公众之间信息不对称所带来的道德风险，最有效、最便捷的方式就是大力推行政务公开。[2] 近几年，江苏省南京市积极构建权力阳光运行机制，走出了一条独具特色的权力阳光之路。

（一）南京市构建权力阳光运行机制的背景

南京市是江苏省省会和“中国四大古都”之一，有“六朝古都”之称。南京市位于长江下游沿岸，是长江下游地区重要的产业城市和经济中心，中国重要的文化教育中心之一，也是华东地区重要的交通枢纽。2010 年，南京市地区生产总值达到 5010 亿元，增长 13%。完成财政总收入 1075.3 亿元，增长 19.3%，

① 参阅了新华网的相关报道 http://www.js.xinhuanet.com/xin_wen_zhong_xin/2010-05/10/content_19742564.htm。

② 周伟贤：《转轨时期的地方政府信用问题分析——基于“政治人”的视角》，经济管理出版社 2010 年版，第 165 页。

其中地方一般预算收入518.8亿元，增长19.4%。完成社会消费品零售总额2267.8亿元，增长18.5%。完成全社会固定资产投资3306亿元，增长23.9%，其中工业投资1601亿元，增长23.1%。

随着经济社会的快速发展，传统的黑箱式权力运行模式引发的问题日益增多，在实践中造成了以下5类痼疾：一是权力行使依据繁杂，社会公众查询困难；二是岗位职责不清，推诿扯皮仍然存在；三是办事难、耗时长，引发社会不满；四是权力封闭运行，制约手段落后；五是考核方式落后，缺乏科学依据。因此，创新政务管理模式，选择一个更加高效的载体和平台，推动行政权力公开透明运行已势在必行。2005年8月，南京市开始构建"权力阳光运行机制"，并提出了具体目标——"一年明显见效，两年基本建成，三年巩固提高"。2006年2月，南京市委、市政府出台了《加快电子政务建设，构建权力阳光远行机制的意见》，成立了市构建权力阳光运行机制工作领导小组，明确要求全市54个具有行政执法权的市级机关部门和13个区县两年内基本建成行政权力阳光运行工作机制。

（二）南京市权力阳光运行机制的主要内容

根据南京市委、市政府出台的《关于加快电子政务建设，构建权力阳光运行机制的意见》，权力阳光运行机制的基本思路是"以信息化推动权力运行程序化，同步实现公开化"，在具体实施过程中要积极构建全面涵盖行政执法、行政审批、行政处罚等环节的权力网上阳光运行机制，努力打造数字化的权力运行结构。

在实践中，南京市构建了权力阳光运行机制的"一二三四"框架体系，实现了跨越式发展。"一"是一个全市统一的电子政务网络系统，依托市党政内网和"网上政务大厅"把各级政府、各级部门连成一个整体，实现信息共享、联网运行。"二"是市、区县和部门两个层面的工作平台：市信息中心完成"网上政务大厅"的升级、改造，为全市行政执法电子化提供平台；全市54个具有行政执法权的部门和13个区县政府建成以行政权力运行为主体的网上办公系统。"三"是指系统具有网上政务公开、网上办公、网上监察监控三大功能，有效提高了信息应用水平。"四"是指权力阳光运行电子化系统基本满足四个方面的需求，即满足社会公众了解行政事项办理情况的查询服务功能；满足机关工作人员高效办公的载体服务功能；满足各级领导科学决策的辅助服务功能；满足纪检监察部门对权力运行的实时远程监督功能。

通过积极运用信息技术，对权力运行过程中容易滋生腐败的关键环节加以规范，南京市取得了三个方面的突破，形成了具有南京特色的权力阳光运行机制。

一是行政事项办理全上网。所有行政许可、行政处罚和其他行政权力事项全部实现上网运行。作为权力阳光运行机制的基础性工作，南京市首先组织各级政府部门对市、区（县）两级行政执法事项进行全面清理，与实不符的审批事项依法全部被取消。通过三轮集中清理，全市行政权力事项大幅压减，市级行政权力事项（含行政许可、行政处罚、行政强制、行政征收等）已由5878项核减少到2299项，削减超过60%。区县行政权力事项总数也削减了57%。在此基础上，编制了《南京市行政职权目录》，将全市所有行政执法事项统一编码，使每项权力都有唯一的“身份”。全市54个行政部门的2299项权力的名称、编号、依据、内容、流程、时限、表单、办事指南等全部以规范的格式在网上公示。然后，统一编制权力运行流程图，对经清理核定保留的行政权力事项逐项确认行使依据、内容、程序、时限、责权等，科学合理地分解到具体执法机构、执法岗位和执法人员，做到流程清晰、权责明晰，从源头上减少人为因素，杜绝推诿扯皮。所有行政权力事项运行流程的每个环节、每个岗位、每个工作人员操作的时间和内容均由计算机记录在案。不同意审批的必须给出具体理由。同时，全市13个区县、54个部门全部开通短信、电话通知系统，自动及时地将事务办理情况通知申办人。

二是电子监察监控全覆盖。南京将所有行政权力事项全部纳入权力阳光运行系统之中，汇集到网上政务大厅公开运行。在行政权力全覆盖、全上网的基础上，通过电子监察监控系统，全面监督权力网上运行情况，不留监督死角。为此，南京建立了两级电子监察平台：一级平台为市“网上政务大厅”监察模块，由市监察局对全市行政权力网上运行情况进行实时监控和综合分析；二级平台为各部门、各区县电子政务系统监察模块，监督本单位行政执法事项的受理、承办、办结等情况。由于计算机全程留痕，系统可以准确考核出每项行政事项运行过程中每个环节、每个岗位、每个责任人所用的时间，一旦出现违规操作或办理超时，网上监察监控系统会自动发出警告并启动督促、调查程序，帮助当事人维护自身权益，有效解决了机关“中梗阻”，群众到政府办事难等难题。

三是自由裁量权标准化网上运行。针对自由裁量权受人为因素影响较大的问题，南京市制定了《行政处罚自由裁量权指导意见》，将行政处罚划分为14个标准环节，在法定的自由裁量权限内，再分解为若干不同处罚档次和若干种情形，建立行政执法标准数据库，根据违法事实和情节轻重由系统软件自动控制处罚幅度，有效限制了经办人员的自由裁量空间。以“未领取施工许可证擅自施工”为例，法律只是规定按工程造价的1%～2%进行处罚，实践中南京市将该处罚细分为11个档次、85种情形，形成行政处罚自由裁量细则库，办案人员只要将违法行为、情节等相关客观要素输入，计算机就能自动比对并生成处罚结果，确保了自由裁量结果的公平性和权威性。

（三）对南京权力阳光运行机制的评价

经过四年多的努力，南京市政府系统180多个部门和单位，已全部接入市级机关政务内网。全市具有行政执法权的54个部门和13个区县都已建成权力阳光运行机制，实现了行政权力事项网上运行。截至2010年，南京市“网上政务大厅”已办理行政事项近300万件（不包括专网和涉密网）。权力阳光运行机制在实践中取得了很大的成功，不仅有效提高了政府工作的透明度和公信力，而且为从源头上预防和治理腐败提供了制度保证，得到了包括“透明国际”等众多机构的肯定。

第一，权力阳光运行机制体现了社会主义民主政治的客观要求。社会主义民主归根结底是让人民当家做主，让人民当家做主是社会主义民主政治的本质和核心。十七大报告强调要“扩大人民民主，保证人民当家做主”。此后中央又反复指出要丰富民主形式、拓宽民主渠道，“保障人民的知情权、参与权、表达权、监督权”。知情权就是了解权、知悉权，是指公民、法人或其他组织对国家机关掌握的信息享有了解的权利，其本质是对公权力的限制和对民众私权的保护，是公民的一项基本权利。在上述“四权”中，知情权是其他“三权”实现的前提和基础，具有极其重要的意义。在权力阳光运行机制的构建过程中，南京市充分利用原有信息化建设基础和条件，整合全市政务网络资源，以行政权力为重点，以政务公开为原则，以电子政务为载体，以网上政务大厅为平台，实现了行政权力运行数字化、流程标准化、流转网络化、信息公开化，有力推动了权力运行程序化和公开透明，从而切实保障了公民的知情权。

第二，权力阳光运行机制可以促进惩治和预防腐败体系建设，强化源头治腐。没有阳光就容易滋生腐败。南京的权力阳光运行机制通过列出权力“清单”，使公务人员对清单之外的项目一个都不敢审批；通过编制权力流程图，计算机记录在案，使一项审批“谁在办”、“怎么办的”全程可见；通过建立行政执法标准数据库，电脑生成处罚结果，为自由裁量权装上了“刻度表”，使关系网络无从发挥。这些举措使公务人员的行政行为时刻受到严密的监督，彻底斩断了权力寻租的链条，从而迫使他们秉公执法、清正廉洁，有效防治了腐败。

第三，权力阳光运行机制创新了公共服务管理方式，提高了工作效能。传统的公共服务管理是以纸质方式运行的，程序运行和表单制作费时费力，南京的权力阳光运行机制利用信息技术把传统的流程固化到网上业务系统中，当事人和具体经办人员无须见面，实现了网上审阅材料、填写意见、制作文书、做出决定，显著提高了机关的服务效率。以南京市国土局办理建设项目预审为例，原来走完12个程序环节平均要一个多月，网上办理后平均只要11天1小时37分，启用监察监控系统后，又降低到6天5小时23分，服务效率提高了4倍多。由此可见，权力阳光运行机制的构建使企业和公众可以通过网络享受优质、高效、便捷的政务服务，从而提高了他们对政府的满意度。

此外，权力阳光运行机制在建设过程中也暴露出一些不足，有待进一步完善。比如，如何克服“数字鸿沟”带来的不利影响，让低收入群体也能享受电子政务的便利；如何正确处理信息公开透明与信息安全的关系等。

第三节　加强我国地方政府信用建设的策略选择

提振政府公信力，建设信用政府，既是一个系统工程，也是一项长期任务。根据前面各章对政府信用缺失原因、影响因素的分析，并结合国内外政府信用建设的有益经验，课题组认为加强我国地方政府信用建设首先要从总体上对地方政府职能进行再定位，使其成为廉洁绩效服务型政府，然后从制度规范和信用文化两个层面规范地方政府行为，塑造和强化政府信用。而为了保证政府诚实守信、勤勉作为，就必须实施政务公开和阳光行政，让政府接受公众全方位的监督，最后也是最为关键的就是各项规章制度的落实，为此就要建立健全失信惩戒和守信激励机制。只有各项措施协调配套，整体推进，才能在相对较低的经济发展阶段上实现并维持相对较高的政府信用水平，使地方政府在建设诚信社会、规范信用秩序的进程中成为“领头羊”和“火车头”。

一、总体定位：建设廉洁绩效服务型政府

改革开放以来，在“以经济建设为中心”的方针指导下，地方政府尤其是基层政府迅速转变为公司化的发展型政府，这种政府在促进经济发展、改善人民生活方面起到了重要的作用，但随着时代的发展，发展型政府的各种弊端日益显露，政绩工程、权力寻租、贫富差距及环境污染等问题严重损害了政府的公信力。2011年两会前夕，温家宝总理在与部分上访代表座谈时曾说，人民满意不满意，是判断政府工作的唯一标准。因此，重塑和提升政府公信力，最重要的一点是政府要努力去实现人民的意志，成为一个人民满意的政府。在现阶段，公众诉求最强烈的就是政府必须降低行政成本，提高政府绩效，有效提供能满足其基本需求的各种公共产品和公共服务。

（一）降低行政成本，建设廉洁政府

数据表明，中国政府的行政成本长期以来居高不下，行政管理支出的快速膨胀已成为中国财政的显著特征。[①] 更为严重的是，地方政府行政开支的实际数额往往要大于官方预算的数额。[②] 虽然行政管理支出的增长有其合理的一面，但如此高昂的行政管理支出已远远超出了维持政府正常运转的水平，其背后隐藏着巨大的政府浪费。公款吃喝、公费出国、公车泛滥等现象引起了公众的强烈不满，腐蚀着政府公信力的根基。加强我国地方政府信用建设，当务之急就是要尽快降低行政成本，建设廉洁政府。

第一，把行政费用控制列入政府的工作计划，解决政府浪费责任主体的虚位问题。可以通过设立行政费用的控制性指标，将行政费用控制责任落实到具体的公务人员，建立赏罚分明的约束机制和激励机制，最大限度地减少和克服公务人员的私利行为，最大限度地维护和激发他们节约和用好公共财产的积极性。具体而言，有必要把“行政费用占GDP的比重”、“行政费用占财政支出的比重”、“公务员的人均行政费用”和“行政费用增长率”等指标作为刚性的控制性指标，写入地方各级政府的政府工作报告中，列入政府的工作计划中，作为每一届

① Bonai Fan, Ming Zhang, Chen Fang, & Jing Wang.（2010）. Government Waste in China: Situation, Causes, and Countermeasures. Asian Survey, 50（4）, 684－708.

② 杨宇立，孙迪：《中国地方政府行政支出的简要实证分析》，西北大学学报（哲学社会科学版）2010年第6期，第131页。

政府的工作目标，并把各级政府的主要负责人列为第一责任人，接受人大、政协和公众的监督，明确政府浪费的责任主体和责任机制。

第二，完善现行财政管理体制，增强财政预算的刚性约束。降低行政成本，减少政府浪费的核心是财政问题，不管制定什么样的规范和制度，都要统一到财政预算上来。各级地方政府必须严格在预算的约束下配置和运作行政资源。目前，最紧迫的任务是把数额庞大的预算外资金、制度外资金全部纳入政府预算控制之内，并都通过设置在中央银行的单一账户进行收支，从而使国库收支真实反映所有的财政收支状况，实施财政直接支付和财政授权支付，形成统一的政府预算，并使所有的财政收支都纳入国库的管理和监督范围，杜绝大量财政资金体外循环、随意支配现象的发生。此外，也迫切需要进一步深化现有的部门预算改革，不断提高预算编制和管理水平，强化预算约束，尽快把部门预算纳入法制化、规范化的轨道，从而有效控制政府的各种财政支出，减少和杜绝政府的浪费现象。应尽快修订和完善《预算法》及其实施条例、《国家金库条例》及其实施细则、预算会计制度等，降低财政法律规范的弹性，强化其法律效力与可操作性，使预算收支程序法律化和法律责任明确化。

第三，引入企业成本核算机制，完善行政绩效考核制度。政府的行政成本过高，就等于浪费纳税人的钱。考核政府官员，不能只看其成绩有多少，还得看其行政成本有多大；不能光看他为财政创造了多少收入，还得看他花掉了多少钱。各级政府应尽快引入企业成本核算机制，用企业家精神重塑政府，建立既注重结果，又注重成本的现代行政绩效考核体系，把每一项行政行为背后的成本（包括直接成本及间接成本）与其相应的成绩或结果，以及公众和纳税人的满意度、政府职能的实现程度等指标作为考核行政绩效的基本指标。根据绩效考核的结果进行奖励和惩罚，把降低行政成本、节约开支与官员和公务员的切身利益挂钩，充分发挥制度的“诱导”功能，让节约意识渗透到每个官员和公务员的日常工作之中，变“我要浪费”为“我要节约”，变“让我节约”为“我要节约”，促使勤俭节约成为每个官员和公务员的自觉行为。

第四，促进公共财政决策的民主化，形成公众与政府讨价还价的博弈机制。公共财政要高效率地提供公共物品，其保障措施和切实手段就是民主财政。民主决策、民主财政一旦实行，诸如乱花纳税人的钱等违背公共财政原则的事便一般不会发生，即使发生也会减少到最低限度。英国哲学家罗素明确指出：“民主政体纵然不是圆满地解决办法，但总是解决办法中的主要部分。”① 换句话说，“公共财政一定是民主财政、民主活动”，“只有公共活动的民主性才能确保公共资源的最优配置”。② 因此，需要加快公共财政民主化的步伐，拓宽公众参与公共财政活动的范围，建立一种社会各阶层共同参与、共同分享公共财政决策权力的格局，打破既得利益集团对公共财政决策权力的垄断，使社会各阶层的利益诉求都得到有效的表达和充分的尊重，强化公共财政决策中公众的话语权、参与权，形成一种公众与政府讨价还价的机制，从而逐步使社会公众主导财政资金的使用。同时，制度设计者要以“人性本恶”为出发点进行制度的构建，健全权力运行制约与监督机制，并注重在法律等正式制度的引导下有序地推进民主化的进程。只有这样，才能在公共财政决策中有效约束政府的自由裁量权，减少政府浪费现象的发生，确保公共财政的正常运行。

第五，制定《反浪费法》，运用法律手段反对和杜绝政府浪费。自新中国成立以来，历届国家领导人均不厌其烦地强调加强党风廉政建设，弘扬艰苦奋斗的优良传统和作风，并且出台了很多反对浪费的政策措施，如2009年2月中共中央办公厅、国务院办公厅联合发布的《关于党政机关厉行节约若干问题的通知》，2010年1月国务院办公厅发布的《关于进一步加强节约粮食反对浪费工作的通知》。这类政策措施虽然多如牛毛，但是总体实施效果很差。究其原因，这些政策的权威性、强制性不足，往往只运用道德的力量号召官员反对浪费，对于浪费现象也只是进行不痛不痒的党纪政纪方面的处罚。因此，有必要加快制定《中华人民共和国反浪费法》及相关的配套措施，用法律来规范政府的消费行为，明确政府浪费属于官员渎职范围，从而让“浪费有罪”深入人心，让惩治浪费有法可依。通过法律手段遏止公车私用、公款吃喝、公款出国旅游等政府浪费行为。

（二）提高行政效率，建设绩效政府

廉洁仅仅是对一个政府最基本的要求，腐败的政府必然会引起公众的不满，但廉洁的政府却未必能赢得公众的信任。为了提振政府公信力，政府还要以切切实实的绩效重塑其信用形象。在这一点上，国内外的实证研究已证明政府绩效的提升会增强公众对政府的信任度。

① ［英］伯特兰·罗素：《权力论》，商务印书馆1991年版，第195页。
② 刘云龙：《民主机制与民主财政》，中国城市出版社2001年版，第25页。

第一，推行政府绩效管理。绩效管理以结果为导向，注重绩效测评和绩效结果。为了使绩效管理真正发挥其作用，首先要构建科学完善的地方政府绩效评估体系，对地方政府的业绩、成就和实际工作做出尽可能准确的评价。当务之急是尽快改革以 GDP 等经济指标为主体的原有考核方式，建立包括行政管理绩效、经济发展绩效、社会稳定绩效、教育科技绩效、生活质量绩效和生态环境绩效等维度的全面的绩效考核标准。在具体指标的构成上不仅要包含 GDP 总量、GDP 增长率、人均 GDP、财政总收入等传统硬性指标，更要突出居民消费价格指数、教育经费占 GDP 比重、恩格尔系数、基尼系数、城镇居民人均可支配收入、农村居民人均纯收入、工业废水处理率、工业废气净化率、人均绿地面积等与民生休戚相关的指标，以绩效评估引导地方政府树立正确的绩效观，推动科学发展观的落实。同时，要完善绩效评估方式，除各政府部门根据预先确定的标准和程序进行自我评估外，还应建立专业化的独立评估机构，避免部门自我评估可能产生的“报喜不报忧”和评价失准现象，并要积极探索建立行政服务对象和公众对政府部门的外部评估。最后要建立绩效评估的反馈激励机制，注重对绩效优良的部门、个人的奖励，并严格执行责任追究，对绩效低下的部门和个人进行问责，形成既有动力又有压力的激励约束机制。

第二，优化政府组织结构和行政流程。西方行政学者普遍认为，权力下放和权力分散是提高行政效率的前提。他们指出，随着新公共管理运动的发展，权力下放和权力向社会分散是一种普遍趋势。这一趋势，对传统的科层制组织结构和权力结构，提出了前所未有的挑战。在实践中，西方国家的政府组织正由以往的“金字塔”式的结构向“扁平化”的方向发展。尽管在实行简政放权的过程中，某些国家也遇到了一些问题，但简政放权，优化组织结构和权力结构，确实对提高行政效率起到了重要的促进作用。在目前中国的国情下，一方面是要从宏观层面改革过于烦琐的行政管理体制，按照管理重心下移、能放则放的原则，合理划分各级政府的职责权限，依法扩大县级政府和中心镇经济社会管理权限，在有条件的地区要积极探索省直接管理县（市）的体制；另一方面，全面贯彻《行政许可法》，完善行政许可制度，简化审批程序，优化审批流程，推进行政审批标准化管理，并把审批中技术性、专业性强的行政审批环节从行政部门分离出去，实行市场化，通过特许经营等多种方式，交由社会中介机构承担，在此基础上要积极运用电子政务手段推进和深化行政审批制度改革，实现政务信息化与深化行政审批制度改革有机结合，并以此为抓手推动整个政府行政流程的再造，不断提高政府行政效率。

第三，加强对公务人员的教育培训。随着知识经济和信息社会的到来，使政府面临不断学习的挑战，公共组织必须向学习型组织发展，才能取得生存的空间和发挥应有的功能。政府是抽象的，其整体绩效的高低很大程度上取决于每位公务人员的工作绩效。因此，加强对公务人员的教育培训，无疑对培养高素质行政人员，提高行政效率具有积极作用。各级地方政府要高度重视人力资源的开发，特别是要加强对基层公务员及直接为公众服务的工作人员的教育培训，全面提高公务人员的素质。在培训方式方面，要充分利用市场机制，最大限度地拓展培训资源；在课程设置方面，不仅仅要关注业务工作技能的传授，更重要的是通过学习树立新观念，培养团队精神和协调能力，塑造公务员的“公共意识”和“服务意识”。

（三）倾听公众诉求，建设服务型政府

苏格拉底曾经提醒世人：“自然赋予人类一张嘴、两只耳朵，也就是让我们多听少说。”有研究表明，人们每天花在沟通上的时间是：倾听为46%，说话为26%，阅读为15%，书写为13%。胡锦涛总书记多次告诫各级领导干部“真诚倾听群众呼声，真实反映群众愿望，真情关心群众疾苦”。学会倾听，是干群沟通的起点，是公信力生长的沃壤。这种思想体现在政府管理方面，就是要把政府定位于服务者的角色，在公民本位、社会本位理念的指导下努力建设“守信于民、服务社会”的服务型政府。

第一，要更新政府理念。理念居于服务型政府结构要素的最上层，是建设服务型政府的关键和难点。[①] 一方面，要树立“以民为本、为民解困”的执政理念。由于长期的封建传统及计划经济体制的影响，中国政府长期以来就是一个管制型政府，虽然强调的是服务，但实际上却是对社会进行严格的管制，忽视公众的利益诉求。在建设和谐社会背景下，各级政府要深入贯彻落实科学发展观，坚持“以人为本”，强化政府的责任意识、法制意识和为民意识。在具体行政活动中，要把公众视为顾客、委托人或主权者，摆在重要位置，想人民之所想、急人民之所急、谋人民之所求、解人民之所忧，以人民拥护不拥护、人民赞成不赞

① 王慧君、张振琪：《我国新时期服务型政府构建的路径探析》，内蒙古农业大学学报（社会科学版）2010年第5期，第217页。

成、人民高兴不高兴、人民答应不答应作为评价政府行政活动中的基本准则。另一方面，要树立“公正平等、一视同仁”的政府理念。公平、正义和平等是政治文明的重要内容，也是政府行政的价值取向。在某些地方，政府的公共服务往往只为少数人所享有，严重损害了普通民众的合法权利。针对这种状况，必须强调公平正义的行政理念，公平地分配社会资源，平等对待各个地区、各个社会阶层的公民，使其享受大致相同的基本公共服务，以此凝聚民心，创造信任。

第二，要健全公共财政体系。近年来，我国财政收入快速增长，政府财力大大增强，为向服务型政府转型提供了强大的财力支持。但仅仅把财政“蛋糕”做大是远远不够的，科学的“分蛋糕”的制度、体制和机制对于服务型政府的构建具有更加重要的意义。所以，建立健全公共财政体系是实现向服务型政府转型的关键。一是要进一步优化财政支出结构，完善预算支出标准体系，严格控制行政成本，加大财政支出用于教育、医疗卫生、社会保障和就业、住房保障、环保、公共安全等民生方面的比例，让公众共享经济发展成果。二是要完善和规范转移支付制度，提高一般性转移支付的规模和比例，规范专项转移支付，逐步取消税收返还，特别是要加大对欠发达地区及农村在基本公共服务方面的转移支付力度。与主体功能区建设、生态补偿制度等相结合，建立实施转移支付的长效机制。三是要科学合理划分政府间的责任权限。进一步明确中央政府与地方政府，及地方各级政府在公共服务方面的事权，合理界定各级政府的公共服务支出责任、管理责任和监督责任，调整和理顺各级政府的财政分配关系。最后，要积极推进省以下财政体制改革。总结浙江、山东等省实行的“省管县”财政体制的经验，深化并推广省直管县的财政体制改革，努力增强基层政府提供公共服务的财政能力。同时，推进县乡财政管理体制改革，对经济欠发达、收支规模较小的乡镇，积极实行“乡财县管”模式，切实提高基层政府提供基本公共服务的能力。

第三，完善公共服务供给机制。经济学家早就证明所有的公共产品都由政府直接进行生产和供给并不能达到效率的最优化。缺乏市场竞争机制使得政府机关在提供服务方面效率低下，造成了巨大的资源浪费。构建服务型政府有必要充分发挥各个行为主体的优势，才能保证公共服务的充足有效供给。因此，要建立政府主导、市场和社会充分参与，协同治理的公共服务供给机制，一种方式是政府通过民营化、特许经营、契约外包、公私合营等形式，将原由政府承担的部分公共服务职能交由市场主体行使，利用市场机制增加公共服务供给；另一种可行的路径是积极引导和培育行业协会、志愿者组织等各种社会组织的发展，在此基础上，加强与社会组织的合作，政府可通过委托授权、购买服务等方式，赋予社会组织提供公共服务的职能，充分发挥其在提供公共服务方面的比较优势。当然，对于基础教育、公共医疗卫生、社会保障、公共安全等最基本的公共服务，政府必须不断增强其服务能力，加快改革步伐，使公众真正能够学有所教、病有所医、老有所养。

二、两大支柱：制度约束与文化引领

建设廉洁绩效服务型政府是把地方政府塑造为信用政府的总体定位。政府作为抽象的公法人，在公法领域成为一种团体人格，这种团体人格是通过每个公务人员的个体人格具体表现出来的。有一句话说得好，“人管人累死人，制度管人约束人，文化管人管住魂”，为了让公务人员在行政过程和日常生活中自觉做到取信于民，就必须靠制度的强制约束力与信用文化的引领规范公务人员的行为。

（一）加快政府信用法律体系建设，强化对政府行为的制度约束

制度文明是政治文明的核心与终极表现形式。公众对政府的信任实质上是一种对制度的信仰，相信在制度约束下政府会诚实守信、为民服务。“如果政府的行为受不到法律的有效约束，人们对政府的信任就会降低。”① 政府信用建设只有牢牢抓住制度问题不放松，着重从制度层面寻找出路，才能获得立足的根基、持续的动力。制度文明的关键是规范化，这就需要各类行为规范。通常行为规范主要包括政治规范、法律规范、社会规范和道德规范等。社会规范、道德规范等固然重要，但其缺乏对公务人员行为的强制约束力，因此要规范公务人员的行为更为关键的是法律规范是否严密、法律执行是否彻底。简言之，树立公信靠制度，制度公信看法治。只有加强以法律为代表的正式制度建设，改变官员的“激励结构”，使失信成本不断上升，才可能确保政府部门及其官员为公共利益而工作，从而促进政府信用水平的提升。

近年来，随着政治文明建设进程的加快，一系列规范政府行为的法律法规相继出台。主要有《行政诉讼法》、《国家赔偿法》、《行政处罚法》、《行政复议

① 张维迎：《信息、信任与法律》，三联书店 2006 年版，第 9 页。

法》、《政府采购法》、《行政许可法》、《公务员法》、《行政法规制定程序条例》、《政府信息公开条例》及《全面推进依法行政实施纲要》等。这些法律法规初步扭转了政府失信的局面，对重塑政府信用起到了重要的作用。但总体来看，现有的多数法律法规仅从原则上对政府信用加以确认，没有实体程序作保障，也缺乏必要的惩罚机制，更没有形成一个完整的政府信用法律体系，在实践中多流于形式。

具体而言，一是政府信用法律体系不够完整，立法漏洞比较明显。目前，我国尚未出台一部针对地方政府信用的专项法律来规范地方政府的行为，以突出政府必须守信利民的执政理念，并能有效遏制种种政府信用缺失行为。二是地方政府信用缺失的责任主体不明，当前大量地方政府信用缺失现象，虽有政府失信的事实证据，但难以确定应该追究和惩戒的责任主体，造成政府失信的执法难问题，严重削弱了法律效力。三是地方政府信用法律表述过于模糊。法律要确保其适应性，适度的模糊是必要的。但相关法律在时限及适用范围等方面存在过于模糊的弊端，导致政府的自由裁量权过大，为地方政府失信提供了温床，严重影响相关法律在操作上的公正性。

根据我国地方政府信用缺失的原因和现行法律体系的缺陷，我国地方政府信用法律体系应包括地方政府信用征信法律体系、地方政府信用评估法律体系、地方政府信用监管法律体系和地方政府信用惩罚法律体系四个子体系（见图7－1）。

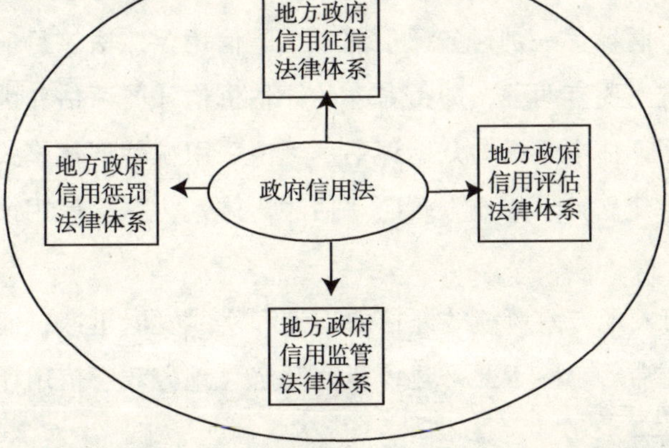

图7－1　我国地方政府信用法律体系建设的基本框架

1. 地方政府信用征信法律体系

征信就是资信调查，指征信机构通过各种手段征集相关单位和个人的信用信息数据，以验证调查对象的信用状况。广义的征信泛指调查、了解、验证他人信用。狭义的征信主要指信用机构对企业或个人信用进行调查、验证并出具信用报告。由此可知，对地方政府信用的征信应属广义的征信。要使地方政府诚实守信、依法行政，就应该把地方政府信用纳入社会征信系统的覆盖范围，建立完善的地方政府信用征信法律体系。

目前，我国已陆续出台了若干有关个人信用和企业信用征信的法规政策，而在政府信用征信方面的立法尚属空白。为此，建议尽快研究制定《地方政府信用征信法》，明确规定地方政府信用征信的管理机构及其法律地位；地方政府配合征信工作的义务；地方政府信用征信的范围；地方政府信用信息的公开和共享等基本事项。

地方政府信用信息是经济社会发展所必需的重要信息。地方政府信用征信法律体系推动了政府信用征信的规范化和制度化，是个人、企业及其他社会组织了解政府信用状况，有效解决契约不完整和信息不对称问题的制度保障。完善我国地方政府信用征信法律体系，是地方政府信用评估、监管和惩罚的前提。

2. 地方政府信用评估法律体系

信用评估是授信者利用各种评估方法，分析受信者在信用关系中的履约趋势、偿债能力、信用状况、可信程度，并进行公正审查和评估的活动。[①] 信用评估包括评估方法的选择、评估制度的制定及评估结果的总结等多项内容。信用评估的方法有两种：一是财务评估法，二是信用评级法。目前，国际上通行的信用评估模式主要有两种，即由官办的评估机构开展评估和由国家主管部门认定资质的信用评估中介机构开展评估。无论采用哪种评估模式，评估地方政府信用，首先要建立科学的地方政府评估法律体系，解决信用评估机构的法律地位问题。

近年来，有关地方政府绩效评估的理论和实践发展迅速，而对地方政府信用的评估却严重滞后。鉴于此，建议研究制定《地方政府信用评估法》及相关

---

① 蒲小雷、韩家平：《企业信用管理典范》，中国对外贸易出版社 2001 年版，第 123 页。

配套法规政策，对地方政府信用评估机构的市场准入、退出机制及业务范围等方面做出明确规定，合理界定地方政府信用评估机构与监管部门的关系、信用评估的主要内容、评估结果的法律效果，以规范地方政府信用评估行业。

完善的地方政府信用评估法律体系，不仅可以激励地方政府加强信用建设，增强地方政府的合法性；而且还能发挥评估指标的引导功能，促进地方政府努力提高信用水平。我国应积极借鉴个人信用和企业信用评估的经验，加快地方政府信用评估法律体系建设。

3. 地方政府信用监管法律体系

当前，地方政府毁信、失信现象大量存在，其中一个重要原因就是长期以来地方政府信用监管缺位，地方政府信用监管的法律体系尚未建立。地方政府信用监管法律体系对解决政府信用缺失问题具有刚性约束和震慑作用。我国亟须建立一套行之有效的地方政府信用监管法律体系。

地方政府信用监管法律体系的涉及面较广，涵盖地方政府行为的各个环节。当务之急是要抓紧制定《地方政府信用监管法》，对地方政府信用的监督主体、监督权力、监督方式、监督保障、监督奖励等方面予以法律规定，使地方政府信用问题有人监督、有权监督，敢于监督、乐于监督。《地方政府信用监管法》的实质是将政府信用作为地方政府监管的重要内容。此外，在《地方政府信用监管法》中，还要加强对地方政府信用征信和评估工作的监管。

地方政府信用监管法律体系涉及引发地方政府信用问题的所有环节。在对地方政府信用监管法律体系进行制度安排时，必须深入研究政府信用的形成机理和法律漏洞。

4. 地方政府信用惩罚法律体系

“有权必有责，用权受监督，违法受追究”，政府失信必须承担相应的后果。这是人民主权理论在政府行为实践上的要求。加大对政府失信行为的惩罚力度，解决政府信用的法律强制性救济问题，是地方政府信用建设的重要保障。因此，我国要加强地方政府信用惩罚法律体系建设，加大力度打击失信行为，追究严重失信地方政府及其领导人的法律责任。

鉴于地方政府信用惩罚法律体系的重要性，我国应尽快研究制定《地方政府信用缺失处罚法》。运用法治手段强化各级地方政府的责任意识，明确地方政府诚实守信的责任内容和范围，确立科学的责任追究方法，严格责任追究的程序，优化责任追究的法治环境。同时，《地方政府信用缺失处罚法》应明确规定地方政府与相关公务员签订信用责任状，实行下级对上级、个人对部门负责，把地方政府信用的法律责任切实落实到具体的监管部门和个人，真正建立起地方政府自觉守信的长效机制。对失信情节严重的地方政府，应针对其主要领导引入引咎辞职和责令辞职机制。

地方政府信用惩罚法律体系建设的目的是加大政府失信的成本，强化守信利民的法律责任。通过法律手段惩治地方政府失信的实质是把政府信用缺失列为犯罪，而不是单纯的道德问题。地方政府信用惩罚法律体系建设最终要变“守信成本高，失信成本低”为“守信光荣，失信可耻”。让守信利民成为各级地方政府自觉遵循的行为准则。

加强政府信用相关法律法规建设使得政府公信力站在了日益坚实的制度基础之上，但仅仅有好的制度还不够，制度不会自我执行，必须强调制度的落实。制度执行力是公信力的现实体现。“政者，正也。子帅以正，孰敢不正?”令行禁止，本身就是对制度的最好诠释，政府威信不树自立；有令不行，违法不究，“上有政策，下有对策”，反而会使政府信用遭受比原来更大的侵蚀。

加强落实，第一步也是最重要的是完善相关工作机制，尤其是健全人人负责、层层负责、环环相扣、科学合理、行之有效的工作责任制。在这方面，前面提到的泰顺目标绩效管理便提供了很好的示范。有些地方、部门和单位之所以屡屡承诺屡屡爽约，这与目标责任不明确、工作任务没细化有很大关系。各级政府和各个部门应在地方政府信用法律的指引下，于每年年初制定合理的工作目标和工作计划，在此基础上科学进行责任分解，把目标任务分解到部门、具体到项目、落实到岗位、量化到个人，以责任制促落实、以责任制保成效，形成一级抓一级、层层抓落实的工作局面。同时要进一步完善信息反馈机制、情况通报机制、考核激励机制、责任追究机制等配套机制，以便及时找出可能酿成信用风险的环节，采取有针对性的措施，排除困难，促进落实。

加强落实，还要树立求真务实、真抓实干的工作作风。有关规范政府信用行为的制度难以落到实处的一个重要原因就是形式主义、弄虚作假，在一些地方、部门和单位，尽管规章制度应有尽有，却高高挂起、形同虚设，严重损害了政府的威信。为了扭转这种局面，就必须改变浮夸的工作作风。领导干部要坚持眼睛向下看、身子往下沉，深入基层、深入群众开展调查研究，以虚心坦诚的态度仔细了解公众对政策的意见建议及政策落实中出现的新情况新问题，掌握第一手资料，向公众问计问策，在与公众的互动中不断推进和深化各项工作的落实，同时也让公众更加理解政府的工作，激发他们对政府的信任。

（二）加强信用文化建设，营造守信重诺的文化环境

“无论是基于制度的信任还是基于信誉的信任，都离不开当事人本身的道德修养和支持这些道德修养的社会规范。”① 道德是一种潜移默化的约束力量。这种约束几乎无处不在、无时不有，它经常会通过人们的内心活动和潜意识约束人的一言一行、一举一动。道德是一种事前约束，而法律、制度和政策的约束往往是被动的，大多数情况下只是对已经发生的不良行为进行惩治。道德的涵盖性超过法律、制度和政策，可以对正式制度的缺陷进行弥补。即使一个人可以从正式制度的漏洞逃逸出去，也不可能逃逸出最基本的道德准则。因此，加强政府信用建设，决不能忽视道德教化的作用。总的来说，加强信用文化建设，营造守信重诺的文化环境，就是要把相关道德规范内化为政府官员的自觉行动，实现对失信行为的事前约束。

首先，完善行政伦理工作的制度建设，明确诚实守信为公务人员的职业道德。由于长期以来受到“人性本善”观念的影响，我国传统的行政伦理工作只是不断地对公务人员进行道德教育和伦理规劝，希望公务人员通过自身的修养达到“毫不利己，专门利人”，“全心全意为人民服务”的至善境界。行政伦理工作的开展形式主要为文件传阅、会议学习、榜样示范等。实践证明，这种片面“性善论”指导下的行政伦理工作成效十分有限。反观西方各国，早在20世纪七八十年代便制定了公务人员的伦理法，积极推动把软性道德约束转化为硬性法律规定，以法规作为政府官员的行为道德准则，如英国的《荣誉法典》、美国的《政府伦理法》和《权利典章》。道德要求在被赋予了法律的形式之后，更加具体化、条理化、明确化，便于公务人员遵行，也为有关机关和社会各界监督公务员行为提供了客观依据和参照标准。因此，我国应尽快制定有关公务员行政道德的法律法规，明确公务人员应该遵循的职业道德，并把诚实守信作为其基本组成部

① 张维迎：《信息、信任与法律》，三联书店2006年版，第15页。

分，为信用文化建设提供制度保证。

其次，建立行政道德管理机构，丰富对信用失范的监督方式。公务人员行政道德以一定的法律法规确定下来之后必须有相应的监督机构和执行机制，否则很容易流于一纸空文。这是公务员行政道德建设得比较好的国家的普遍经验。考虑到我国的实际情况，可以在纪委中设立一个行政伦理办公室，这样既有足够的权威，又相对独立于行政部门。这个办公室的主要任务是协调监督相关道德法规的实行情况，对已表现出信用失范行为但尚未违反法律的公务人员由轻到重依次可采取情况反馈、谈话诫勉、公开警告、党纪政纪处分等措施。同时，要强化公众和社会组织对公务人员信用失范行为的外部监督。在美国，一些非营利性的民间组织在加强对公务人员行政道德的监督方面发挥着重要作用。如芝加哥的“改进政府工作协会”，华盛顿的“公仆廉政中心”，丹佛的“卡门考草根游说组织”等。这些组织的活动由商界、慈善组织及民众自愿捐助，以调查和揭露政府官员的贪污腐败和不公正行为为主，在唤起民众对政府官员行为的监督意识，提高公务员行政道德水平方面具有重要作用。同样，我们也要积极创造条件让社会监督政府，确保已有监督渠道畅通，加大新闻监督力度，充分发挥新兴媒体的监督作用，并切实保障监督人的合法权益，杜绝“跨省追捕”等闹剧再次上演。

最后，加大信用道德宣传教育力度，增强公务人员信用责任意识。各个政府机关要广泛开展形式多样、内容丰富的诚信宣传教育活动。有关部门应组织编写《行政伦理知识读本》，在其中辟专章明确机关（事业）单位公务人员信用行为守则，同时应举办各种有关行政道德的培训班，切实提高公务人员的信用意识和履职信用水平。在这方面，西方国家已经有了比较成熟的经验。例如在美国，自60年代“水门事件”之后，行政道德培训日益受到重视。1978年成立的政府伦理办公室的一个重要使命就是负责伦理培训。具体工作包括：为白宫、下属机构、华盛顿地区的道德伦理培训者和工作者开设相关课程，公布《政府伦理培训最新项目》和其他伦理材料，协助、监督和评审下属机构的伦理培训项目。这些伦理培训项目对于美国行政道德建设起到了积极的促进作用。借鉴国外经验，我国政府应制订相应的行政道德培训计划，分部门、分批次开展公务员队伍的信用道德培训工作。此外，要积极开展诚信主题实践活动。各级政府要结合当前学习科学发展观的活动，加强宣传教育，树立先进典型，开展争创诚信单位、诚信公务员等活动，引导政府官员树立正确的权力观、政绩观、发展观，始终做到权为民所用、情为民所系、利为民所谋，形成守信重诺的政风，树立良好的诚信形象。

三、重要保障：实施政务公开和阳光行政

权力本身有封闭运行的冲动，暗箱操作的权力必然变现自肥，失去信用。“政府如果想取信于公众，取悦于民，最省事、耗费最少的途径就是开放政府信息，开放公众参与政府政策制定过程的渠道。”① 各级政府应该充分认识到实施政务公开和阳光行政不仅仅是一种简单的施政方法，而是政府作为公仆体现信用诚意的重要途径。只有让公众充分地了解政府的所作所为，公务人员的信用失范行为才会无藏身之地，制度约束与道德监督才能充分发挥作用。自 2008 年 5 月《政府信息公开条例》施行以来，我国政府信息公开制度不断健全，但在落实中也暴露出一些问题。为了真正实现政府的高信用度，维护和提高政府信誉，政府信息公开制度尚需在以下几个方面进一步完善。

一是建立政府信用信息征集制度，打造地方政府信用档案。应在《地方政府信用征信法》的指导下，尽快建立政府信用信息征集制度。在具体运行过程中应以国民经济和社会发展统计信息，财政预算执行情况，重大设项目的实施情况，扶贫、教育、医疗卫生、社会保障、促进就业等方面的政策、措施实施情况，廉洁程度、行政成本和公众满意度等为主要数据，依靠先进的信息技术建立起一个全面、翔实、权威、可靠的政府信用信息数据库，定期录入政府机关及其工作人员的信用信息。在此基础上，要建立地方政府的信用档案。政府信用档案是指政府回应公众意愿和期待，履行法定职责和承诺，行使法定权力的历史记录。政府信用档案的主要功能是置政府行为于“透明”状态和给予公众以评价政府品格、能力和绩效的机会。在参考国内外个人信用档案和企业信用档案做法的基础上，我国地方政府信用档案可由开发应用子系统、信息技术子系统和管理保障子系统组成。其中信用档案开发应用子系统由档案馆藏、监督管理、信誉评价和科学研究等元素组成；信息技术子系统由数据归集、数据交换、数据比对和数据储存等元素组成；管理保障子系统由法律保障、组织保障、制度保障、标准保障、资金

① 张维迎：《产权、政府与信誉》，三联书店 2001 年版，第 347 页。

保障、人才保障等元素组成（见图7－2）。

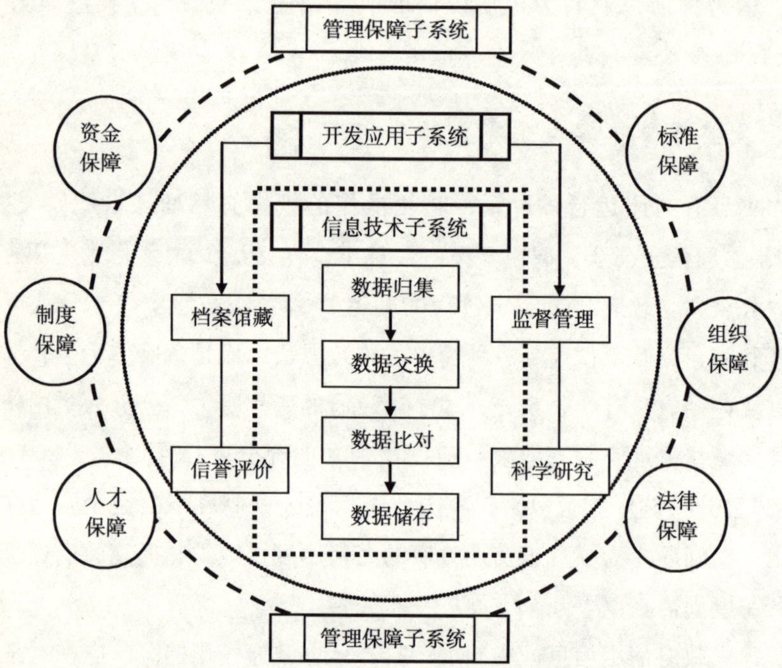

图7－2　地方政府信用档案系统总体框架的设计

二是细化简化政府信息公开制度，方便公众获取政务信息。虽然上至中央下到地方甚至各个政府部门都有一整套关于政务公开的规章制度，但政务公开落实情况却并不令人满意。政府信息公开理应遵循“以公开为原则，不公开为例外”，但在实际过程中却是“不重要的选择性公开，重要的一律不公开”。目前，政府信息公开目录、政府信息公开指南、政府信息公开年度报告等制度都尚未得到全面、有效实施。各地方公开的信息多是大家知道的及价值小和适用性不强的信息，而公众和企业关心的信息却很少。例如，房地产宏观调控是社会关注的焦点，公众对公开商品房销售、价格等信息呼声很高。但从当前的情况看，房地产信息公开存在数据不完整、时效滞后等问题。而且，一些地方的网上房地产系统只能查询当日房产交易情况，不能查询历史数据。另一方面，申请政务信息公开的程序也过于烦琐，往往需要单位证明、领导签字、加盖公章等。造成这种状况的一个重要原因就是关于信息公开的规定，原则性条文多，深入细致的限定少。如《政府信息公开条例》第十四条笼统地规定“行政机关不得公开涉及国家秘密、商业秘密、个人隐私的政府信息”，这实际是很难操作的。其结果是政府在政务公开方面的自由裁量权过大，导致政务公开内容围着政府机构的需要打转，公众真正想要知道、急于知道的内容却没有公开。今后，加大政府信息公开的推进力度还应进一步明确政府信息公开制度的实施标准。各地要结合本地实际研究制定有关政府信息公开的地方性法规或规章，细致规定政府信息公开的内容及公开的基本格式，明确各类政务信息的索取单位，简化政务信息公开的程序，在统一标准下，及时公开相关政务信息。尤其要重点抓好重大突发事件和群众关注热点问题的公开，客观公布事件进展、政府举措、公众防范措施和调查处理结果，及时回应社会的关切。

三是丰富政务公开形式，深化电子政务建设。在这个信息像空气和水一样重要的时代，现有的政府信息公开渠道显然无法充分满足公众对知情权的诉求。除了通过公共图书馆、报纸、广播、电视等传统途径发布政务信息以外，还应探索其他政务信息与公众“零距离”接触的途径。具体实现方式可以包括：在每个社区及行政村建设固定的政府信息公开厅、公开栏、电子屏幕、电子触摸一体机等设施；建设政务短信平台，在重大自然灾害及公共突发事件发生时群发手机短信；设立免费的政府信息公开服务热线；完善新闻发言人制度，定期召开新闻发布或信息通报会，并可在微博同步直播。此外，在信息时代，政府信息公开的一个最重要途径就是电子政务。国外相关研究已证明使用地方政府网站有助于提升使用者对政府的信任度（Tolbert 和 Mossberger，2006）。目前，县级及县级以下地方政府网站建设比较滞后，已建设的政府网站也存在内容不够丰富，更新不够及时，互动性和服务性不强等问题。针对这些问题，有必要深化电子政务建设，重点是强化政府网站建设，把其打造为政务信息公开的最佳载体。一方面，要设立相对集中的政务信息公开栏目，把原先分散在各个板块中的公开内容集中到一起，并可整合网上行政审批的功能，在网站醒目位置标明，形成方便易用的“网上政务大厅”、“政务超市”；另一方面，要提高政府网站的畅通性和回应性。要有职能部门和专人负责对公众通过政府网站提交的信息公开申请进行回复并分送至相关单位。除此之外，维护人员还需负责定期更新政务公开内容，检查错误信息，以保持政府网站的生命力和权威性。

四、结果运用：失信惩戒和守信激励机制

没有离开利益的生活，更没有抛开利益而独立产生的道德。诚实守信是一种

美德，但行为主体“只有当道德和美德最终有利于自己的利益时，才会遵循道德和美德”。[①] 因此，只有让守信官员得到切实的利益，失信官员受到严厉的惩罚，才能不断强化政府的守信行为，进而提高政府信用水平。

地方政府的失信惩戒和守信激励机制是一个涉及多个层面的综合系统，其设计必须符合一定的原则。这些原则是机制设计的根本指南，也是机制运作的重要保障，从系统论的设计理念看，主要包括目标统一、务实高效、互动参与、信用损益、环境适应五个基本原则。目标统一原则指明了机制构建的方向，务实高效原则考虑了机制运转的效能，互动参与原则强调了测评主体的多元化，信用损益原则明确了失信惩罚的力度，环境适应原则奠定了机制内外的作用。课题组在广泛征求专家意见的基础上，设计了地方政府的失信惩戒和守信激励机制的基本框架，该框架包括信息公开机制、失信测评机制、责任追究机制、危害补救机制、守信激励机制以及申诉复核机制6个子系统（见图7－3）。其中，信息公开是惩戒的前提，失信测评是惩戒的依据，责任追究和危害补救是失信惩戒的核心，守信激励是失信惩戒的辅助，申诉复核是惩戒的有效反馈。由于信息公开机制在前面已做过比较详细的论述，这里将不再具体展开。

1. 失信测评机制。政府信用是政府的生命线，也是政府构筑善政的资本。在征集地方政府信用信息，建立地方政府的信用档案的基础上，应开展对地方政府职能部门及其官员的信用评分，低于某个分数就意味着政府信用的缺失。然后，对于这些失信的危害后果进行分类评定并设置相应的失信危害级别，由包括公民代表、专家学者及新闻媒介在内的不同方面的社会主体进行评定，以确保结果的科学性、公开性、公正性，为追究政府部门及其官员的失信责任提供合理的依据。

2. 责任追究机制。明确惩戒对象是建立责任追究机制的前提，明确惩戒程度是有力保障政府信用的砝码，建立有效的责任追究机制是地方政府失信惩罚机制中最为关键的一个环节。责任追究行为的制度设计，对失信一方来说是达到失信成本与收益的均衡，对于失信造成危害的一方来说是维护自身利益的稳定性。当失信的成本高于失信所获得的收益时，合乎自身利益的理性选择是守信。[②]

---

① ［德］米歇尔·鲍曼：《道德的市场》，肖君、黄承业译，中国社会科学出版社2003年版，第583页。
② 龙西安：《信用的约束机制与失信惩罚》，南方金融2003年第7期，第17页。

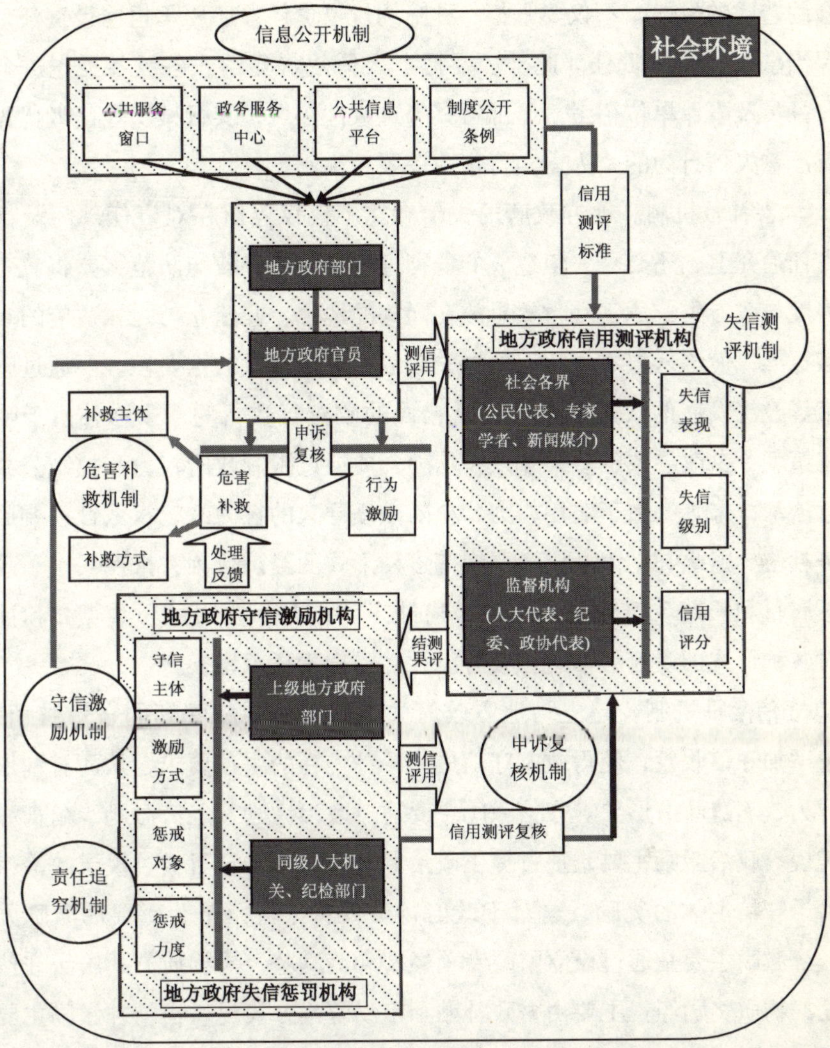

图 7－3　地方政府失信惩戒和守信激励机制的基本框架

这也是对政府失信制定惩罚程度和方式的参考标准，责任追究制度要体现合理性，对于由民主决策造成公共政策朝令夕改引发的失信，要求决策主体对公共政策的频繁更改作出必要的解释，根据具体情况追究政策制定者的责任；对于由于追求领导个人政绩利益造成的失信，要追究其行政责任，情节严重者还要追究其法律责任，对于造成经济损失的要予以依法追缴和赔偿；对于拖欠企业和个人的政府债务造成的失信，必须理清双方债务关系，对于由政府原因造成的拖欠必须及时偿还债务，通过社会媒体进行公开道歉并追究部门领导责任；对于由政府担保不履约造成的失信，不仅要承担一种缔约过错责任，还要承担连带责任，并追究担保当事人的领导责任。此外，要把个人信用状况纳入各级各类先进个人评选、公务员及事业单位招考、干部考察等选拔性领域，实行诚实守信者优先，对于犯有严重失信行为的个人，实行信用一票否决制。

3. 危害补救机制。地方政府的失信惩罚不仅仅停留在对责任部门及行政人员的责任追究上，还要对失信造成的危害进行必要的补救与防范，要将政府行政执行力度与政府失信危害补救效果放在同等的地位，并建立与之相适应的政府绩效考核标准，使之从根本上认识到对失信危害进行补救的重要性。要通过废除不适应市场经济发展的政策制度和终止错误的政府行政行为，来弥补由于政出多门、政策朝令夕改导致的政策缺乏公信力；要通过限制政府权力和控制公共资源的随意流动，来弥补由于滥用权力、狭隘政绩导致的权力缺乏权威性；要通过政府经济补偿、财政补贴以及资产置换等多种形式的经济行为，来挽回由于政府合同的不履行和长期政府债务导致的政府缺乏的信誉；要通过公共媒介和社会舆论，对各种形式的政府失信进行公开批评并进行责任承诺。

4. 守信激励机制。建立与地方政府失信惩罚机制相配套的守信激励机制，有利于增加守信收益，使得政府守信成为一种内在的主动要求，从而有利地惩罚失信行为，塑造政府形象。守信激励主要通过政治激励、经济激励、精神激励等方式实现。政治激励主要是通过提供政治晋升、职位升迁机会、授予政治荣誉等形式给予守信主体的奖励，这对于政府行政人员来说是最为重要的激励方式之一；经济激励主要是通过设立财政专项经费和奖励基金等物质方式给予守信主体的奖励，物质奖励经费主要由财政补贴和市场筹集方式提供；精神激励主要是通过广播、电视、报纸、网络等新闻媒体予以宣扬，给守信主体以精神奖励，提高政府在社会信用体系建设中的地位，这对于提升政府执政的合法性和政府自身形象具有重要作用。为了使守信激励机制能充分发挥作用，有必要适当延长政府首长的任期。信用关系来自信用主体与客体之间长期的互动关系。研究表明，当个人较长时间居住于某个社区时，他们将愿意更多地进行社会资本投资。而我国目前政府首长在一个地方任职不到一届，甚至一两年就调换一个岗位或地方的现象司空见惯。职位变动过于频繁，使政府首长与公众基于共同利益的重复博弈很难形成，易导致官员为营造眼前的政绩不惜杀鸡取卵，甚至公然失信于民。因此，应该适当延长政府首长的任职时间，至少应该在政府首长完成一届任期之后才对其进行调动，若无重大过失且恪尽职守，一般应让其履行完两届任期。这样，政府首长才能与公众形成持久的互动关系，并在长期的互动中实现双方利益的最大化，从而促进政府信用水平的提高。

5. 申诉复核机制。构建地方政府失信惩罚机制，必须要建立健全申诉复核机制，适当的信用申诉是一个征信系统不断发展和逐步成熟的标志，这种申诉本身也表明了政府及其行政人员自身法律意识的提升，体现了失信惩罚机制的功效，它保证了整个失信申诉渠道的畅通，也对政府失信危害指数的合理设置、政务公开信息的有效披露起到了一种良性的约束和规范作用。当政府及其行政人员认为失信评判标准、失信危害级别划分、失信惩罚力度不当，并有其他一些严重影响政府及行政人员声誉的行为时，被惩罚主体可以申请启动失信申诉复核机制。被惩罚主体（申诉方）必须在申诉的有效期限内向上级政府、同级地方人大提起申诉，上级政府、地方人大在充分听取被惩罚主体申诉意见及包括公民、专家学者在内的不同层次人员组成的失信测评小组意见的基础上，对政府是否失信以及失信责任的认定进行复核并作出最终裁定，必要时，允许被惩罚主体（申诉方）与惩戒主体、失信测评小组进行直接申辩。当复核结果与原先责任追究结果不一致时，应当予以更正并通过政务公共信息平台进行发布，由此对政府及其行政人员造成的政治、经济、伦理等方面的不良影响要进行补偿；当复核结果维持原先责任追究结果时，应当强制追究责任并进行惩罚。对于申诉复核结果，受理申诉方必须在规定期限内反馈给被惩罚主体（申诉方）。

第八章　总结与展望

美国学者弗兰西斯·福山在《信任》一书中曾预言，21世纪是信誉的世纪，哪个国家的信誉度高，哪个国家就会赢得更广阔的市场。政府信用是一个国家信用的关键，它是国家信用环境创建的前提。在建设和谐社会的新时期，重塑政府信用无疑应该成为社会信用体系建设的重中之重。

第一节　研究主要结果

本研究遵循理论与实证相结合的原则，采用了文献调研、现场访谈、问卷调查、专家会议、隶属度分析、相关分析、辨别力分析、信度与效度检验、因子分析、回归分析、路径分析及结构方程模型等多种研究方法对我国地方政府信用的现状、缺失原因、评价体系、影响因素及其与政府绩效的关联机理等一系列问题进行了系统的分析和考察。本研究得到的主要结论如下：

（1）政府信用是指政府在公共行政过程中履行法定职责及其对公众承诺的责任感和能力，表明政府在自身能力限度内的实际“践约”状态，同时也是社会组织和公众对政府信誉的一种主观评价或价值判断。目前我国省级、地市级、县市级和乡镇四个层级的地方政府信用水平都明显偏低。

（2）基于对政府信用缺失成因的理论分析和实证调查，本研究得出导致我国地方政府信用缺失的原因主要为：地方政府绩效评价体系不科学、对地方政府的行政监督乏力、政府作为经济人的自利性、行政责任追究制度不健全及政务信息不透明等。

（3）运用隶属度分析、相关分析及辨别力分析从地方政府信用理论评价指标中筛选出15个指标构成了最终的地方政府信用评价体系，并顺利通过了信度与效度检验。随后运用该评价体系对全国116个县级行政区域的政府信用水平进行实际测度，结果显示县级政府信用水平基本在及格线附近徘徊。

（4）基于问卷调查的数据，通过回归分析、路径分析等方式实证分析了我国地方政府信用的影响因素及影响机理，结果表明制度环境对地方政府信用的影响最大，信用文化、政府能力、公务员素质对地方政府信用的总体影响依次减弱。然后，以世界银行全球政府治理研究数据库（2008 年案例）和《国际统计年鉴 2010》的数据为基础分析了全球范围内决定各国中央政府信用水平的主要影响因素。研究发现正式制度对政府信用的影响最大，公共信息的影响次之，经济利益和文化环境这两个因素对政府信用的影响相对较小。

（5）依托相关理论构建了地方政府信用与地方政府绩效关联性的结构方程理论模型。以采集得到的数据为基础，运用 AMOS18.0 统计软件进行结构方程分析，构建地方政府信用与地方政府绩效关联性的初始结构方程模型，并进行评价与修正，最终建立了地方政府信用与地方政府绩效关联性的结构方程模型。结构方程模型分析显示行政管理信用对行政管理绩效有很强的正向影响，对公共服务绩效也具有一定的提升作用，公共服务信用对公共服务绩效则具有较强的正向影响。总体而言，地方政府信用水平的提升会导致地方政府绩效水平的提升。

（6）根据对政府信用缺失原因、影响因素的分析，并结合国内外政府信用建设的有益经验，课题组认为加强我国地方政府信用建设首先要从总体上对地方政府职能进行再定位，使其成为廉洁绩效服务型政府，然后从制度规范和信用文化两个层面规范地方政府行为，塑造和强化政府信用，而为了保证政府诚实守信、勤勉作为，就必须实施政务公开和阳光行政，让政府接受公众全方位的监督，并要建立健全失信惩戒和激励机制。

第二节　研究的主要创新点

到目前为止，有关政府信用的学术著作仍然比较少见。国内以专著形式出现的研究成果仅有何显明的《信用政府的逻辑：转型期地方政府信用缺失现象的制度分析》（学林出版社 2007 年版）、章延杰的《政府信用论》（上海人民出版社 2007 年版）、周伟贤的《转轨时期的地方政府信用问题分析——基于“政治人”的视角》（经济管理出版社 2010 年版）及王新红的《转型时期宏观调控中的政府信用及其法治保障研究》（人民出版社 2011 年版）。这些著作主要是以政治学理论或博弈论为基础，从理论上阐述政府信用问题，长于理论探讨，却缺乏对政府信用的量化研究，因而无法深入地分析某些关键性问题。本专著不同于以往研究政府信用的纯理论著作，主要从定量实证的角度研究政府信用及其与政府绩效的关联机理。本著作的主要创新点如下：

（1）研究内容创新。以往学术界对信用问题的研究，主要集中在企业和个人信用层面，且对政府信用的分析也往往是从政治学理论思辨的视角出发的，缺少实际数据的支撑。本研究基于从问卷调查和统计年鉴等渠道获得的数据，定量分析了地方政府信用水平、政府信用缺失成因、政府信用影响因素及其与政府绩效关联机理。本研究在在同类研究中首次运用回归分析、路径分析等方式实证分析了我国地方政府信用的影响因素及影响机理；首次运用结构方程模型的方法考察了地方政府信用与绩效的关联性及关联机理，揭示了政府信用对政府绩效的影响方式。

（2）研究方法创新。本著作在写作过程中综合运用了多种研究方法，在政府信用研究方面采用了相关分析、隶属度分析、辨别力分析、信度与效度检验、因子分析、回归分析及路径分析等以往同类研究很少运用的方法。同时，本研究在国内率先运用结构方程模型的方法，考察了政府信用对政府绩效的影响方式。

（3）研究成果创新。本研究在开展过程中取得了三项比较重要的成果：一是根据地方政府信用的内涵与结构要素，理论遴选出 34 个测度指标构成我国地方政府信用的理论指标体系，采用隶属度分析、相关分析、辨别力分析等方法对地方政府信用的理论指标进行了多重实证筛选，建立了包括行政管理信用、公共服务信用、经济发展信用、社会发展信用等四个维度共 15 个评价指标的地方政府信用评价指标体系；二是本研究首次明确提出了我国地方政府信用的影响因素，并以问卷调查的数据为基础，通过回归分析、路径分析等方式实证分析了我国地方政府信用的影响因素及影响机理，建立了制度环境、信用文化、政府能力及公务员素质影响政府信用的路径模型图；三是采用结构方程模型的方法，研究地方政府信用与地方政府绩效的关联机理，建立了地方政府信用与地方政府绩效关联性的结构方程模型，揭示了行政管理信用与公共服务信用对行政管理绩效与公共服务绩效的作用。

第三节 研究不足与展望

本研究虽然得到了较为理想的研究成果，但由于受时间、资金预算和知识结构等因素的制约，还存在一些不足之处，主要包括：第一，测度指标体系的信度和效度决定着测度的精确性和可靠性。根据测量理论的要求，需要对测度指标体系进行信度和效度的检验。本研究所构建的政府信用测度指标体系仅仅量化进行了内部一致性信度检验和结构效度检验，信度和效度的检验方法比较单一，不是很全面。第二，本研究的调查范围比较有限，一方面问卷发放对象主要为公务员和学生，缺乏对其他社会阶层的调查，另一方面被调查者主要集中于浙江尤其是杭州地区，杭州八区的有效问卷占全部有效问卷的26.2%。这可能造成统计分析结果不太稳健。第三，本研究对地方政府信用影响因素的划分还比较宽泛，尚未对地方政府信用影响因素进行深入细致的分析。此外，本研究只是考察了政府信用的两个维度对政府绩效的两个维度的影响，没有涉及政府信用所有维度对政府绩效的影响，也没有考虑政府绩效对政府信用可能的影响，对结构方程模型分析结果的理论阐述也有待进一步深化。

根据以上不足，课题组今后将对相关问题展开进一步的研究，并试图在以下三个方面有所突破：第一，对构建的政府信用测度指标体系进一步进行信度和效度检验，如内容效度检验、效标关联效度检验、重测信度检验及复本信度检验等。第二，扩大实证调查范围，计划采用分层随机抽样（stratified random sampling）法，在全国选择200个左右县级政府作为研究样本，进行问卷调查以采集得到政府信用及其影响因素、政府绩效相关测度指标的原始数据。第三，继续深入研究政府信用与政府绩效的内在关联性，尝试找出影响政府信用与政府绩效相互关系的中间变量、控制变量等，并将运用典型相关分析考察政府信用与政府绩效两组变量之间的相互依存关系，运用格兰杰因果关系检验法考察政府信用与政府绩效两者间是否存在因果关系或互为因果关系；采用结构方程建模和系统动力学揭示不同维度的政府信用与不同维度的政府绩效的关联机理（包括关联方向、关联路径和关联强度等）。此外，课题组还将在对地方政府信用影响因素进行细分的基础上进一步探讨地方政府信用的形成机理。

参考文献

[1] Amit, R., & Schoemaker, P. J. H. (1993). Strategic Assets and Organizational Rent. Strategic Management Journal, 14(1), 33-46.

[2] Ayres, I., & Braithwaite, J. (1992). Responsive Regulation. Oxford: Oxford University Press.

[3] Baldassare, M. (2000). California in the New Millennium: The Changing Social and Political Landscape. Berkeley: University of California Press.

[4] Barclay, D., Higgins, C., & Thompson, R. (1995). The Partial Least Squares (PLS) Approach to Causal Modeling: Personal Computer Adoption and Use as an Illustration. Technology Studies, 2(2), 285-309.

[5] Barney, J. B., & Arikan, A. (2002). The Resource - based View: Origins and Implications. In M. A. Hitt., R. E. Freeman., & J. H. Harrison (eds.), The Blackwell Handbook of Strategic Management (pp. 124-188). Malden, Mass.: Blackwell.

[6] Berman, E., & Wang, X. H. (2000). Performance Measurement in U. S. Counties: Capacity for Reform. Public Administration Review, 60(5), 409-420.

[7] Bianco, W. T. (1994). Trust: Representatives and Constituents. Ann Arbor: University of Michigan Press.

[8] Black, E. L., Carnes, T. A., & Richardson, V. J. (2000). The Market Valuation of Corporate Reputation. Corporate Reputation Review, 3(1), 31-42.

[9] Black, J. A., & Boal, K. B. (1994). Strategic Resources: Traits, Configurations and Paths to Sustainable Competitive Advantage. Strategic Management Journal, 15(Summer), 131-148.

[10] Blind, P. K. (2006). Building Trust in Government in the Twenty - First Century: Review of Literature and Emerging Issues. Retrieved Aug. 23, 2009 from http://unpan1. un. org/intradoc/groups/public/documents/un/unpan025062. pdf.

[11] Brammer, S. J., Brooks, C., & Pavelin, S. Corporate Reputation and Stock Returns: Are Good Firms Good for Investors? Retrieved Feb. 23, 2010 from http://ssrn. com/abstract

=637122.

[12] Chanley, V. A. (2002). Trust in Government in the Aftermath of 9/11: Determinants and Consequences. Political Psychology, 23(3), 469 – 483.

[13] Chanley, V. A., Rudolph, T. J., & Rahn, W. M. (2000). The Origin and Consequences of Public Trust in Government: A Time Series Analysis. Public Opinion Quarterly, 64 (3), 239 – 257.

[14] Chin, W. W. (1998). The Partial Least Squares Approach for Structural Equation Modeling. In G. A. Marcoulides (Eds.), Modern Methods for Business Research (pp. 295 – 336), Mahwah: Lawrence Erlbaum Associates, Inc.

[15] Citrin, J., & Luks, S. (2001). Political Trust Revisited: Déjà Vu All Over Again? In J. R. Hibbing, & E. Theiss – Morse (eds.), What Is It about Government That Americans Dislike? (pp. 9 – 27). New York: Cambridge University Press.

[16] Coggburn, J. D., & Schneider, S. K. (2003). The Quality of Management and Government Performance: An Empirical Analysis of the American States. Public Administration Review, 63 (2), 206 – 213.

[17] Colquitt, J. A., Scott, B. A., & LePine, J. A. (2007). Trust, Trustworthiness, and Trust Propensity: A Meta – Analytic Test of Their Unique Relationships With Risk Taking and Job Performance. Journal of Applied Psychology, 92(4), 909 – 927.

[18] Cooper, C. A., Knotts, H. G., &Brennan, K. M. (2008). The Importance of Trust in Government for Public Administration: The Case of Zoning. Public Administration Review, 68(3), 459 – 468.

[19] Dalton, R. J. (2000). Citizen Attitudes and Political Behavior. Comparative Political Studies, 33(6 – 7), 912 – 940.

[20] Downs, A. (1993). Inside Bureaucracy. Long Grove: Waveland Press.

[21] Dyer, J. H., & Chu, W. J. (2003). The Role of Trustworthiness in Reducing Transaction Costs and Improving Performance: Empirical Evidence from the United States, Japan, and Korea. Organization Science, 14(1), 57 – 68.

[22] Easton, D. (1965). A Framework for Political Analysis. Englewood Cliffs: Prentice Hall.

[23] Fan, B. N., Zhang, M., Fang, C., & Wang, J. (2010). Government Waste in China: Situation, Causes, and Countermeasures. Asian Survey, 50(4), 684 – 708.

[24] Fombrun, C. J., & Van Riel, C. B. M. (1997). The Reputational Landscape. Corporate Reputation Review, 1(1), 5 – 13.

[25] Frenkel, S., & Orlitzky, M. (2005). Organizational Trustworthiness and Workplace Labor Pro-

ductivity: Testing a New Theory. Asia Pacific Journal of Human Resources, 43(1), 34-51.

[26] Fudenberg, D., & Tirole, J. (1991). Game Theory. Cambridge: The MIT Press.

[27] Fukuyama, F. (1995). Trust: The Social Virtues and the Criterion of Prosperity. New York: The Free Press.

[28] Garment, S. (1991). Scandal: The Crisis of Mistrust in American Politics. New York: Random House.

[29] Gershtenson, J., Ladewig, J., & Plane, D. L. (2006). Parties, Institutional Control, and Trust in Government. Social Science Quarterly, 87(4), 882-902.

[30] Goodsell, C. T. (2006). A New Vision for Public Administration. Public Administration Review, 66(4), 623-635.

[31] Gore, A. (1993). From Red Tape to Results: Creating a Government That Works Better and Costs Less, Report of the Natiaonal Performance Review. New York: Times Books/Random House.

[32] Graham, P. (1995). Mary Parker Follett - Prophet of Management: A Celebration of Writings from the 1920s. Boston: Harvard Business School Press.

[33] Grant, R. M. (2002). Contemporary Strategy Analysis: Concepts, Techniques, Applications. Oxford: Blackwell Publisher.

[34] Haque, M. S. (2001). The Diminishing Publicness of Public Service under the Current Mode of Governance. Public Administration Review, 61(1), 65-82.

[35] Helfat, C. E., & Peteraf, M. A. (2003). The Dynamic Resource - Based View: Capability Lifecycles. Strategic Management Journal, 24 (10), 997-1010.

[36] Hodson, R. (2004). Organizational Trustworthiness: Findings from the Population of Organizational Ethnographies. Organization Science, 15(4), 432-445.

[37] Itami, H. (1987). Mobilizing Invisible Assets. Cambridge, MA: Harvard University Press.

[38] Kaase, M., & Newton, K. (1995). Beliefs in Governance. Oxford: Oxford University Press.

[39] Kaufmann, D., Kraay, A., & Mastruzzi, M. (2009). Governance Matters Ⅷ: Aggregate and Individual Governance Indicators 1996 - 2008. Retrieved Aug. 17, 2009 from http://info.worldbank.org/governance/wgi/index.asp.

[40] Keele, L. (2005). The Authorities Really Do Matter: Party Control and Trust in Government, The Journal of Politics, 67(3), 873-886.

[41] Keele, L. (2007). Social Capital and the Dynamics of Trust in Government. American Journal of Political Science, 51(2), 241-254.

[42] Kelleher, C. A., & Wolak, J. (2007). Explaining Public Confidence in the Branches of State

Government. Political Research Quarterly, 60(4), 707 – 721.

[43] Kim, B. S., & Kim, J. H. (2007). Increasing Trust in Government through more Participatory and Transparent Government. Retrieved Aug. 23, 2009 from http://www.unpan.org/innovmed/documents/Vienna07/28June07/BSKIM.pdf.

[44] Kim, S. E. (2005). The Role of Trust in the Modern Administrative State: An Integrative Model. Administration & Society, 37(5), 611 – 635.

[45] King, C. S., & Stivers, C. (1998). Government Is Us: Public Administration in an Anti – Government Era. Thousand Oaks, CA: Sage Publications.

[46] King, D. C. (1997). The Polarization of American Parties and Mistrust in Government. In J. S. Nye, Jr., P. D. Zelikow, & D. C. King (Eds.), Why People Don't Trust Government (pp. 155 – 178). Cambridge: Harvard University Press.

[47] Kreps, D. (1990). Corporate Culture and Economic Theory. In J. Alt, & K. Shepsle (Eds.), Perspectives on Positive Political Economy (pp. 90 – 143). New York: Cambridge University Press.

[48] Kotha, S., Rajgogal, S., & Rindova, V. (2001). Reputation Building and Performance: An Empirical Analysis of the Top – 50 Pure Internet Firms. European Management Journal, 19(6), 570 – 586.

[49] Leana, C. R., & Van Buren, H. J. (1999). Organizational Social Capital and Employment Practices. Academy of Management Review, 24(3), 538 – 555.

[50] Levi, M. (1998). Of Rule and Revenue. Berkeley: University of California Press.

[51] Mansbridge, J. (1997). Social and Cultural Causes of Dissatisfaction with U.S. Government. In J. S. Nye, Jr., P. D. Zelikow, & D. C. King (Eds.), Why People Don't Trust Government (pp. 133 – 153). Cambridge: Harvard University Press.

[52] Mayer, R. C., Davis, J. H., & Schoorman, F. D. (1995). An Integrative Model of Organizational Trust. Academy of Management Review, 20(3), 709 – 734.

[53] McAllister, I. (1999). The Economic Performance of Governments. In P. Norris (Eds.), Critical Citizens: Global Support for Democratic Governance. (pp. 188 – 203). New York: Oxford University Press.

[54] Michalisin, M., Kline, D. M., & Smith, R. D. (2000). Intangible Strategic Assets and Firm Performance: A Multi Industry Study of the Resource Based View. Journal of Business Strategies, 17(2), 93 – 117.

[55] Misztal, B. A. (1996). Trust in Modern Societies: The Search for the Bases of Social Order. Cambridge: Polity Press.

[56] Newton, K., & Norris, P. (2000). Confidence in Public Institutions: Faith, Culture, or Performance. In S. J. Pharr, & R. D. Putnam (eds.), Disaffected Democracies: What's Troubling the Trilateral Democracies (pp. 52–73). Princeton: Princeton University Press.

[57] Nye, J. S., Jr. (1997). Introduction: The Decline of Confidence in Government. In J. S. Nye, Jr., P. D. Zelikow, & D. C. King (Eds.), Why People Don't Trust Government (pp. 1–19). Cambridge: Harvard University Press.

[58] Ocampo, J. A. (2006). Congratulatory Message, The Regional Forum on Reinventing Government in Asia. Seoul, Korea: United Nations Department of Economic and Social Affairs and the Ministry of Government Administration and Home Affairs, Republic of Korea.

[59] Orren, G. (1997). Fall from Grace: The Public's Loss of Faith in Government. In J. S. Nye, Jr., P. D. Zelikow, & D. C. King (Eds.), Why People Don't Trust Government (pp. 77–108). Cambridge: Harvard University Press.

[60] Osborne, D., & Gaebler, T. (1992). Reinventing Government: How the Entrepreneurial Spirit Is Transforming the Public Sector from Schoolhouse to Statehouse, City Hall to the Pentagon. Reading, MA: Addison Wesley.

[61] Peters, B. G. (1999). American Public Policy: Promise and Performance, 5th ed. New York: Chatham House.

[62] Pew Research Center. (1998). Deconstructing Distrust: How Americans View Government. Retrieved Jan. 28, 2010 from http://www.people-press.org/trustrpt.htm.

[63] Podsakoff, P. M., & Organ, D. W. (1986). Self-reports in Organizational Research: Problems and Prospects, Journal of Management, 12(4), 531–544.

[64] Polidano, C. (2000). Measuring Public Sector Capacity. World Development, 28(5), 805–822.

[65] Putnam, R. D. (1993). Making Democracy Work: Civic Traditions in Modern Italy. Princeton: Princeton University Press.

[66] Putnam, R. D. (2000). Bowling Alone: The Collapse and Revival of American Community. New York: Simon & Schuster.

[67] Roberts, P. W., & Dowling, G. R. (2002). Corporate Reputation and Sustained Superior Financial Performance. Strategic Management Journal, 23(12), 1077–1093.

[68] Rudolph, T. J., & Evans, J. (2005). Political Trust, Ideology, and Public Support for Government Spending. American Journal of Political Science, 49(3), 660–671.

[69] Rumelt, R. (1984). Towards a Strategic Theory of the Firm. In R. B. Lamb (eds.), Competitive Strategic Management (pp. 556–570). Englewood Cliffs, NJ: Prentice Hall.

[70] Seligman, A. B. (2000). The Problem of Trust. Princeton: Princeton University Press.

[71] Santala, M., & Parvinen, P. (2007). From Strategic Fit to Customer Fit. Management Decision, 45(3), 582 - 601.

[72] Stigler, G. J. (1975). The Citizen and the State: Essays on Regulation. Chicago: University of Chicago Press.

[73] Stivers, C. (1994). The Listening Bureaucrat: Responsiveness in Public Administration. Public Administration Review, 54(4), 364 - 369.

[74] Thomas, C. W. (1998). Maintaining and Restoring Public Trust in Government Agencies and Their Employees. Administration & Society, 30(2), 166 - 193.

[75] Tolbert, C. J., & Mossberger, K. (2006). The Effects of E - Government on Trust and Confidence in Government. Public Administration Review, 66(3), 354 - 369.

[76] Tonkiss, F., Passey, A., Fenton, N., & Hems, L. C. (2000). Trust and Civil Society. London: Macmillan.

[77] Torres, L. (2005). Service Charters: Reshaping Trust in Government - The Case of Spain. Public Administration Review, 65(6), 687 - 699.

[78] Tyler, T. R. (1998). Trust and Democratic Government. In V. Braithwaite, & M. Levi (Eds.), Trust and Governance (pp. 269 - 294). New York: Russell Sage Foundation.

[79] Wernerfelt, B. (1984). A Resource - based View of the Firm. Strategic Management Journal, 5 (2), 171 - 180.

[80] Yang, K. F., & Holzer, M. (2006). The Performance - Trust Link: Implications for Performance Measurement. Public Administration Review, 66(1), 114 - 126.

[81] Yankelovich, D. (1991). Coming to Public Judgment: Making Democracy Work in a Complex World. Syracuse: Syracuse University Press.

[82] Zander, I., & Zander, U. (2005). The Inside Track: On the Important (But Neglected) Role of Customers in the Resource - Based View of Strategy and Firm Growth. Journal of Management Studies, 42(8), 1519 - 1548.

[83] Zucker, L. G. (1985). Production of Trust: Institutional Sources of Economic Structure. In L. L. Cummings, & B. Staw (Eds.), Research in Organizational Behavior (pp. 1840 - 1920). Greenwich, Connecticut: JAL Press.

[84] [美]艾尔·巴比. 社会研究方法[M]. 北京:华夏出版社,2006.

[85] [美]戴维·H. 罗森布鲁姆,[美]罗伯特·S. 克拉夫丘克. 公共行政学:管理、政治和法律的途径[M]. 北京:中国人民大学出版社,2002.

[86] [美]科斯等. 财产权利与制度变迁:产权学派与新制度学派译文集[M]. 上海:上海三联书

店,1991.

[87] [澳]欧文·E. 休斯. 公共管理导论[M]. 北京:中国人民大学出版社,2007.

[88] [比]普里戈金,[法]斯唐热. 从混沌到有序:人与自然的新对话[M]. 上海:上海译文出版社,2005.

[89] [美]史蒂文·科恩,威廉. 埃米克. 新的有效公共管理者:在变革的政府中追求成功[M]. 北京:中国人民大学出版社,2001.

[90] [美]特里·L. 库柏. 行政伦理学:实现行政责任的途径·4 版[M]. 北京:中国人民大学出版社,2001.

[91] [美]文森特·奥斯特罗姆. 美国公共行政思想危机[M]. 上海:上海三联书店,1999.

[92] [英]休谟. 人性论[M]. 北京:商务印书馆,1997.

[93] 安贺新. 关于我国政府信用问题的思考[J]. 中央财经大学学报,2005(3):23 – 27.

[94] 包兴荣,牛存勇. 和谐社会构建与地方政府信用治理[J]. 新疆社科论坛,2006(1):12 – 17.

[95] 陈昌盛,蔡跃洲. 中国政府公共服务:体制变迁与地区综合评估[M]. 北京:中国社会科学出版社,2007.

[96] 陈虹. 试论信用经济与政府信用[J]. 学术探索,2003(12):23 – 26.

[97] 陈建中等. 社会信用管理体系建设构想[M]. 北京:中国经济出版社,2009.

[98] 陈潭. 政府信用失范与政府信用建设[J]. 社会主义研究,2004(2):61 – 63.

[99] 陈伟. "标准—普尔"政府信用等级评价体系简析[J]. 国际金融研究,2003(1):45 – 52.

[100] 陈尤文,袁建村. 政府公务员诚信体系建设研究[M]. 上海:上海三联书店,2008.

[101] 大公国际资信评估有限公司. 大公地方政府信用评级方法[EB/OL]. http://www.dagongcredit. com/dagongweb/xyyj/show. php? id = 32&table = web_xyyj,2009 – 04 – 02.

[102] 丁邦开,何俊坤. 社会信用法律制度[M]. 南京:东南大学出版社,2006.

[103] 丁元竹. 基本公共服务如何均等化[J]. 瞭望,2007(22):64.

[104] 董建新. 政府是否是"经济人"[J]. 中国行政管理,2004(3):65 – 69.

[105] 樊纲,王小鲁,朱恒鹏. 中国市场化指数:各地区市场化相对进程 2009 年报告[M]. 北京:经济科学出版社,2010.

[106] 范柏乃,江蕾. 我国地方政府信用缺失的治理对策研究[J]. 公共管理学报,2005(1):18 – 23,92.

[107] 范柏乃,金明路,程宏伟. 我国地方政府信用水平的实证调查[J]. 行政与法,2005(1):24 – 26.

[108] 范柏乃,金明路,程宏伟. 政府信用研究综述[J]. 行政与法,2005(2):23 – 25.

[109] 范柏乃,金明路,程宏伟. 我国地方政府信用问题研究[J]. 学习论坛,2005(2):70 – 73.

[110] 范柏乃,龙海波. 我国地方政府失信形成机理与惩罚机制研究[J]. 浙江大学学报(人文社

会科学版),2010(3):164－173.

[111] 范柏乃,张謇,喻晓.我国地方政府信用的法律体系建设研究[J].行政与法,2008(7):27－31.

[112] 范柏乃,张鸣.国内外政府信用研究述评与展望[J].软科学,2011(3):1－7.

[113] 范柏乃,张鸣.政府信用的影响因素与管理机制研究[J].浙江大学学报(人文社会科学版),2009(2):43－52.

[114] 范柏乃.我国地方政府信用缺失成因的实证调查[J].理论观察,2004(6):38－41.

[115] 范柏乃.政府绩效评估与管理[M].上海:复旦大学出版社,2007.

[116] 方雷,等.地方政府行政能力研究[M].济南:山东大学出版社,2010.

[117] 方盛举.对政府能力内涵与结构的再认识[J].云南行政学院学报,2004(3):42－45.

[118] 广州市纪检监察领导干部赴美培训考察组.美国反腐败的运作机制及其启示[J].广州大学学报(社会科学版),2006(4):8－12.

[119] 郝友宾,李强,王征兵.村民对乡镇政府信任度及主要影响因素的实证研究[J].乡镇经济,2008(12):69－74.

[120] 何显明.委托代理视野中的地方政府信用问题[J].浙江社会科学,2006(1):33－38.

[121] 何显明.信用政府的逻辑:转型期地方政府信用缺失现象的制度分析[M].上海:学林出版社,2007.

[122] 何显明.转型期地方政府信用资源流失的制度分析[J].学习与探索,2003(2):30－35.

[123] 何致武.加强政府信用档案的管理[J].档案学通讯,2007(5):80－82.

[124] 赫荣平.论政府信用的构建[J].辽宁行政学院学报,2008(10):19－22.

[125] 胡荣,胡康,温莹莹.社会资本、政府绩效与城市居民对政府的信任[J].社会学研究,2011(1):96－117,244.

[126] 胡税根.公共部门绩效管理[M].杭州:浙江大学出版社,2005.

[127] 黄登攀.政府信用治理[J].行政论坛,2004(1):24－25.

[128] 黄贤福.政府信用与社会信用体系构建[J].财经科学,2003(S1):5－7.

[129] 江乾坤,宋玉华.中国民营上市公司债务结构与经营绩效的相关性研究[J].技术经济,2005(5):30－32.

[130] 姜仁良.政府信用建设的基本架构与设想[J].辽宁行政学院学报,2007(1):7－8.

[131] 蒋先福.契约文明:法治文明的源与流[M].上海:上海人民出版社,1999.

[132] 金太军.公共行政的民主和责任取向析论[J].天津社会科学,2000(5):6－11.

[133] 金玉国.地区宏观制度环境定量评价问题刍议[J].浙江统计,1999(1):12－13.

[134] 句华.政治学视野中的政府信用[J].国家行政学院学报,2005(2):30－32,49.

[135] 李春成.信息不对称下政治代理人的问题行为分析[J].学术界,2000(3):31－44.

[136] 李怀祖. 管理研究方法论[M]. 西安:西安交通大学出版社,2004.

[137] 李杨,王良健,欧朝敏. 评价地方政府信用的方法研究[J]. 生产力研究,2007(7):77-78.

[138] 李长江. 市场经济条件下政府信用研究的重要性及政府信用模型构建[J]. 东南大学学报(哲学社会科学版),2003(4):55-58.

[139] 刘伟. 基于结构方程的政府信用对政府绩效的激励研究[D]. 杭州:浙江大学,2008.

[140] 刘雪凤,王冬狗. 政府信用博弈分析及制度建构[J]. 行政与法,2005(1):47-49.

[141] 刘云龙. 民主机制与民主财政[M]. 北京:中国城市出版社,2001.

[142] 卢现祥,徐俊武. 制度环境评估指标体系研究——兼评湖北省的制度环境[J]. 中南财经政法大学学报,2004(3):46-53,143.

[143] 罗国亮. 试论地方政府能力的内涵、结构及其特征[J]. 华北电力大学学报(社会科学版),2009(1):80-85.

[144] 罗忠桓. 论信用政府与政府信用[J]. 湖南社会科学,2002(6):58-60.

[145] 吕维霞,王永贵. 基于公众感知的政府公信力影响因素分析[J]. 华中师范大学学报(人文社会科学版),2010(4):33-39.

[146] 马得勇. 政治信任及其起源——对亚洲8个国家和地区的比较研究[J]. 经济社会体制比较,2007(5):79-86.

[147] 马庆国. 管理统计学[M]. 北京:科学出版社,2002.

[148] 欧可智. 困扰反腐败的十大难题[J]. 廉政瞭望,2009(1):8-15.

[149] 欧阳向旭. 发达民主国家的信任危机[J]. 国外理论动态,2000(3):16-20.

[150] 蒲小雷,韩家平. 企业信用管理典范[M]. 北京:中国对外贸易出版社,2001.

[151] 沈海军. WTO 规则下发展中国家政府信用重建的比较研究[J]. 江汉论坛,2003(9):34-36.

[152] 沈海军. 政府信用在社会主义现代化中的作用[J]. 社会主义研究,2003(1):53-55.

[153] 宋春玲,郭同峰. 简论转轨经济中的政府信用[J]. 中国行政管理,2003(7):33-35.

[154] 孙亚忠. 政府规制、寻租与政府信用的缺失[J]. 理论探讨,2007(1):23-26.

[155] 唐铁汉. 提高政府公信力,建设信用政府[J]. 中国行政管理,2005(5):8-10.

[156] 涂晓芳. 政府利益对政府行为的影响[J]. 中国行政管理,2002(10):16-18.

[157] 汪永成. 政府能力的结构分析[J]. 政治学研究,2004(2):103-113.

[158] 汪玉凯. 美国行政改革的最新发展及其启示[J]. 政治学研究,1998(1):79-85.

[159] 王存河. 政府信用的内涵及制度保障[J]. 法学评论,2004(5):62-68.

[160] 王革,陈文玲. 简析政府信用理论的结构[J]. 天津社会科学,2007(5):55-57.

[161] 王虹,毛道维,贺昌政,等. 企业信用结构与绩效关系的实证研究——以中国制造业为例[J]. 软科学,2009(3):80-84.

[162] 王和平. 论政府信用建设[J]. 政治学研究,2003(1):73-77.

[163] 王和平. 政府信用的"危机"与重振[J]. 中央社会主义学院学报,2002(10):84-87.

[164] 王新红. 转型时期宏观调控中的政府信用及其法治保障研究[M]. 北京:人民出版社,2011.

[165] 吴建南,张萌,黄加伟. 公众参与、绩效评价与公众信任——基于某市政府官员的实证分析[J]. 武汉大学学报(哲学社会科学版),2007(2):171-176.

[166] 吴晶妹. 现代信用学[M]. 北京:中国人民大学出版社,2009.

[167] 吴明隆. 结构方程模型:AMOS的操作与应用[M]. 重庆:重庆大学出版社,2010.

[168] 夏琼. 从法治视角看政府信用建设[J]. 浙江经济,2007(3):50-51.

[169] 项继权. 基本公共服务均等化:政策目标与制度保障[J]. 华中师范大学学报(人文社会科学版),2008(1):2-9.

[170] 向平. 服务型政府建设中的地方政府诚信缺失及原因分析[J]. 社会主义研究,2007(6):86-88.

[171] 肖海莲,胡挺. 大股东侵占、公司声誉与公司绩效——基于中国上市公司的经验证据[J]. 财贸研究,2007(6):108-114.

[172] 小康研究中心. 信用最差和最好的时代:2008-2009中国信用小康指数61.1[J]. 小康,2009(8):22-24.

[173] 杨璐,李家军. 基于ISM模型的地方政府信用风险因素分析[J]. 统计与决策,2008(22):43-45.

[174] 杨妮娜. 省直管县背景下的县级政府职能重构[J]. 行政与法,2009(10):30-32.

[175] 杨秋菊. 解读西方政府信用思想[J]. 江西行政学院学报,2007(1):24-27.

[176] 杨秋菊. 政府诚信建设研究——基于政府与社会互动的视角[M]. 上海:上海财经大学出版社,2009.

[177] 姚明龙. 信用成长环境研究[M]. 杭州:浙江大学出版社,2005.

[178] 余敏江,梁莹. 政府信任与公民参与意识内在关联的实证分析——以南京市为例[J]. 中国行政管理,2008(8):121-125.

[179] 喻敬明,林钧跃,孙杰. 国家信用管理体系[M]. 北京:社会科学文献出版社,2003.

[180] 张成福,孟庆存. 重建政府与公民的信任关系——西方国家的经验[J]. 国家行政学院学报,2003(3):79-82.

[181] 张创新,崔雪峰. 政府信用建设的缺失与制度构建[J]. 领导之友,2009(6):21-22.

[182] 张钢,徐贤春. 地方政府能力的评价与规划——以浙江省11个城市为例[J]. 政治学研究,2005(2):96-107.

[183] 张国庆. 公共行政学[M]. 北京:北京大学出版社,2007.

[184] 张惠,张茂德. 债务结构、企业绩效与上市公司治理问题的实证研究[J]. 改革, 2003(5): 30-32.

[185] 张梦中,[美]杰夫・斯特劳斯曼. 美国联邦政府改革剖析[J]. 中国行政管理,1999(6):42-45.

[186] 张维迎. 产权、政府与信誉[M]. 北京:三联书店,2001.

[187] 张维迎. 法律制度的信誉基础[J]. 经济研究,2002(1):3-13,92-93.

[188] 张维迎. 信息、信任与法律[M]. 北京:三联书店,2006.

[189] 张旭霞. 现代政府信用及其建构的对策性选择[J]. 南京社会科学,2002(11):60-65.

[190] 章延杰. 政府信用论[M]. 上海:上海人民出版社,2007.

[191] 郑婷,赵淑丽. 论政府信用的建立[J]. 广西社会科学,2004(5):18-20.

[192] 郑秀杰,杨淑娥. 中国上市公司声誉对公司财务绩效的影响研究[J]. 管理评论,2009(7): 96-104.

[193] 郑也夫,彭泗清. 中国社会中的信任[M]. 北京:中国城市出版社,2003.

[194] 郑也夫. 信任论[M]. 北京:中国广播电视出版社,2001.

[195] 周伟贤. 转轨时期的地方政府信用问题分析——基于"政治人"的视角[M]. 北京:经济管理出版社,2010.

[196] 周星. 政府信用失范与成因分析[J]. 党政干部论坛,2003(4):27-28.

[197] 周玉蓉. 和谐社会背景下的政府信用建设[J]. 四川行政学院学报,2007(1):30-33.

[198] 周志忍,高小平. 可资借鉴的英国行政管理改革[J]. 中国行政管理,2003(5):49-50.

[199] 周志忍. 当代国外行政改革比较研究[M]. 北京:国家行政学院出版社,1999.

[200] 卓越. 国外政府改革与发展前沿[M]. 福州:福建人民出版社,2007.